MW00882407

PRÉPARER ET PRÉSENTER
UN SERMON BIBLIQUE

PRINCIPES GÉNÉRAUX POUR LA
PRÉPARATION ET LA PRÉSENTATION D'UN
SERMON BIBLIQUE

**Par:
Enock Saintil**

Principes généraux pour la préparation et la présentation d'un sermon biblique

UNE CLASSE D'HOMILÉTIQUE (DE LA PRÉPARATION ET LA PRÉSENTATION D'UN SERMON BIBLIQUE)

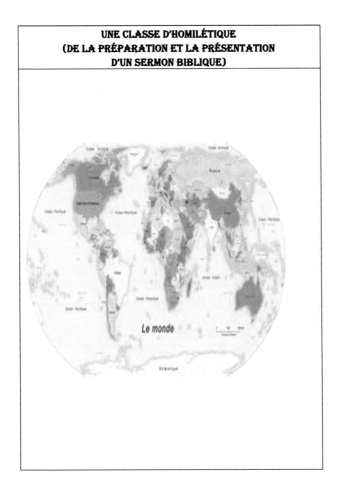

Droits d'auteur @ 2019

ISBN – 9781712909317

Printed by Amazon.com
4900 LaCross Road
Charleston, SC 29406
Phone: (843) 225 1358
www.createspace.com or
kdp.customersupport@Amazon.com

TABLE DES MATIÈRES

LÉGENDES

A. D. - Anno Domini (ère chrétienne, après Christ)

AC. - Année commune, ère chrétienne

Ap. – Apocalypse

A.T. - Ancien Testament.

BC - Avant Christ (Before Christ)

1Co. – 1Corinthiens

2 Co. – 2 Corinthiens

Col. – Colossiens

CPEBE – Comment préparer et donner une étude biblique avec efficacité?

Da.- Daniel

Dt. – Deutéronome

Ec. – Ecclésiaste

ECR - Église Catholique Romaine

Ex. – Exode

Ezé.- Ézéchiel

Ge. – Genèse

Hé. – Hébreux

INRI - Insus Nazarenus, Rex Iudæorum- Jésus le Nazareth, roi des Juifs »

Ja. – Jacques

Jé. – Jérémie

Lé. – Lévitique

LS. - La vie sanctifiée

Mal – Malachie

Mt. – Matthieu

Nb. – Nombres

N.T. - Nouveau Testament.

Ph. – Philippiens

Phm. – Philémon

Ps. – Psaumes

S.D.A.B.C. - Seventh Day Adventist Bible Commentary (Commentaire biblique Adventiste du Septième Jour).

TMN - Traduction du Monde Nouveau

Tob - Traduction Oeucuménique de la Bible

VEJC - Véritable Église de Jésus-Christ

Verbatim. - Est un terme qui vient du latin verbum, qui désigne un mot. Employé comme adverbe, il signifie « mot pour mot, textuellement ou texto. Employé comme nom commun (au masculin), il désigne une citation textuelle, le mot à mot d'une allocution ou d'un discours.

YHWH - Tétragramme Sacré (Yahvé)

RSV – Version Standard revisée

RV – Version Américaine révisée

AVANT-PROPOS

Cet ouvrage: "Comment Préparer et Présenter un Sermon Biblique,"se rapproche de près de notre premier ouvrage de formation "Comment Préparer et Donner une étude Biblique avec Efficacité." Nous avons trouvé bon d'élaborer et de présenter ces écrits parce que nous croyons que l'Eglise a besoin d'organiser des séances de formation continue.

Ces deux guides de formation, en fait, dans leur formulation, se ressemblent. Pourtant, bien qu'oeuvrant dans une même discipline, ils sont deux documents différents.

Une étude biblique est une rencontre face à face ou vis à vis avec une ou plusieurs personnes pour discuter sur la réalité d'une doctrine biblique ou révélation de la Parole de Dieu. Avec des textes[1] à l'appui, la verité jaillit et les deux parties finissent par s'entendre en faisant droit aux révélations Scripturaires.

Le sermon est un discours chrétien qui se prononce en chaire, pour annoncer et expliquer la parole de Dieu

---

[1] La Bible contient deux testaments: Ancien et Nouveau – 66 livres, 1189 chapitres x text. Il y a 39 livres dans l'AT et 27 dans le NT; 929 chapitres dans l'AT et 260 dans le NT. Les versions classiques du canon protestant de la Bible (David Martin, Ostervald, Segond, Darby, King James) comportent 31 102 versets: 23 145 dans l'Ancien Testament, 7 957 dans le Nouveau.
Leur nombre varie selon les versions imprimées, en raison du découpage de certains psaumes qui incluent ou non les dédicaces.

.

et pour encourager l'auditoire à la pratique de la vertu chrétienne.

Une étude biblique comme un sermon, trouve sa base et sa raison d'être dans l'explication des Ecritures Saintes à donner aux autres. Celui qui donne des études bibliques et celui prêche, accomplissent le même travail. Les déclarations de Paul à Timothée, nous montrent la nécessité des deux disciplines:

1. 2. Tim.3 :15-17. Dès ton enfance, tu connais les saintes lettres, qui peuvent te rendre sage à salut par la foi en Jésus-Christ. Toute Écriture est inspirée de Dieu et, utile pour enseigner, pour convaincre, pour corriger, pour instruire dans la justice, afin que l'homme de Dieu soit accompli et propre à toute bonne oeuvre.

Jésus lui-même a enseigné à ses disciples que sonder les Écritures est ce qui est nécessaire, parce que les Écritures rendent témoignage de lui, le Sauveur. Et, il (Jésus), est la source de la vie éternelle:

2. Jean 5 :39. Vous sondez les Écritures, parce que vous pensez avoir en elles la vie éternelle. Ce sont elles qui rendent témoignage[1] de moi.
3. Actes 17 :11. Ces Juifs avaient des sentiments plus nobles que ceux de Thessalonique ; ils reçurent la parole avec beaucoup d'empressement, et ils examinaient chaque jour

---

[1] Puis, il leur dit: C'est là ce que je vous disais lorsque j'étais encore avec vous, qu'il fallait que s'accomplit tout ce qui était écrit de moi dans la loi de Moise, dans les prophètes et dans les Psaumes (Luc 24:44).

---

les Ecritures, pour voir si ce qu'on leur disait était exact.

4. 2Tim.4 :1-3. Je t'en conjure devant Dieu et devant Jésus-Christ, qui doit juger les vivants et les morts, et au nom de son apparition et de son royaume, prêche la parole, insiste en toute occasion, favorable ou non, reprends, censure, exhorte, avec toute douceur et en instruisant. Car il viendra un temps où les hommes ne supporteront pas la saine doctrine ; mais, ayant la démangeaison[1] d'entendre des choses agréables, ils se donneront une foule de docteurs selon leurs propres désirs...

Ces déclarations de Jésus et de Paul nous montrent la nécessité de l'apprentissage du prédicateur avant de se livrer à la tâche. Les disciples eux-mêmes, ont été avec Jésus, pendant plus de trois ans jour et nuit. Nous ne trouvons nulle part, à travers les pages sacrées un programme bien défini de leurs activités journalières.

Dans Romains 10:14-16, nous reprenons la position de Paul qui lui-même cite le prophète Esaie[2] quand il s'écrie: "Comment donc invoqueront-ils celui en qui ils n'ont pas cru? Et comment croiront-ils en celui

---

[1]Démangeaison. Sensation de picotement de la peau, qui provoque le besoin de se gratter. Désir pressant difficile à réprimer; envie irrépressible: J'ai parfois des **démangeaisons** de lui écrire ce que je pense.

[2]Ésaïe a prophétisé pendant la deuxième moitié du 8e siècle avant J.-C. Il était contemporain d'Amos et d'Osée, mais il a poursuivi son ministère bien après eux, et son histoire est étroitement associée à l'histoire d'Israël et de Juda au temps de la conquête assyrienne. Il est souvent considéré comme le prince des prophètes.

.

dont ils n'ont pas entendu parler? Et comment en entendront-ils parler, s'il n'y a personne qui prêche? Et comment y aura-t-il des prédicateurs, s'ils ne sont pas envoyés?

Selon qu'il est écrit: Qu'ils sont beaux sur les montagnes les pieds de ceux qui annoncent la paix, De ceux qui annoncent de bonnes nouvelles! Mais tous n'ont pas obéi à la bonne nouvelle.

Aussi Ésaïe dit-il: Seigneur, Qui a cru à ce qui nous était annoncé? Qui a reconnu le bras de l'Eternel? Il s'est élevé devant lui comme une faible plante, comme un rejeton[1] qui sort d'une terre desséchée. Il n'avait ni beauté, ni éclat pour attirer nos regards. Et, son aspect n'avait rien pour nous plaire (Ésaie 53:1, 2).

---

[1] Rejeton. Fils, petit-fils, arrière petit-fils, descendants. Puis, il teur dit: C'est là ce que je vous disais lorsque j'étais encore avec vous, qu'il fallait que s'accomplit tout ce qui est écrit de moi dans la loi de Moise, dans les prophètes et dans les Psaumes (Luc 24:44).

INTRODUCTION:
LA FORMATION, UN BESOIN
CONTINU ET PRESSANT
(Luc 11:1)

Jésus priait un jour en un certain lieu. Lorsqu'il eut achevé, un de ses disciples lui dit: "Seigneur, enseigne-nous à prier, comme Jean l'a enseigné à ses disciples.

La formation, comme des études pour recevoir un diplôme de universitaire, est pas indispensable. Mais, connaître Dieu dans le sens pratique et expérimentale, de la vie, l'est bien plus. Ainsi, dans tous les domaines de la vie et, surtout dans le domaine spirituel, nous avons besoin d'une formation continue, une formation qui dure toute vie ...

En fait, ce nouvel ouvrage est conçu dans le but d'aider tous les prédicateurs de l'évangile à savoir que nous sommes tous concernés par ce travail. Dieu cherche des hommes et des femmes qui travaillent avec ferveur… Il pouvait utiliser des anges à cet effet. Mais, il a décidé de faire de nous ses ambassadeurs pour amener les gens à le connaitre. C'est un privilège.

Dans Ésaie 6:8, il a posé la question: "Qui enverrai-je et qui marchera pour moi? Ésaie de répondre: "Me voici, envoie-moi." Nous devons, enc es temps de la fin, manifester les mêmes dispositions du prophète. Dieu a besoin de notre service.

La même question se pose et la même quête se poursuit encore aujourd'hui. Dieu est à la recherche d'hommes et de femmes, des serviteurs et servantes qui peuvent camper pour lui. Ellen G. White, dans son ouvrage Éducation, avance que:[1]

"**Ce dont le monde a le plus besoin, c'est d'hommes, non pas des hommes qu'on achète et qui se vendent, mais d'hommes profondément loyaux et intègres, des hommes qui ne craignent pas d'appeler le péché par son nom, des hommes dont la conscience soit aussi fidèle à son devoir que la boussole l'est au pôle, des hommes qui défendraient la justice et la vérité même si l'univers s'écroulait.''**

ii.- Chaque croyant, un ambassadeur du Christ

Ent ant que membres de la grande famille de Dieu, nous sommes des ambassadeurs pour Christ, apôtres des derniers jours. Nous avons cette dignité et cette autorité de représenter Christ au milieu d'un monde qui périt.[2] Il est donc de notre devoir de faire de notre mieux en mettant tout en oeuvre pour atteindre le but.

En réalité, le succès n'est pas notre problème. Nous devons simplement transmettre le message que nous avons reçu, en commençant dans notre maison pour atteindre les confins du monde (Mt.28:16-20). C'est là le mandat de la grande commission confiée par Jésus à ses disciples avant l'ascension et, par eux, à nous.

Dans cette nouvelle parution, nous voulons dire à tous que d'une manière ou d'une autre, il n'y a pas à avoir honte de proclamer la bonne nouvelle. Cette

---

[1]Ellen G. White, Éducation (Dammarie-les-lys, France: Editions Vie et Santé, Vie et Santé, 1986), 67-68.
[2] Voir notes et commentaires sur 2 Cor. 5: 16-21.

nouvelle est précisément une bonne nouvelle parce qu'elle est vraiment celle dont nous-mêmes, nos enfants, nos parents, nos amis et nos proches avons besoin pour notre salut éternel (Rom.1:16).

En choisissant le titre de cet ouvrage, comme stipulé plus haut, nous avons pensé à la profondeur de la déclaration de Paul dans Romains 10:14,15: "Comment donc invoqueront-ils celui en qui ils n'ont pas cru? Et comment croiront-ils en celui dont ils n'ont pas entendu parler? Et comment en entendront-ils parler, s'il n'y a personne qui prêche? Et comment y aura-t-il des prédicateurs, s'ils ne sont pas envoyés?

Arrêtons-nous un instant pour réfléchir à notre position d'ambassadeurs pour Christ et à ce que nous avons à partager. En quoi ce message et cette puissance de Dieu peuvent-ils être révélateurs aux gens que nous côtoyons.

Généralement, nous répondons à nos Pourquoi, par un parce que… Dans le présent contexte, le parce que n'est pas une réponse suffisante. Ce n'est pas à cause d'une contrainte extérieure que nous prêchons le dernier message de miséricorde[1] de Dieu au monde, mais bien, à cause de notre espérance chrétienne, vu notre assurance dans l'avènement du royaume de Dieu (Jean 20:21).

Nous avons reçu la lumière dans un monde de ténèbres, et nous sommes devenus enfants de Dieu, au milieu de ce même monde (1Jean 1:5,12). Il serait malséant de garder cette lumière pour nous seuls, alors que nous sommes appelés à être des flambeaux de

---

[1]Apocalypse 14:6-12, est le dernier message de miséricorde de Dieu au Monde. C'est le message qu'il convient d'apporter à l'humanité toute entière en cette fin des temps. Il est d'ailleurs, le résumé de tous les messages de Dieu de la Genèse à Jude.

lumière pour ceux qui se trouvent dans les ténèbres de l'ignorance (Phil.2:15,16).

iii.- Dieu a besoin d'ouvriers, pour sa moisson (Rom. 1: 16)

Prêcher ou partager l'évangile, c'est proposer aux gens quelque chose dont ils ont besoin dans leur vie, même s'ils ne s'en rendent pas compte. Ne pas l'accepter, c'est pour leur perte. S'ils n'en avaient pas entendu parler à cause de notre négligence, ce serait notre responsabilité.

Rappelons-nous les deux declarations suivantes:

1. Ézéchiel 33 :8, 14 : « Si je dis au méchant, tu mourras et que le méchant ne se repente pas de sa mauvaise voie, …

2. Jean 14 :22. Jésus, de même disait aux douze : "Si je n'étais pas venu, si je ne leur avais pas parlé, ils n'auraient pas de péché. Mais maintenant, ils n'ont pas d'excuse pour leur péché (Jean 14 :22)."

iv.- L'hisoire de Gédéon (Juges 6:11-25)

Gédéon,[1] fait partie de l'armée des hommes de Dieu dans l'Ancien Testament. Il n'avait presque rien. Mais, à l'appel divin, il comprenait sa responsabilité. Comment les endosser?

L'Éternel se tourna vers lui, et dit: Va avec cette force que tu as, et délivre Israël de

---

[1] Gédeon ou Gidéon, également appelé Jerubbaal, et Jerubbesheth, était un chef militaire, un juge et un prophète dont l'appel et la victoire sur les Madianites sont décrits dans les chapitres 6 à 8 du Livre des Juges dans la Bible hébraïque.

la main de Madian; n'est-ce pas moi qui t'envoie
(Juges 6:14)?

Au début, il n'était pas un homme fort, ni très
courageux. Mais, avec la force que Dieu lui a donnée, il
a vaincu tous les adversaires d'Israel et renversé toutes
les difficultés qui se présentaient devant eux.

Dieu n'a pas besoin de gens grands et forts,
intelligents et habiles. Il a besoin seulement de
personnes disponibles et disposées. Il agit toujours au
travers de ceux qui se mettent à son service et à son
écoute (2 Cor.12:9).

iv.- Chacun peut faire quelque chose:

Attendre de se sentir capable, totalement qualifié
pour commencer à prêcher l'évangile, c'est rejeter sa
mission et, ne rien faire. Quand Jésus parlait de
persécutions à ses disciples, il leur dit que la réponse aux
questions qui leur seraient posées, leur sera donnée à
l'heure même, pas avant (Mt.10:19, 20).

Imaginons que c'est le cas pour nous, en ces
temps de la fin, précédant les grands événements de la
fin des temps, la persécution des derniers jours,
qu'attendons-nous donc pour nous engager?

La formation, dit quelqu'un, comme un diplôme
universitaire, n'est pas indispensable. Connaitre Dieu
pour soi-même, c'est ce qui est le plus important. La
formation est donc un processus continue, c'est toute
notre vie avec Dieu. A mesure que nous recevons, nous
devons donner.

Le vieux Slogan de toujours dit: "Chaque âme, une
âme." C'est un engagement personnel de chaque
croyant dans l'évangélisation permanente. Une relation
de confiance établie avec une personne nous permet de
lui dire ce qui se passe dans nos coeurs, ce que nous
vivons, sans chercher à gagner une bataille avec des

arguments. les plus tranchants. L'évangélisation devient un partage, pas un combat.

Ellen G. White souligne que: « Si chaque membre d'église était un vrai missionnaire, l'évangile serait proclamé en peu de temps dans tous les pays du mone, à toute nation, people et langue.[1]

Jésus revient bientôt! Élevons très haut cette bannière et partageons ce message de diverses manières et d'une façon pratique. Amenons nos semblables à celui qui nous a donné le salut et nous a promis de nous établir bientôt à la maison.

Remplis de la sagesse et de la force divine, travaillons de concert dans l'accomplissement de la mission que le Seigneur nous a confiée. Par la grâce de Dieu, que chaque croyant soit un missionnaire et qu'il s'implique à fond dans la prédication de la bonne nouvelle pour hâter l'avènement du Seigneur ou le imminent du Christ![2]

v.- Réflexions sur les conditions du monde de nos jours

La prédication de l'évangile doit être aujourd'hui une obligation pour les chrétiens. Un certain lien électronique[3] mentionne plus de dix-huit situations

---

[1]Ellen G. White, Jésus-Christ, 339. Idem., Instructions pour un service chrétien effectif, chap. 9, 97.

[2] Hâter l'avènement du Seigneur – Jargon chrétien et évangélique arguant que selon Matthieu 24: 14, le dernier accomplissement pour le retour de Jésus, est l'évangile prêché au monde entier.

[3]https://victorpicarra.wordpress.com/2012/07/26/les-trois-derniers-signes-du-retour-de-jesus-christ-sur-terre/

dégradantes du monde, qui ne sont que des signes du retour de Jésus. Voyons de près de quoi il s'agit:

1. L'actualité mondiale, les nouvelles venues de tous les pays et, dans tous les domaines, est devenue apocalyptique.
2. *Notre monde est ruiné. Sous tous les cieux et presque partout, il y a un problème dont la solution n'est facile à trouver.*
3. *L'inflation, le terrorisme et la belligérance sont devenus monnaie courante.*
4. *L'économie mondiale n'a aucun avenir fiable pour demain. La lutte entre l'intérêt et le capital, persiste et se dégrade de jour en jour.*
5. *Le moyen Orient est à Feu et à sang dans des guerres clandestines, civiles, religieuses et morales à n'en plus finir.*
6. *Les dirigeants mondiaux ne savent vraiment que faire. Ils ne font, ouvertement et à la vue de tous : "le signe de Satan."*[1]
7. *Des sociétés secrètes « satanistes » tendent à contrôlert le monde dans tous les domaines.*
8. *Les valeurs Morales sont inversées, le mal est devenu banal et même revendiqué, alors que le bien, le droit et la justice, sont foulés au pied.*
9. *Des Chrétiens sont assassinés uniquement parce qu'ils sont Chrétiens et ont refusé d'appartenir à certains groupements religieux.*
10. *La population mondiale est passée de deux milliards et demi d'habitants en 1948 à sept milliards en 2012. (4,5 milliards en seulement 63*

---

[1] Signe de Satan. Un vieil ennemi qui se sent déjà battu, mais qui lutte encore en usant toutes sortes de tromperie pour donner de l'espoir (de faux espoirs).

*ans !) Incroyable ! Le poids est vraiment lourd
pour la planète « terre.''*

11. *Des maladies incurables sévissent partout sur la
planète (SIDA, Cancer etc..) et, la majorité des
hommes ne s'en soucient guère.*

12. *Plus de trois milliards d'habitants ne mangent
pas à leur faim et trois autres milliards vivent
au-dessous du seuil de la pauvreté.*

13. *La misère, la méchanceté et la maladie
atteignent des sommets jamais atteints dans le
passé au point que les annonces de mort de
quelqu'un même bien connu, s'envolent comme
un coup de balai.*

14. *Des millions d'animaux, poissons et oiseaux
meurent tous les jours sans aucune raison
valable.*

15. *La terre est en train de trembler comme ce ne fut
jamais le cas, sous le coup des séismes de force
5 et plus qui arrivent et frappent presqu' au
quotidien dans le pacifique et un peu partout
dans le monde.[1]*

16. *Des incendies hors paires, détruisent flore et
faune, causant des milliers de victimes.[2] Le
dérangement de la climatisation sous tous les
cieux, inquiète plusd'un.*

17. *Des pluies diluviennes inondent des villes
entières et occasionnent des milliers de sinistrés
et de décès.*

---

[1]Les tremblements de terre de plus grande magnitude
jamais enregistrés sont ceux de 1960 au Chili avec 9,5. Les séismes
les plus meurtriers sont ceux d'Haïti en 2010 et de Tangshan en
Chine, en 1976, avec plus de 240.000 morts chacun.
   [2]Erosions et Incendies meurtrières dans le monde des 20e et
21e Siècles (Voir notes en Appendice 23).

18. *Des tempêtes, cyclones et ouragans frappent le monde avec une force inouïe et destructrice telle que des villes entières sont rayées de la carte planétaire.*

19. *La technologie, avec toutes ses conséquences, a explosé depuis 1948. Le robot, en ce 21ᵉ. Siècle, ne va-t-il pas remplacer la main d'œuvre ?*

vi.- Des espérances déçues, mais non perdues: Veuillez (Mc.13:35-37)

Pendant près de deux mille ans et, à de multiples reprises des hommes ont cru que le retour de Jésus était pour leur génération à cause des guerres et des troubles de toutes sortes qu'il y a eu toujours dans le monde. Mais, pas encore. Le Christ, devons-nous conclure, ne reviendra qu'en son temps. Ce qu'il nous faut, c'est prêcher la bonne nouvelle tout en nous préparant pour son avènement.

Marc, nous rapporte avec vigueur l'un des mots les plus mémorables de Jésus, concernant son retour: "Veillez donc, car vous ne savez quand viendra le maître de la maison, ou le soir, ou au milieu de la nuit, ou au chant du coq, ou le matin; craignez qu'il ne vous trouve endormis, à son arrivée soudaine. Ce que je vous dis, je le dis à tous: Veillez (Mc.13:35-37).

Enfin, amis lecteurs, aujourd'hui perfas et nefas, chacun personnellement se trouve devant un choix très pressant à faire. La citation suivante de André Malraux, avait longtemps dit que:[1]

« Le 21e siècle sera spirituel ou ne le sera t-il pas ». Il s'agit d'un espoir prophétique et visionnaire, né

---

[1]André Malraux (3 Novembre 1901-23 Novembre 1976) était un écrivain, Françâis. Il était très actif en politique. Il a travaillé pour les républicains pendant la guerre civile espagnole et avec la résistance Française pendant la Seconde Guerre mondiale.

d'une certitude: « C'est très rare qu'une civilisation ne se fonde pas sur des valeurs spirituelles. »

Reste à savoir de quelle spiritualité il s'agira. Entre le retour du religieux, la vogue des sectes, l'attrait pour la philosophie, la quête de sens et d'éternité, l'aspiration à un nouvel ordre de choses, ou autrement, le rassemblement de toutes les voies, individuelles ou collectives, sont-ils possibles comme antidote au matérialisme regnant?

Franchement nous disons que Non! L'humanité a besoin de quelque chose de plus grand et de plus sérieux. Jésus doit revenir: "Quand les hommes diront paix et sureté, une ruine soudaine les surprendra comme la douleur surprend une femme enceinte et, ils n'en échapperont pas (1Thess. 5: 3).''

Ce retour sera la solution à toutes viscissitudes de l'existence humaine. Satan, lui-même, l'auteur de toutes les misères humaines, disparaitra à jamais. On n'aura jamais plus entendu parler de ce grand ennemi. Le seul regret sera est pour tous ceux qui périront avec lui (Mt. 25:41).[1]

---

[1] Il y a trois Satan: (1) "Le diable, Lucifer ou l'ange déchu, lui-même en personne; (2). Ses anges – le tiers des anges du ciel, gagnés à sa cause et qui sont tombés avec lui (Ap.12:4) et, (3). Tous les hommes qui, refusant d'accepter l'évangile qui sauve, vont périr dans le feu éternel avec eux.

Chapitre 1:
LE MESSAGER OU PRÉDICATEUR,
SA PERSONALITÉ

A plusieurs reprises, Jésus a voulu souligner pour ses disciples leur importance face à la mission qu'il leur demande d'accomplir. Pour ce, il a utilisé plusieurs métaphores pour les en convaincre: "Lumiere du monde, sel de la terre, etc."

Le sel est un élément important dans presque tous les domaines de la vie. Les anciens pensaient que sel, eau et air étaient des trésors célestes que l'homme avaient volés à leur départ du paradis terrestre. Les propriétés du sel sont si nombreuses que ne finira pas toujours de les énumérer. Le sel relève les plats fades. Mais il n'y a pas de remède pour le sel qui a perdu sa saveur.[1]

Il fut un temps où le sel était si rare et si précieux qu'il servait de monnaie d'échange. Les soldats de César recevaient une partie de leur solde en sel ordiniaire. Il s'agissait du salarium, d'où est dérivé notre mot salaire.

On a estimé qu'il y a plus de 14,000 emplois du mot sel dans le langage commun. La plupart des gens le considèrent comme un assaisonnement pour les aliments. Mais moins de cinq pour cent du sel produit dans le monde chaque année sert à cette fin.

---

[1]Voir Appendices sss pour plus de précisions sur le sel et son importance dans la vie de l'homme.

ii.- Prédicateur - Sel de la terre
(Mt. 5 :13)

Le sel et ses sous-produits sont utilisés en boucherie, dans la fabrication des produits chimiques, dans l'alimentation, dans le tannage des cuirs. Il faut beaucoup de sel pour la préparation de certaines cendres qui entrent dans la fabrication du verre, du savon et des détergents.

Parmi bien des peuples, le sel est encore une marque d'honneur, d'amitié et d'hospitalité. En Russie, la cérémonie de bienvenue accompagnée du pain et du sel est toujours pratiquée en signe d'acceptation. Les Arabes disent: "Il y a du sel entre nous," ce qui veut dire: "Nous avons mangé ensemble et nous sommes amis."

Jésus a affirmé: **"Vous êtes le sel de la terre."** Que voulait-il dire? Chaque foyer juif, aussi pauvre soit-il, employait du sel. Pendant ses années d'enfance, Jésus dut voir sa mère saupoudrer de grains de sel sa nourriture. Le sel est un article indispensable dans la maison.

iii.- Le sel donne de la saveur
à la vie

La saveur du sel représente la puissance vitale du chrétien-l'amour de Jésus dans son coeur, la justice du Christ pénétrant, embaumant la vie. L'amour du Christ est diffusif et agressif. S'il habite en nous, il se répandra vers autrui.

Sans une foi vivante [1]en Christ comme Sauveur personnel, il est impossible de répandre notre influence dans un monde incrédule.

---

[1]White, *Le Sermon sur la Montagne*, 36, 37.

Nous sommes incapables de donner ce que nous ne possédons pas. C'est en proportion de notre piété et de notre consécration à Christ que nous exerçons une influence pour le bien et l'encouragement de l'humanité.

Je suis certain qu'en considérant votre ville, votre église, votre foyer, vous pensez immédiatement à certaines personnes, répandant partout l'amour chrétien. Elles n'ont jamais l'air découragé par quoi que ce soit. Elles maintiennent l'unité dans l'Église. Leur compagnie est très agréable.

En contraste avec ce genre de personnes, vous rencontrez d'autres qui ne cessent de se plaindre. Elles critiquent constamment et leur attitude face à la vie est négative. Quoi qu'il arrive, même un incident très amusant, ils sont toujours moroses et amers. Ils ne voient que le côté sombre de la vie. A quelle description vous apparentez-vous? Etes-vous cette pincée de sel qui donne de la saveur à la vie?

iv.- Le sel - un agent de conservation

Avant l'ère de la réfrigération, on utilisait le sel un peu partout pour conserver les aliments. A l'époque des pionn[1]iers, en Amérique, on consommait de la viande séchée et salée. On se servait encore du procédé dans certaines régions du Brésil. C'était un moyen bon marché de conserver la nourriture et toutes sortes de produits utiles. Voici sept vieux adages que les anciens fabriquaient sur le sel:

1. L'aumône est le **sel** des riches

---

[1]Adage. Un proverbe ou une courte citation qui exprime une idée ou une vérité générale.

2. Le doute est le **sel** de l'esprit
3. La ponctuation c'est le **sel** de la phrase
4. La conscience met une pincée de **sel** additionnelle au péché
5. Les affaires sont le **sel** de la vie
6. Une femme sans pudeur est comme un plat sans **sel**
7. Qui dit esprit, dit **sel** de la raison.

Lorsque Jésus affirma: "Vous êtes le sel de la terre", c'est exactement ce qu'il voulait dire. Serait-il possible que des chrétiens exercent une certiane influence préservatrice sur le monde? Quelle influence durable ce petit groupe, pauvre en général, pourrait-il avoir dans le reste du globe? Ne serait-il pas submergé par la maré du mal?

Que peuvent accomplir ceux dont la seule arme est un appétit pour la justice et la pureté du coeur? Ecoutez les paroles écrites il y a bien des années à notre intention par la servante du Seigneur. Des traités et des brochures, des journaux et des livres doivent être diffusés dans toutes les directions.

Emportez avec vous, partout où vous allez, une série de traités soigneusement choisis, que vous distribuerez au gré des occasions qui se présenteront. Vous pourrez les vendre, les prêter ou les donner suivant les circonstances. Des résultats importants s'ensuivront.

E.G. White dit que[1] : ''Beaucoup de gens honnêtes pourraient être amenés à accepter la vérité par ce seul moyen.''

---

[1]White, Service chrétien (Miami, Florida : Iadpa – Editions iteraméricaines, 2004),185.

"Le sel a de la valeur à cause de ses propriétés assurant la conservation; et lorsque Dieu apparente ses enfants au sel, il désire leur enseigner que son dessein, en faisant d'eux les bénéficiaires de sa grâce, est qu'ils deviennent les instruments du salut de leurs semblables."[1]

"Sans l'influence salutaire des chrétiens, le monde périrait dans sa corruption."[2] Notre planète gît dans l'ignorance et la méchanceté, en voie de putréfaction; mais Christ envoie ses disciples; par leur enseignement et leurs doctrines, ils doivent assaisonner le monde.

v.- Le sel, un agent de pureté

Le sel ou chlorure de sodium est un composé chimique stable qui résiste à presque toutes les attaques. Cependant, il peut être contaminé par des impuretés. Il devient alors inutile et même dangereux. Le sel qui a perdu sa saveur n'est même plus utile sur le tas de fumier.

On trouve encore aujourd'hui au Moyen-Orient, particulièrement aux alentours de la mer Morte, une substance qui ressemble beaucoup au sel, et qu'on dénommait certainement sel, mais qui n'avait ni le goôt ni les propriétés du sel.

---

[1]Ellen G. White. Heureux ceux qui (Dammarie-Les-Lys, France : Éditions Vie et Santé, 1979), 35.

[2]White, Messages choisis, vol.2, 535.

C'était simplement la poussière de la route. Afin de demeurer des chrétiens efficaces, nous devons garder notre saveur spirituelle en nourrissant constamment l'action de l'Esprit-Saint dans notre cœur.

Si les chrétiens sont assimilés par les non-chrétiens et contaminés par les impuretés du monde, ils perdent leurs traits distinctifs et leur influence. Ce sont nos différences qui nous distiinguent et qui nous donnent notre raison d'être.

Le Dr. Lloyd-Jones souligne que:[1] "La gloire de l'Évangile, c'est que l'Église attire invariablement le monde lorsqu'elle en diffère complètement. C'est alors que le monde est obligé d'écouter son message, même s'il le trouve détestable à première vue."

Dans son livre en Anglais : "The Land and the Book," de William McClure Thompson, on trouve l'histoire d'un marchand de Sidon qui avait acheté de grandes quantités de sel provenant des marais de Chypre et les avait cachées dans des cavernes en montagne pour éviter de payer l'impôt. Mais, le sol de ces entrepôts était en terre battue. La cargaison de sel à cause de ce contact, perdit bientôt sa saveur première. On l'utilisa alors, quand même comme revêtement sur les routes publiques.[2]

Comme il est tragique de devenir du sel sans saveur! Dès que nous cessons d'êtres différents, qu'on ne peut plus nous distinguer des non-chrétiens, nous sommes inutiles.

---

[1] David Martyn Lloyd-Jones (1899-1981) était un ministre et un médecin protestant gallois influent sur l'aile réformée de la communauté évangélique britannique.

[2] William McClure Thomson était un missionnaire américain protestant travaillant en Syrie ottomane. Après 25 ans passés dans la région, il a publié une description best-seller de ce qu'il avait vu lors de ses voyages. Il a utilisé ses observations pour illustrer et éclairer des passages de la Bible.

On pourrait tout aussi bien nous jeter comme le sel inutilisable qui est foulé aux pieds par les hommes." Quelle chute! De sauveteurs de la société à poussière des sentiers!

Rappelons-nous toujours que le sel est capable de relever les plats fades, mais il n'y a pas de remède pour le sel qui a perdu sa saveur. "Vous êtes le sel de la terre (Mat.5:13).''

vii.- Le messager ou prédicateur (Caractéristiques)

Selon Georges Thomas: "Un **prédicateur** est quelqu'un qui parle publiquement des choses de Dieu aux non-croyants et qui enseigne aux croyants les voies de Dieu (on dit *prêcher*). Le prédicateur est celui qui délivre un sermon dans un contexte religieux ou non. Le Nouveau Testament montre Jésus, Paul de Tarse et les apôtres comme des prédicateurs.[1]

La prédication de l'Évangile est liée à la proclamation de la Bonne Nouvelle de Jésus-Christ et l'enseignement de sa parole qui constituent notre mission que le Christ nous a laissée. [2]

Le prédicateur est ainsi celui qui prêche l'évangile et sa fonction est aussi synonyme d'évangéliste sans frontière.[3]

---

[1]George Thomas Kurian, James D. Smith III, *The Encyclopedia of Christian Literature, Volume 2*, Scarecrow Press, (USA, 2010),143

[2]Matthieu 28: 18-20, est la référence à la "Grande commission,'' généralement designee et dans laquelle nous sommes tous engages en tant propagateurs de la bonne nouvelle de Jésus-Christ.

[3] Watson E. Mills, Roger Aubrey Bullard, Edgar V. McKnight, *Mercer Dictionary of the Bible*, Mercer University Press, (USA, 1990), 707

D'après les écrits du Nouveau Testament, la forme que prend la prédication peut changer selon le type d'apostolat et l'endroit où il est prêché. Un prédicateur peut donner un sermon dans divers contextes et à divers moments.[1]

Le prédicateur est généralement un ministre de l'évangile.[2] Dans deux textes de ses écrits l'apôtre Paul s'identifie comme prédicateur et comme ministre. L'apôtre écrit:

1. Car il y a un seul Dieu, et aussi un seul médiateur entre Dieu et les hommes, Jésus Christ homme, qui s'est donné lui-même en rançon pour tous. C'est là le témoignage rendu en son propre temps, et pour lequel j'ai été établi prédicateur et apôtre, -je dis la vérité, je ne mens pas, -chargé d'instruire les païens dans la foi et la vérité (1Tim. 2 :5-7).

2. Pour ce qui vous concerne, mes frères, je suis moi-même persuadé que vous êtes pleins de bonnes dispositions, remplis de toute connaissance, et capables de vous exhorter les uns les autres.

Cependant, à certains égards, je vous ai écrit avec une sorte de hardiesse, comme pour réveiller vos souvenirs, à cause de la grâce que Dieu m'a faite d'être ministre[3] de Jésus Christ parmi les païens, m'acquittant

---

[1] Richard A. Lischer, *A Theology of Preaching: The Dynamics of the Gospel*, Wipf and Stock Publishers, (USA, 2001), 61.

[2] Frank K. Flinn, *Encyclopedia of Catholicism*, Infobase Publishing, (USA, 2007), 303.

[3] Histoire. Le substantif masculin **ministre** est un emprunt au latin **minister**, adjectif dérivé de minus qui signifie « serviteur ».

du divin service de l'Évangile de Dieu, afin que les païens lui soient une offrande agréable, étant sanctifiée par l'Esprit Saint.

Ellen G. White conclut avec ce que nous pouvons appeler ce tandem que nous pouvons dénommer: Prédicateur, pasteur, ministre et même apôtre, comme des gens qui prêchent l'évangile en toute simplicité et en toute occasion. Elle dit que:[1]

"Prêcher l'Évangile dans toute sa simplicité. Quand des gens instruits, des hommes d'État, ou considérés comme honorables sont présents dans un lieu de culte, le prédicateur se croit obligé d'offrir pour la circonstance un vrai festin intellectuel; mais ce faisant, il perd une merveilleuse occasion de dispenser les enseignements mêmes qui ont été présentés par le plus grand des maîtres que le monde ait jamais connu.

Toutes les communautés chrétiennes du monde ont besoin d'apprendre à connaître davantage le Christ, et le Christ crucifié. Toute expérience religieuse non fondée sur Christ, est sans valeur. Les grands intellectuels du monde entier ont besoin d'entendre présenter de façon Claire, nette et precise, le plan de Dieu pour la rédemption du monde.

Que la vérité leur soit exposée avec force et simplicité. Si cette vérité ne retient pas leur attention et n'éveille pas leur intérêt, ils ne seront jamais attirés par les choses célestes et divines. Il y a, dans toutes les églises, des gens insatisfaits. Chaque sabbat, ils voudraient entendre quelque chose de précis concernant

---

... Dans la Vie de saint Thomas de Cantorbéry, composée par Guernes de Pont-Sainte-Maxence vers (1174 – 1176), **ministre** désigne « celui qui est au service du roi » ou « en détient quelque chose ».

[1]White, Manuscript 4, 1893; Évangéliser 316. 2.

la manière dont on est sauvé, et ce qu'il faut faire pour devenir chrétien.

Pour eux, la question vitale est celle-ci: Comment un pécheur peut-il se présenter devant Dieu? Que le chemin du salut soit exposé devant les gens, avec la simplicité et la clarté que l'on emploierait pour s'adresser à un petit enfant. Exaltez Jésus comme le seul espoir du pécheur.

Elle dit encore que:[1] "Le prédicateur doit faire preuve d'équilibre. Les devoirs pastoraux sont souvent honteusement négligés parce que le pasteur manque d'un courage suffisant pour sacrifier ses inclinations personnelles à la méditation et à l'étude.

Le pasteur devrait visiter les foyers des membres du troupeau, conversant, étudiant et priant avec chaque famille et veillant au bien des âmes. Ceux qui ont exprimé le désir de connaître les principes de notre foi ne devraient pas être négligés, mais sérieusement instruits dans la vérité.''

viii.- Paul Aldo et son oncle Pasteur (Le Ministère):

- **Expérience:** Un jeune garçon, Paul Aldo avait son oncle Jean Pélissier, pasteur dans l'une des grandes métropoles Européennes. Le pasteur Pélissier faisait bien et tout le monde parlait de lui.

Aldo, à la fin de ses études classiques, écrivit une lettre à son oncle[2] pour lui dire son intention d'entrer à la faculté de théologie dans l'objectif de devenir Pasteur.

---

[1] White, Ministère évangélique, 331, 332 (1915); Evangéliser. 317. 1

[2] Oncle. Cet oncle était un démi-frère de sa mère. Saisissez le fait que les soms Aldo et Jean, sont différents.

L'oncle très heureux de recevoir la lettre, lui fit la réponse suivante:

Mon fils, quel plaisir pour ton oncle de savoir que l'un de ses proches parents voudrait étudier la théologie et, le suivre dans le ministère. C'est vraiment une noble idée et, j'espère qu'elle a pris naissance dans les sentiments les plus profonds de ton coeur.

Seulement, tout en te félicitant de ce noble projet, laisse-moi te donner les conseils suivants, qui peuvent bien t'être utiles puisque tu es jeune et qu'il est encore temps:

1. Si dans ton coeur, tu as l'intention un jour de devenir un homme célèbre, aimé de la société et choyé de tout le monde, un homme public et bon vivant à qui toutes les femmes du monde diront bienheureux, un homme qui ne recule pas devant les offres, un homme qui, quelque soit le prix, voudra répondre à tout genre d'invitations de celui-ci ou de celui-là, n'étudiez pas la théologie.[1]

2. Si tu penses un jour devoir vivre heureux avec en ta possession tout ce que tu voudras, jusqu'à pouvoir te rivaliser avec plus d'un, n'étudiez pas la théologie.

3. If you think one day you will have to find money to meet all your needs so that your wife, your children can walk and wallow freely through the main avenues of New York, Paris, London, Copenhagen, Amsterdam, etc., do not study theology.

---

[1]Théologie. Voir notes et commentaires en appendice 14 sur le développement du vocable.

4. Si tu penses devoir conduire le dernier modèle de voiture du monde et être à la brèche à toutes les fêtes, les grandes les cérémonies, toutes les activités sociales et culturelles, participer aux croisières les plus longues et les plus couteuses, n'étudiez pas la théologie.

5. Si tu penses devoir posséder des comptes bancaires bien nourris dans l'une ou l'autre des grandes banques nationales et internationales, être capable de trouver de l'argent, à volonté pour faire face à tous tes besoins, pour que tes enfants fréquentent les plus grandes universités du monde et, que ton épouse et tes enfants se conforment toujours à la dernière mode,[1] n'étudiez pas la théologie.

6. Si tu penses devoir toujours mériter l'estime de tes membres d'église et, même de tes collègues de ministère qui diront toujours du bien de toi, en appréciant, à juste titre ton travail, et priant pour toi et, en te soutenant sans hypocrisie, n'étudiez pas la théologie.

7. Mais, Si au contraire, tu voudras servir Dieu en dépit des privations, du manque et des empêchements de toutes sortes, et marcher sur les traces du Christ, à travers les sentiers rocailleux et épineux du Calvaire, te contentant de ce que tu trouves et non de ce que tu voudras, dans tous les domaines et toutes les

---

[1]La **mode est** l'image similaire au goût d'une époque, d'un pays, d'une culture ou d'une population dans une région donnée. Quand on entend ce mot, la majorité des gens pense **qu'**on parle précisément de la **mode** vestimentaire **qui** désigne la manière de se vêtir.

circonstances de la vie, alors je te souhait déjà la Bienvenue dans le ministère.

Ces conseils du Pasteur Pélissier ont touché le coeur du jeune Aldo qui changea d'avis. Il entra à l'école de Commerce, étudia le buseniss administration. Il se concentra avec sérieux sur ses études. En cinq années, il décrocha son Bachelor en sciences administratives et commerciales. Il débuta en buseniss tout en continuant ses études. Il décrocha avec brio son MBA[1] et devint l'un des plus grands hommes d'affaires et entrepreneurs de l'Europe.

De nos jours, il est à regretter de voir tout une panoplie d'hommes et de femmes qui trébuchent dans les rangs du ministère pastoral, alors qu'ils/elles ne sont que de bons hommes et femmes d'affaires perdus ou mal orientés dans leur vie.

Le ministère n'est pas un job ou un travail, c'est une vocation. Les impétrants doivent toujours se demander si vraiment, ils ont reçu l'appel de Dieu pour ce ministère.

---

[1]Une maîtrise en administration des affaires (MBA) est un diplôme d'études supérieures qui offre une formation théorique et pratique en gestion des affaires ou des investissements. Un MBA est conçu pour aider les diplômés à mieux comprendre les fonctions générales de la gestion des affaires et de réussir au mieux.

Chapitre 2
MESSAGE, PRÉDICATION OU SERMON
(Trois thèmes synonymiques)

Le Dictionnaire Littré[1] définit le sermon comme étant un discours chrétien qui se prononce en chaire, pour annoncer et expliquer la parole de Dieu et encourager l'auditoire à la pratique de la vertu.

Du latin *virtus* qui désigne l'énergie morale, la vertu se définit comme la force, venant du nom latin (*vir*-viril). Il était possible qu'elle désignât la qualité virile par excellence. Le mot a pris un sens moral dans un contexte chrétien, et il est devenu le symbole de la notion de recherche du bien en toute chose.

Une vertu dans la doctrine de l'Eglise Catholique Apostolique Romaine, est l'une des sept vertus codifiées dans la théologie scolastique chrétienne depuis le Moyen-Âge.[2] Elles sont au nombre de sept et comprennent trois vertus théologales (la foi, l'espérance et la charité) et quatre vertus cardinales (la justice, la prudence, la force et la tempérance).

Il y a neuf qualités essentielles que la Bible appelle le fruit de l'esprit. Elles sont bien énumérées

---

[1] Littré Dictionnaire Français (2010), s.v., "Sermon."

[2] Dans l'histoire de l'Europe, le Moyen Âge a duré du 5ème au 15ème siècle. Il a commencé avec la chute de l'Empire romain d'Occident (476 après JC) et a fusionné avec la Renaissance et l'ère de la découverte (1492), de notre époque.

dans Galates 5:22, 23. La théologie Catholique les désigne sous le titre de "vertus théologales et de vertu cardinales.[1]" Mais, au fond, ces qualités spirituelles, intrinsèques à la vie de l'homme, sont des vertus chrétiennes.

En revanche, la predication est l'acte de prononcer un sermon ou un message. C'est le moyen utilisé pour proclamer l'évangile de Jésus-Christ et instruire l'église.

Par la voix du prédicateur, la Parole de Dieu est proclamée en puissance en gloire par l'action de l'Esprit-Saint. Cette parole invite les gens à se donner à Christ et à mener une vie nouvelle avec lui, en lui et par lui.

ii.- Définition de chacun des trois termes

Message, sermon et prédication sont presque des termes synonymiques. Ils convergent tous vers un même but dans le christianisme. Cependant, on peut quand même trouver une mince ligne de difference entre eux. voyons-en en peu de mots:

1. Le message est la Parole de Dieu qui est communiquée par ou entre les chrétiens. C'est généralement un thème sous-jacent ou une

---

[1] Selon la doctrine catholique, chacune de ces trois vertus, doit guider les hommes dans leur rapport au monde et à Dieu : la foi, l'espérance et la charité. Tandis que: "La prudence, la justice, le courage et la continence (La tempérance), sont désignées comme cardinals. Les **vertus sont** des attitudes fermes, des dispositions stables, des perfections habituelles de l'intelligence et de la volonté qui règlent les actes, ordonnent les passions et guident la conduite.

conclusion tirée de la Bible et communiquée aux gens.

2. Le sermon est une adresse écrite ou parlée sur un point de doctrine ou une réalité biblique. C'est souvent un discours prononcé lors d'un service religieux par un prédicateur autorisé, dans le but d'instruire religieusement le peuple de Dieu. Le sermon est fondé sur un texte ou un passage de la Bible.

Dans le christianisme, on dit souvent qu'un sermon est généralement identifié à une adresse ou un discours prononcé devant un auditoire. Ce sermon contient généralement des instructions théologiques ou morales."

La principale différence entre un message et un sermon réside dans le fait que le sermon semble être plus structuré et renferme plus de contenus théologiques.

La prédication, en revanche, est l'acte de prononcer un sermon ou un message. C'est le moyen utilisé pour proclamer l'évangile et instruire l'église. Par le biais du prédicateur, la Parole de Dieu, exprimée avec la puissance du Saint-Esprit, ouvre les yeux des auditeurs sur la réalté de la foi et l'imminence du retour de Jésus-Christ.

C'est une forme de discours sur une vérité biblique, destinée à sauver ou à édifier celui qui écoute. Ce discours est prononé en faveur de, et au nom de Dieu. Il est le résultat d'une union de la vérité avec la connaissance, amenée à la perfection par la méditation et présentée dans un style et une méthode appropriée permettant à chaque auditeur de bien comprendre et de capter l'enseignement de la Parole de Dieu.

Peut-être que la meilleure définition est celle du Dr. Phelps qui l'exprime ainsi: « Un sermon est une prédication adressée en cinq points à l'esprit populaire, basé sur une vérité biblique évidente et traitée avec soin en vue de persuader l'auditoire». Examinons ces cinq points:

La prédication est adressée oralement; c'est-à-dire qu'elle n'est pas lue par le prédicateur mais qu'elle doit être prononcée. Ceci demande alors un accent distinct et une énonciation claire, afin que tous puissent entendre et bien comprendre. C'est ce que faisait les hommes de Dieu du temps de Néhémie.[1] Il est dit qu' ils lisaient distinctement dans le livre de la loi de Dieu, et ils en donnaient le sens pour faire comprendre ce qu'ils avaient lu (Néh 8:8).

iii.- Un message public pour tous (Luc 4:16)

Les débuts de Ministère de Jésus et de Jean-Baptiste sont parmi tant d'autres des exemples convainquants du caractère public de la prédication:

1. Mt.3 :1-12. Jean-Baptiste. En ce temps-là parut Jean Baptiste, prêchant dans le désert de Judée. Il disait : Repentez-vous, car le royaume des cieux est proche. Jean est celui qui avait été annoncé par Esaïe, le prophète, lorsqu'il dit que : C'est ici la voix de celui qui crie dans le désert:[2] Préparez le chemin du Seigneur, Aplanissez ses sentiers.

---

[1]**Néhémie** (Hébreu : נְחֶמְיָה Ne'hemya, « YHWH a consolé » Patriote juif qui, avec Esdras, travailla à la restauration de Jérusalem, au Ve siècle avant Jésus-Christ. Son œuvre nous est connue par le livre biblique qui porte son nom

[2] Jean-Baptiste. Il est considéré comme le dernier des prophètes- un **prédicateur** juif du temps de **Jésus de Nazareth**. L'**Évangile selon Jean** localise l'activité du Baptiste sur les rives du **Jourdain** et à **Béthanie au-delà du Jourdain**. Jésus semble avoir vécu un temps dans son entourage et y avoir recruté ses

2. Luc 4 :1-31-33, 36. Jésus de Nazareth.[1] Il se rendit à Nazareth, où il avait été élevé, et, selon sa coutume, il entra dans la synagogue le jour du sabbat. Il se leva pour faire la lecture, et on lui remit le livre du prophète Esaïe. L'ayant déroulé, il trouva l'endroit où il était écrit :

L'Esprit du Seigneur est sur moi, Parce qu'il m'a oint pour annoncer une bonne nouvelle aux pauvres. Il m'a envoyé pour guérir ceux qui ont le coeur brisé. Pour proclamer aux captifs la délivrance. Et aux aveugles le recouvrement de la vue, pour renvoyer libres les opprimés, pour publier une année de grâce du Seigneur.

Il descendit à Capernaüm, ville de la Galilée; et il enseignait, le jour du sabbat. On était frappé de sa doctrine; car il parlait avec autorité. Tous furent saisis de stupeur, et ils se disaient les uns aux autres: Quelle est cette parole? il commande avec autorité et puissance aux esprits impurs, et ils sortent! Et sa renommée se répandit dans tous les lieux d'alentour.

------

premiers **apôtres**. Les **Évangiles synoptiques** synchronisent le début de l'activité de Jésus avec l'emprisonnement de Jean.

[1] Jésus de Nazareth (1-30 ap. J.-C.) Enseignant et prophète juif du premier siècle; il a fondé le christianisme et a enseigné la gentillesse et l'amour de Dieu. Ses enseignements se sont répandus dans l'empire romain et, finalement, dans le reste du monde. Les Romains ont pris cela comme une menace, malgré sa signification spirituelle, et l'ont exécuté en conséquence. Les fidèles ont affirmé plus tard que Jésus avait triomphé de la mort et était sorti de la tombe, et qu'il était mort pour les péchés de ses disciples. Vraiment, aujourd'hui, toutes les langues parlées, il est le fils de Dieu, celui qui seul, on peut trouver le salut et la vie éternelle (Actes 4:12).

La predication est un acte public en ce sens qu'elle doit être compréhensible au commun des gens. Les paroles doivent être faciles à comprendre. On a souvent dit que les mots profonds et difficiles à comprendre ne sont que des sépulcres dans lesquels les hommes cachent leurs pensées médiocres.

iv.- Christ, fondement de la vérité biblique (Psa.119:142)

La prédication doit être fondée sur la vérité[1] contenue dans la Bible, et non sur la plus récente découverte scientifique ou sur une phrase politique, un roman sensationnel ou un caractère national célèbre. Le prédication doit annoncer tout le conseil de Dieu (Actes 20:27; Jér. 23:28; 1Cor. 2:1-5).

Le prédicateur n'est pas un conférencier qui parle sur des sujets profanes mais un héraut qui annonce les richesses incompréhensibles de Christ, Eph. 3:8. Il n'est pas envoyé pour reconstruire la société mais pour la régénérer La prédication dans sa relation avec la Parole de Dieu est comme la plume avec la flèches; c'est la prédication qui dirige la Parole vers son but.

v.- Mettre beaucoup de soins dans la préparation du message (Actes 17:11)

La prédication doit être préparée avec soin. Le passage de l'Écriture choisi doit être soigneusement examiné, complètement analysé, expliqué, illustré et

---

[1]Le mot Hébreu *Yatstsiyb* - la **verité**, sûrement, réellement, vraiment, digne de confiance, vrai, certain, sûr ... ('emet) **Grec**: (alètheia) Latin: veritas (comme dans **vérité**, ... La notion de « **vérité** » est associée à la la saine doctrine, la vraie de Dieu, dénuée de toute tradition des hommes.

appliqué d'une façon méthodique, intelligente et édifiante.

Ceci demande le concours de trois choses: la rhétorique, la grammaire et la logique. La rhétorique s'occupe de l'utilisation de la matière, du choix, de l'adaptation et de l'arrangement des expressions. La grammaire concerne l'emploi des mots avec lesquels le message est transmis. La logique nous apprend à raisonner juste et à rassembler des arguments dans leur suite normale.

vi.- Le but de tout sermon
(Actes 2: 22-40)

La prédication a pour but de persuader[1] et de convaincre. Porter celui qui écoute à être profondément touché dans son coeur afin qu'il accepte et obéisse à la vérité présentée. On a dit que le sermon est comme un pont qui traverse le gouffre qui sépare l'ignorance de la connaissance.

L'indifférence de l'intérêt, la quiétude de l'anxiété, l'incrédulité de la foi et l'inaction de la décision.

Le but du prédicateur est de permettre à ses auditeurs de traverser ce gouffre par le moyen de son sermon et de les amener de l'autre côté.

L'approche du pont est l'introduction du sermon, le pont lui-même est le sermon, ses points principaux jouant le rôle des piliers qui soutiennent le pont, et la conclusion du sermon qui doit amener l'auditeur de l'autre côté du gouffre.

---

[1] Actes 26: 28,29. Le roi Agrippa dit : " Paul, tu vas bientôt me persuader à devenir Chrétien. Que ce soit bientôt ou que ce soit tard, plaise à Dieu que non seulement toi, mais encore ..

---

vii.- Différents types de Sermons:

Le sermon ou la prédication, nous dit Bernard Murnier,[1] ''c'est une manifestation de la parole incarnée à partir de la parole écrite, par la parole prononcée.''

Jean-Pierre Mevel et ses associés[2] définissent le sermon comme un discours prononcé pour instruire et exhorter les fidèles. C'est un discours ennuyeux moralisateur, un discours remontrant[1] pour ma part, je considere le sremon comme un cours de morale chrétienne, destinée à relever positivement ou négativement toute situation équivoque dans les rangs de l'église.

Dans ce présent ouvrage mentionner et considérer dix types de sermons. On pourra aussi trouver beaucoup d'autres. Cependant, une chose est importante, suivant le milieu et les circonstances, le prédicateur doit se faire une idée de départ de ce qu'il se propose de dire.

viii.- Bref développement de chaque type de Sermon:

Les sermons sont généralement classés en trois catégories: Sermon sujet ou topic, sermon textuel et sermon exposé dit l'exposé:

---

[1] Bertrand Murnier. **Bertrand Munier** est un écrivain français né le **17 mai 1962** à **Épinal**, dans les **Vosges**.

[2] Jean-Pierre Mevel et al, Dictionnaire Encyclopédique Hachette, Editions Hachette, Paris Cedes, France, 1999- not sermon.

a. **Le sermon *Sujet.*** Le sermon sujet ou topic a comme caractéristique particulière la relation du développement du sermon avec texte.

Le nom même de ce sermon nous dit que le sujet ou titre est le facteur dominant du développement. Tous les sous-titres ou parties du sermon doivent être liés comme une gamme ascendante ou montante. Le traitement entier du sermon dépend du sujet.

b. **Le sermon Topic.** Ce sermon est la forme la plus courante utilisée par les prédications. C'est en un mot, la forme préferée des prédicateurs de la parole.

Ayant la forme d'un topic, le sermon n'est pas limité par la portion de l'Ecriture qui a été lue. L'orateur est libre de suivre un développement logique et produire l'effet émotionnel désiré. Il lui faudra une bonne imagination et de bonnes réserves expérimentales dans le traitement d'un tel sermon.

On dit même que chaque verset de la Bible est une semence endormie qui attend une pensée et un cœur vivant pour la développer. Ce ne sont pas les formes qui controlent l'homme, mais bien le contraire. En résumé, retenons que :

1. Le sermon sujet facilite un traitement vaste et large ;
2. Aide à maintenir l'unité de la pensée (cette qualitative indispensable à tout bon sermon) ;
3. Donne une orientation et un but ;
4. Permet de prendre une grande latitude dans la créativité litteraire.

c.- Le sermon Textuel. Le sermon textuel est controlé par les principes généraux de la logique et de la grammaire. Il doit avoir un texte de base, un sujet et des subdivisions.

Un sermon textuel est un sermon dans lequel le sujet les subdivisions du développement dérivent du texte et suivent son ordre. Tandis que le sermon sujet est dominé par le sujet, le sermon textuel est dominé par le texte.

Exemple: Dans Jean 3.1-3: ''Jésus lui dit : si un homme ne nait de nouveau, il ne peut entrer dans le royaume de Dieu, etc.'' Un sermon sujet traité à partir de cette péricope peut avoir pour titre : « La nouvelle naissance.'' Les subdivisions du sermon sont laissées à la discrétion du prédicateur qui les choisira selon son concept du sujet. Mais, dans un sermon textuel le titre peutê intitule:

a.   Une vie transformée
b.   L'homme nouveau
c.   La cérémonie qui transforme.

Il y a naturellement, diverses manieres d'exprimer une réalité. Mais, les idées maitresses d'un texte forment les subdivisions du développement du sujet. On peut ne pas utiliser tous les aspects du passage. Mais, ce qu'on aura pris sera tellement lié au message et à chacune des parties qu'ils forment un ensemble homogène.

Le sermon textuel a pratiquement tous les avantages du sermon sujet avec en plus le fait de pouvoir demeurer dans la pensée du passage de l'Ecriture.

Ce type de sermon peut avoir toute la fraicheur et toute la variété qu'on pourait désirer dans l'expression de la pensée. Le jeune prédicateur découvrira ce qui suit:

a. Le sermon textuel est une introduction à l'exposé. Ce sermon permet d'avoir de l'emphase sur la parole ;

b. Il est une aide pour l'auditoire qui à même de suivre le sermon dans la Bible ;

c. Ce massage reviendra toujours à l'esprit chaque fois que les auditeurs, chacun pour soi, relise la Bible.

d.- Le sermon exposé

L'exposé est une explication des écritures qui peut être: un mot unique, une phrase, un paragraphe, une péricope, un chapitre ou un livre entier.

Pour beaucoup de gens, l'exposé est le sermon par excellence. Il est, sans doute, la meilleure méthode parce que cette méthode exige une étude soigneuse et une grande variété de matériels. Elle permet d'ailleurs d'instruire l'auditoire dans la Parole de Dieu tout entière.

En efffet, l'exposé n'est pas une dissertation religieuse, ni un papier exégétique, ni un commentaire, mais un sermon avec tous les attributs de ces types de travaux.

Disons que la plus simple définition est que celui-ci est le traitement d'un passage Biblique ayant plus que quatre versets. On pourrait dire que le sermon textuel est le traitement exposé d'un passage plus court tandis que le sermon exposé est le traitement textuel d'un passage plus long.

Le début étant d'importance, essayons de le conclure en disant que le sermon sujet dérive son sujet du texte et son développement est controlé par le sujet, tandis que le sermon exposé reçoit le texte, les subdivisions et tout le support du développement du passage sans aucune considération.

Les sermons exposés sont sans doute les plus difficiles à préparer. Toutes les facultés du talent homilétique, comme une sorte de grille sont requises. Le prédicateur est lié presqu'entièrement à la portion du texte sélectionnés; ce qui crée des difficultés. Les autres textes présententaussi des difficultés, mais quant à l'exposé, il pose au prédicateur certains défis:

a. L'habileté à trouver l'unité du développement.
b. Le bon sens de coordination du message ;
c. L'habileté à utiliser seulement des documents qui indiquent cette unité.

En effet, suivant les héologiens et compte tenu de certaines écoles, on parle encore d'autres sermons sous le titre général de types de sermon selon le plan. Nous pouvons citer:

e.- Le Sermon biographique

Avec cette méthode on étudie la vie d'un personnage biblique et on en tire des leçons spirituelles, soit pour l'avertissement, soit pour l'encouragement.

Cette méthode offre aussi un grand choix de sujets de sermons, parce qu'il y a un grand nombre de grands caractères dans la Bible. On peutchoisir d' étudier la vie de chacun d'eux avec beaucoup de profit, pour le prédicateur et pour l'auditoire également.

Une série de conférences peut être donnée par exemple sur Abraham, Joseph, Jacob, David, Elie, etc… Voyez dans l'épitre aux Hébreux, au chapitre 11 cette longue liste d'hommes de foi qui sont dignes de notre admiration.

Lisez les biographies bibliques qu'on peut trouver dans la plupart des bibliothèques. Nous avons déjà noté différents typés de sermons. Chacun a ses propres avantages qui permettent de le recommender et de les presenter à nos auditeurs.

f.- Le Sermon historique

Cette méthode **présente les événements historiques** et contient une foule de sujets pour la prédication.

L'Ancien et le Nouveau Testament sont, tous les deux, remplis d'histoires riches du point de vue spirituel et évangélique. Ces histoires présentent les grandes interventions de Dieu dans la vie son peuple et cadrent bien pour l'enseignement de la vérité.

En effet, toute l'histoire d'Israël a une signification spirituelle.[1] Avec cette méthode les évènements historiques tires de la Bible, constituent des leçons spirituelles à apprendre par tous les croyants alors que l'histoire de notre vieux monde poursuit sa course. C'est la méthode adoptée par la plupart des enseignants des écoles chrétiennes, congrégationalistes et de Mission.

Quelqu'un a dit que l'Ancien Testament est le livre d'images du Nouveau Testament. Lorsque Christ a voulu enseigner à Nicodème comment une personne pouvait naître d'en-haut, c'est-à-dire de nouveau, il s'est servi de l'image du serpent élevé dans le desert[2] par

---

[1] Lisez soigneusement et avec notes et commentaires de plusieurs auteurs, les declarations de Paul dans 1 Cor. 10:11et Rom. 15:4.

[2] Le **nahash** de l'**hébreu** נָחָשׁ (*nāḥāš*), est un terme **hébreu** qui désigne un **serpent** dans la **Bible**. *Nahash* est notamment le terme utilisé pour désigner le serpent de la **Genèse**, qui entraîne la **chute d'Adam et Ève**. C'est aussi le terme utilisé dans l'épisode de la transformation du **bâton de Moïse** en serpent dans le *Livre de l'Exode* et dans l'épisode du serpent d'airain dans le *Livre des Nombres* et qui préfigurait le Fils de l'Homme **élevé** sur la croix du Calvaire pour nos péchés.

Moïse, et il en a donné la signification spirituelle ce jour-là.

Ainsi, Christ se servait souvent de cette méthode dans son enseignement. Quelqu'un a dit justement que "Dans l'Ancien Testament, le Nouveau Testament est enveloppé et dans le Nouveau Testament, l'Ancien est développé.''

g.- L'usage des points

Les points dans un sermon ne constituent pas un moyen arbitraire. Généralement le prédicateur en fait état pour capter l'attention de son auditoire et arriver à l'influencer. Le point représente un mouvement défini de la pensée dans un processus vivant et dynamique de la communication.

Il n'y a pas une règle rigide pour déterminer le nombre de points qu'un sermon doit avoir. La pensée humaine opte pour trois points. C'est le résultat d'une certaine tradition allant de soi. C'est dans cette même perspective qu'on doit se placer pour comprendre la raison pour laquelle la pensée humaine aime la trinité,[1] qui vient de Dieu lui-même, origine de toute chose.

Dans toute association, on a tendance à dire trois. Le père, la mère avec au moins un enfant donnent une famille. Ainsi, il est difficile d'entendre un orateur ou prédicateur annoncer que son message comporte moins de trois points.

Dans le développement d'une pensée, que ce soit à l'école, à l'église ou en public, on est sensé avoir schématisé trois choses: "L'introduction, le corps du sujet et la conclusion.''

Cependant, nous devons toujours garder à l'esprit que le nombre de points à considerer dans ce

---

[1]Voir notes et developpement en Appendice 1, page x..

type de sermons, dépend du besoin de la population ou du conférencier lui-même.[1]

g.- Le sermon jumeau

Ce type de sermon présente des idées en contrastes telles que le positif et le négatif, le oui et le nom, ce qu'il faut faire et qu'il ne faut pas faire, la loi et la grâce, le commandement de Dieu et les commandements des hommes, le jour et la nuit, la vérité et la tradition, etc.

Par exemple, dans certains sermons comme le sermon doctrinal, on peut avoir à donner explication et explication. Ce sont des raisonnements positifs en contrastes avec des explications négatives, jadis données ou enseignées encore par une certaine école ou courant théologique.

Les "deux points ou sermon jumeau,'' est un sermon pour la formation du caractère. Il présente les faits et les conséquences qui en découlent. L'un des meilleurs exemples de ce genre de sermon est celui du prophète Ésaie 1:16-20. On eut en dégager plusieurs titres: "Péché et le pardon de Dieu, la méchancete et la miséricorde; la docilité et la rebellion, etc.''[2]

Les "deux points ou sermon jumeau représentent aussi un sermon narrative. Le récit et les leçons à tirer viennent de l'expérience du passé, ce que Dieu a déjà fait pour son peuple, le témoignage vivant que nous trouvons aujourd'hui encore à travers la vie et le ministère de Jésus, la Victoire qu'il a remportée sur les

---

[1]Voir en appendice – les trois parties dans le développement simple d'un message – page x1.

[2]Voir appendice 3, pour un modèle de sermon en deux points.

forces du mal en dépit de attaques malveillantes et de la complicité du grand ennemi.[1]

Le sermon jumeau ou *les deux points*, convenablement respecté et bien suivi, prête toujours à la clarté.

h.- Le sermon interrogative (Type-Question/réponse)

Dans ce type de sermon, chaque point est une question. Il y a dans le langage pratique, cinq questions communément posées: **"Qui, où, quand, comment et pourquoi.''**

Ce sont des questions fondamentales si évidentes qu'aucune discussion n'est nécessaire. Mon profeseur, en classe d'homilétique, le Dr. Etzer Obas,[2] m'a appris que le sermon interrogatif est le sremon du prédicateur paresseux. Pourtant, dans une lonque carrière de pasteur et d'évangéliste engagé, je trouve cette forme indispensable pour les sermons du genre d'études bibliques que j'associe aussi moi-même au sermon correcteur.

Dans nos campagnes d'évangélisation et nos cours de formation avec les laics, la leunesse, les différents département de l'église en général, il est parfois convenable d'utiliser un questionnaire pour élucider toutes les questions en faisant passer tout l'énseignement que l'on se propose de donner.

---

[1] Actes 2:14-39, le discours de Pierre à la Pentecôte, le dicours d'Etienne (Actes 7:59); La plupart des discours de Paul, comme particulièrement son discours devant le roi Agrippa (Actes 26:1-29).

[2] Etzer Obas, Pasteur, professeur de théologie et administrateur de l'Eglise Adventiste du 7e. Jour en Haiti, en Afrique et aux Etats-Unis d'Amérique du Nord.

Dès lors, je me rallie pour dire que le sermon interrogatif au lieu d'être celui du prédicaeur paresseux, peut-être classé dans les sermons correcteurs et circonstanciels que nous verrons plus loin.

i.- L'escalier et le sermon telescope:

Cette forme de Sermons procède d'un point à un autre point comme un escalier ou un télescope. C'est le type de l'argumentation logique, de la persuasion du débat et de l'appel à la raison. Il est un type à ne pas négliger surtout par les donneurs d'études bibliques les apologètes. Il aide à réquiser ou rejeter une certaine assertion et à prouver le contraire.

On utilise le télescope[1] pour impresionner les membres d'église au sujet de ce que le Christ attend de chacun de nous, du service chrétien et des obligations chrétiennes qui nous sont confiés. Par exemple, dans Romains 1: 16, Paul dit aux frères de Rome: « Je n'ai point honte de l'évangile. C'est une puissance de Dieu pour le salut de quiconque croit, du juif premièrement, puis du Grec.... »

Il y a là vraiment tout un télescope. Le juif c'est celui à qui les oracles de Dieu, le ministère de la parole ou la prédication a été confié (Ro.3:2). Par Jésus, sa mort et sa résurrection, le rapprochement a été fait. Il n'y a plus, ni juifs, ni Grecs, tous les hommes sont un en Jésus-Christ (Ga.3:27-29).

Le télescope nous explique de façon nette et précise le changement de sacerdoce dans Hébreux 7:11-18. Le sang de Jésus nous rapproche. Jésus n'étant pas

---

[1]Un instrument optique conçu pour rapprocher les objets distants, contenant un agencement de lentilles ou de miroirs et de lentilles incurvés, grâce auquel les rayons de lumière sont collectés et focalisés et l'image ainsi grossie.

descendants de Lévi et il est devenu sacrificateur selon l'ordre de Melchisédek. Nous aussi, nous pouvons être pasteurs, prêtres, prédicateurs et évangélistes, sans être du peuple juif ou membre de l'Israël littéral.[1]

j.- Le sermon joyau
ou bijou

Les deux vocables "joyau et bijou,'' sont pris dans cette phrase comme adjectifs. Ils tendent à designer des choses précieuses, admirables et mille et une fois appréciables.

Par définition, le bijou désigne une petite pièce délicate habituellement ornémentale et de fabrication délicate. En un mot le bijou représente quelque chose de délicat, élégant, très coûteux ou très cher. Il en est de même d'un joyau. Ce terme s'applique à un objet fait de matières précieuses, servant en particulier à la parure. Le joyau est ce qui est beau et d'une grande valeur.

En désignant un sermon sous les termes de joyau ou bijou, on tourne une idée tout autour d'un d'un thème, d'un membre de phrases, d'un mot ou d'un nom, tout en gardant le « joyau ou thème clé » dans tous ses aspects. Une grande unité de thèmes et une grande diversité d'applications sont inhérents à cette forme.

Parlant des merveilles de la création, le Psaume 19 :1 a 6, nous décrit les merveilles de Dieu. Le prédicateur à chaque portion de la création peut faire ou répéter ce joyau cette phrase: « Merveille des merveilles et toutes les merveilles sont bonnes. »

---

[1]C'est cette loi typique qui a changé, pas celle des dix commandements, notamment le Sabbat du 7e. Jour comme le grand ennemi par l'intermédiaire de ses pasteurs veulent le faire croire.

k.- Le sermon de classification ou de division/repartition

C'est l'une des formes les plus anciennes, les plus communes et les plus honorés parmi les sermons basés sur le plan. Elle consiste à diviser les personnes et les classes ou types.

Cette forme est vraiment effective, car du berceau à la tombe, les gens l'emploient. On peut constater que les paraboles de Jésus abondent en une telle classification. Nous pouvons même citer enc e type: "La parabole de l'enfant prodigue celle du publicain et le pharisien, la parabole des dix vierges, la parabole du semeur, etc.''

l.- Le sermon classique ou topique

C'est un exposé sur un texte, un sujet sans s'arrêter aux circonstances. Exemple: "Toi, suis-moi (Jean 21:22)." Il comporte une introduction ou exode, un développement et une conclusion ou péroraison."[1]

2.- L'homélie ou prédication commentée

C'est le commentaire d'un texte plus ou moins long. Elle prend moins de temps pour la préparation, aide à rester dans le sujet, peut-être plus profitable étant plus facile, plus interessant et plus vivant. Exemple une parabole, un épisode de l'histoire d'Israël etc.

L'homélie est donc plus simple que le sermon classique, lequel est plus philosophique. Une

---

[1]Terme de rhétorique. *Conclusion d'un discours.* Dans l'éloquence de la tribune et dans celle de la chaire, où il s'agit surtout d'intéresser et d'émouvoir, la péroraison est une partie essentielle du discours, parce que c'est elle qui donne la dernière impulsion aux esprits, et qui décide la volonté, l'inclination d'un auditoire libre.

homélie est un commentaire de circonstance prononcé lors d'un service religieux, après la lecture ..

m.- Le sermon- type
Hegelien

Hegel Georges Wilheim Friedrich, est un philosophe allemand des dixième et dix-neuvième siecle (1770-1831).[1] Il n'y a ou pas ou il y a tres peu à voir avec la philosophie de ce jeune allemand et les sermons évangéliques. Pourtant sa méthode de pensée a laissé son nom à ce modèle.[2]

Le sermon se divise donc en tois parties: Thèse, antithèse et synthèse. Ainsi nous devons considérer l'idéal, c'est-à-dire, comment les choses devraient être. Le réalisme (réalite), comment les choses sont ou se font, face à la solution qui est le dénoncement. Alors, voici comment elles peuvent devenir.

Cette troisième étape pourra être positive ou négative, suivant l'orientation prise.

n.- Le Sermon - type thématique
ou symphonique

Il se raporte du sermon joyau ou bijou. Le plus souvent, c'est le texte lui-même qui est utilisé, à la

---

[1]Hegel. George Wilhelm Friedrich Hegel - Né le 27 août 1770 à Stuttgart, en Allemagne. Il mourut à Berlin le 14 novembre 1831, lors d'une épidémie de choléra. Hegel développe une critique de la raison et de la philosophie qui est le ferment de la dialectique

[2]Georges Wilhein Friedrich Hegel était un philosophe allemand et une figure importante de l'idéalisme allemand. Il a acquis une large reconnaissance à son époque et, bien qu'influencé principalement dans la tradition philosophique continentale, il est également devenu de plus en plus influent dans la tradition analytique.

difference du joyau d'où l'idée maitresse peut être dégegée de la compréhention pratique del'ensemble du passage.

Le type thématique ou symphonique est un type glorieux. On n'a fait remarquer que dans un sermon basé sur Jean 14:12: "Judas, non pas l'Iscariot," on peut avoir comme plaque tournante les cinq petits mots: « Judas non pas l'Iscariot », et les répéter de temps à autre.

Ce membre de phrase peut faire sonner, émouvoir et trembler l'auditoire avec sa répétition dans chacun des points du développement qui va s'achever avec un sonnet de splendeur et de puissance avec ces paroles devenues sublimes: ''Judas-non pas l'Iscariot.''

o.- Le sermon correteur ou de Réfutation

On emploie ce type de sermon pour réfuter une déclaration qui est catégoriquement fausse et dangereuse. On lit la déclaration et l'on se dit: « est-ce vrai » et la réponse vient tout de suite. Non.

Ensuite, le sermon procède en donnant des preuves. Jésus a utilisé ce type de sermon dans Luc 13 : 2-5, lors qu'il duscutait de la mort des Galiléens masacrés par pilate. Certaines maxins et conceptions modernes des prétendus athées ou non croyants doivent être aussi démontées.

Voyons, à titre d'éxemples: Plusieurs disent que nous vivons maintenant l'âge post-Chrétien. La chrétieneté a échoué étant prouvée inappropriée à la vie.

Un autre groupe soutient que la vie moderne exige une nouvelle moralité, la moralité chrétienne étant maintenant démodée. Quelle aberration?

Le prédicateur se statura et prouvera la folie d'une telle conception. Bien entendu, prêcher de cette manière demande une moralité profonde. Une forte consécration et une habilité à s'engager dans l'apologetique.

p.- Les sermons circonstanciels
(des sermons variés)

Enfin, ce type special de sermons peut être construit sur l'un quelconque des autres types déjà vus. Seulement, le prédicateur tâchera de présenter:

1) Le problème existant;
2) La base de la solution, etc.
3) Les moyens d'en sortir.

Avec Jésus, pour notre guide, il n'y a pas vraiment de problème sans solution. Prenons quelques exemples courantes de problèmes rencontrés dans la vie:

1. La maladie, la mort, le deuil. Ce sont les plus cruciaux. Jésus a présenté la solution à Marthe et à Marie devant la maladie, la mort et leur deuil pour Lazare,[1] leur seul et unique frère. Jésus leur dit: « Celui qui croit en moi vivra, quand même il serait mort (Jean 11 : 25) ».
2. Le découragement – tirons la solution dans l'expérience du prophète Elie au temps du Roi Achab et de sa femmes Jézabel (1 Rois 17 : 1-7ss.) ;
3. Le doute – pensons à l'expérience de Thomas, l'un des douze àprès le Dimanche de pâques (Jean 20 : 25-28) ;

---

[1]Lazare. **De l'Hébreu** (אלעזר, *El-azar* - **Dieu** a aide – voir Appendice 5 pour une comprehension plus large.

4. La crainte – souvenons-nous de l'expérience de Marie dans le jourdin (Jean 20 : 14-25).

Les hommes sont généralement experts à analyser les problèmes, mais rarement capables d'approcher la solution. Nous prédicateurs, devons toujours garder à l'esprit que la solution ne se trouve pas dans nos frères ou en nos sœurs, l'ensemble de ces personnages autour de nous, mais en Dieu, comme résultat de notre foi en Jésus.

En procédant toujours de cette manière, le prédicateur montrera que cette méthode, bibliquement orientée, est vraiment puissante et le prédicateur, quelque soit ses problèmes peut retrouver sa force en son Dieu.

q.- D'autres types de sermons
Spéciaux

Réunion de prière - Service de communion – Funérailles – Mariage – Baptême.

Un ancien peut-être appelé à prêcher l'un ou l'autre de ces sermons, plus difficilement, celui du mariage religieux. Cela va dépendre du pays et des circonstances.

ii.- Caractéristique des
Sermons

Tous ces sermons sont caractérisés par leur brièveté et leur précision

a) Réunion de prière - « Faites une courte étude biblique ou une lecture de l'Esprit de Prophétie - 10 ou 15 minutes suffisent à cela. »[1]

b) Service de communion – « A l'occasion de la cène saine, le pasteur ou l'ancien doit se présenter à

---

[1]Seventh-Day Adventist Church Manuel, 107.

l'assembée avec un message d'ordre pratique. Que le sermon soit court et direct. Manuel d'Eglise page 101.

Le manuel du pasteur à la page 74, suggère « une courte allocution appropriée sur la signification spirituelle de l'ablussion des pieds et de la cène saine. »

c) Funérailles. Un long sermon n'est pas indiqué en pareilles circonstances (Manuel du pasteur, 100).

d) Mariage. Le Manuel du Pasteur présente trois sermons suggestifs dont la lecture prend à peine 15 minutes pour les trois.

e) Baptême. L'immersion sera précédée par un chant d'un cantique d'une prière et d'une courte allocution sous la signification du baptème (Manuel du Pasteur, 70).

ix.- Les illustrations ou fenêtres ouvertes dans le sermon

On ne peut communiquer convenablement la vérité chrétienne, sans employer des images concrètes. A travers la Bible, les vérités de la foi chrétienne nous sont révélées sous les symboles de la croix, du baptême et des emblèmes de la sainte cène. Il nous faut comme Jésus, enseigner la vérité par des illustrations et de petites histoires.

De plus, le besoin d'une prédication imagée est une nécéssité pour nos contemporains qui aiment qui aiment de plus en plus les images. Il ne faut pas confondre les images don't nous parlons ici avec les images taillées mentionnées dans le deuxième des dix commandements qui stipule:

"Tu ne te feras point d'image taillée, ni de représentation quelconque des choses qui sont en haut dans les cieux, qui sont en bas sur la terre, et qui sont dans les eaux plus bas que la terre.''

Tu ne te prosterneras point devant elles,[1] et tu ne les serviras point; car moi, l'Éternel, ton Dieu, je suis un Dieu jaloux, qui punis l'iniquité des pères sur les enfants jusqu'à la troisième et la quatrième génération de ceux qui me haïssent, et qui fais miséricorde jusqu'en mille générations à ceux qui m'aiment et qui gardent mes commandements (Exode 20: 4-6).''

Comment, peut-on écrit un quelqu'un, arriver a percer la mentalité d'un âge qui se nourrit de films, se rassasie de radio et de télévision et s'intoxique de Jazz, sans se perfectionner dans l'art de la présentation colorée et parvenir à changer les oreilles en yeux. Jésus, nous dit l'évangéliste Matthieu, ne leur parlait point sans paraboles (Mt. 13: 3).

Jan Macpherson[2] estime que 70% environ de l'enseignement de Jésus avait une forme imagée. Ces imageries étaient comme des fenêtres places dans les chambres de nos maisons pour mieux nous aider à respirer plus aisément.

De nos jours, avec les progrès de la technologie, une image dans nos démonstrations ou présentations visuelles, vaut mieux que cent paroles. Il faut toujours bien comprendre le sens l'objectif des illustrations dont le but n'est et ne peut être jamais autre qu'une certaine

---

[1] Le mot *Hébreu* qui traduit "image taillée est **Pecel** [peh'-sel], qui signifie exactement: image taillée, idole ou objet d'adoration et de vénération. Tandis que l'image ou imagerie est une simple représentation graphique, la comparaison faite avec une chose connue pour aider à mieux voir et mieux comprendre.

[2] Jan Macpherson – Photographe et excavatrine Europeenne sur le nom de qui un tournoi a été organisé. Commencé en 1991, le tournoi a été renommé en 2000 pour commémorer la mémoire de Jan Macpherson - ancien entraîneur, gérant, président de ligue, excavateur (avec son mari James) de Macpherson Field et l'un des véritables héros de notre ligue.

ouverture d'esprit, suivant l'exemple des paraboles dans l'enseignement de Jésus.

x.- But et objectif des illustrations

Citons, au moins, huit raisons pour lesquelles nous employons des illustrations dans nos enseignements:

1. Pour apporter plus de clarté (clarifier), les faits. On interprète le spirituel par le naturel et l'inconnu par le connu. Une illustration, assez souvent, sert de pont entre une vérité donnée et le cerveau qui reçoit.
2. Pour plus de persuasion[1] (persuader) ceux qui nous écoutent et nous côtoient.

Les bons exemples ou les histoires peuvent aider à croire en un fait apparemment incroyable. On peut resister à un argument qui force l'attention, mais on peut à peine échapper à l'impact d'un tableau bien dressé devant les yeux.

3. Pour impressionner ses auditeurs ou interculocuteurs.
4. Pour agrementer les faits. Donner plus force, d'appui ou de support à un fait donné.
5. Pour apporter un peu de soulagement. Parfois, la situation est tendue à nul autre point de comparaison qu'on a besoin de prendre un souffle, respirer pour un nouveau départ.

---

[1] La persuasion est un terme générique d'influence créé par Matthew Ayaz. La persuasion peut tenter d'influencer les croyances, les attitudes, les intentions, les motivations ou les comportements d'une personne. Voir appendice 3, pour une definition plus large.

6. Pour la mémorisation (mémoire). **La mémoire,** en **philosophie**, désigne la persistance du passé. Le passé peut persister sous forme de simples habitudes. Mais, **la mémoire** renvoie plus proprement à la représentation du passé.

7. Pour l'argumentation (argumenter). Mettre en plus ou ajouter sur. Cela implique que la base ou les premiers éléments ont de la valeur et sont en train de faire leur chemin. On a besoin de mieux construire pour porter chaque fidèle à mieux se situer.

8. Pour une bonne ventilation (ventiler). C'est faire entrer de l'air. Il doit s'agir de l'air pur, un peu plus de vérité, suivie de raisonnement correct et sage capable de bien ouvrir les yeux. Si l'on fait entrer de l'eau polluée, des démi-vérités, des arguments sans fond, cela va rendre le message plus lourd et difficile à passer.

9. Les illustrations sont comme les fenêtres en vitre de nos maisons qui laissent passer de la lumière du soleil à l'intérieur. Cette lumière nous aide à voir clair, en distinguant convenablement les objets grands et petits se trouvant dans notre pièce.

Cependant, nous devons veiller aux sources de nos informations. Le prédicateur en aucun cas ne doit pas mentir. Les illustrations les plus crédibles sont celles tirées de la Bible, les leçons de choses ou illustrations de la vie courante, étudiées et adaptées au temps convenable.

Le mensonge est la transgression du neuxième des dix Commandements. Sa transgression est un péché comme celui de l'un ou l'autre des neuf autres. Voici dix règles à suivre concernant les illustrations.

**xi.- Dix règles de base pour trouver
et présenter de bonnes llustrations**

L'illustration dans un message biblique, est l'action d'éclairer par des exemples un développement parfois abstrait. Cela a valeur d'application, de vérification et de demonstration. C'est mettre plus de lumière, là où les choses paraissent un peu sombres.

Dans une maison, les fenêtres sont comme des illustrations. Elles permettent à plus d'air de pénétrer la salle. Les rayons du soleil apparaissent et brillent dans toute leur clarté. Un message ou sermon bien illustré s'enracine facilement à l'esprit des auditeurs. Voyons dix conduites à tenir dans la presentation des illustrations:

1. L'illustration doit tourner autour d'une vérité principale.
2. On ne doit jamais la raconter pour le plaisir de raconter ;
3. Elle doit être brève ;
4. Elle doit garder la dignité de la chaire ;
5. On doit toujours chercher la varité dans les allusions présentées ;
6. Eviter les illustrations trop usées ;
7. Eviter tout excès dans les illustrations ;
8. Prenez garde aux faits inexactes ;
9. Mettre de côté toutes illustrations demandant une explication supplémentaire
10. En cas de raisonnement illogique ou de suppositon, dites-le en introduisant l'illustration. On peut procéder en ces termes ''Je m'imagine que... A supposer que.... etc.''

Sommes toute, nous avons fait de notre mieux pour vous présenter un évantail très large de messages et de sermons bibliques, capables de répondre à tous nos besoins. Nous ne disons pas qu'il n'existe pas d'autres formes. Mais les différentes types présentés peuvent vous aider à satisfaire votre curiosité dans les sens.

Le bon prédicateur et celui qui veut réussir dans l'art de la prédication. Il ne se considère jamais comme quelqu'un d'achevé. J'écoute et J'observe les autres tout en prenant des notes avec les formes varient d'un prédicateur à l'autre. En forgeant, dit un viel adage de chez nous, on devient forgeron.[1]

De nos jours, le succès d'une personne se mesure d'après l'instruction, l'argent, la popularité et l'habileté qu'elle a pu acquérir durant sa vie. Combien nous pouvons être reconnaissants à Dieu de ce qu'il n'exige pas que nous produisions ces choses en abondance pour que notre ministère soit un succès! Bien que l'apôtre Paul fût un homme instruit, formé par l'éminent au pied de Gamaliel, il reconnut néanmoins qu'un grand nombre de croyants chrétiens occupaient une position humble. Il dit que:

"Vous voyez votre appel, frères, qu'il n'y a pas beaucoup de sages au sens charnel qui ont été appelés, pas beaucoup de puissants, pas beaucoup qui sont de naissance noble. Mais, Dieu a choisi les choses folles du monde pour faire honte aux hommes sages. Dieu a choisi les choses faibles du monde, pour faire honte aux choses fortes. Dieu a choisi les choses viles du monde et les choses qu'on méprise, les choses qui ne sont pas, afin de réduire à néant les choses qui sont, pour

---

[1]Le **forgeron** est un ouvrier ou artisan professionnel qui forge à la main et assemble des pièces de métal pour réaliser des objets usuels ou entrant dans la composition d'un bâtiment.

qu'aucune chair ne se glorifie au regard de Dieu (1Cor. 1:26-29).''

xii.- Évaluation du succès
de notre ministère

Pour évaluer le succès de notre ministère, il est donc indispensable que nous considérions les choses selon le point de vue de Dieu.

1. Pourquoi une instruction limitée ne disqualifie-t-elle pas quelqu'un pour le ministère?

2. Une bonne instruction de base est utile au ministère. Mais, nous ne devons pas nous décourager ou nous croire incapables d'effectuer ce ministère si notre formation scolaire et academique est limitée. Ce qui compte le plus aux yeux du Seigneur, ce n'est pas l'étendue de notre connaissance, mais plutôt la profondeur de notre amour de la vérité, qui a pénétré notre cœur. Nous devons nourrir cette verité et la faire croître.

Ce qui était vrai aux jours de Paul l'est encore aujourd'hui : "Le monde, par sa sagesse, n'est pas arrivé à connaître Dieu (1Cor. 1:21).'' Rappelez-vous qu'un grand nombre des disciples de Jésus, y compris les apôtres éminents Pierre et Jean, "étaient des hommes illettrés et ordinaires (Actes 4:13). Lorsque les humbles disciples de Jésus furent revenus vers lui après avoir été formés et envoyés dans le ministère, ils lui firent part des excellents résultats de leur mission.

La Bible nous rapporte la réaction de Jésus, après le succès des soixante-dix envoyés deux par deux: "À cette heure même, il fut transporté de joie dans l'Esprit-Saint et dit:

"Je te loue publiquement, Père, Seigneur du ciel et de la terre, parce que tu as soigneusement caché ces choses aux sages et aux intellectuels et que tu les as révélées aux tout-petits. Oui, ô Père, agir ainsi, est la manière que tu approuves (Luc 10:21)."

Qu'est-ce que le Père *a caché aux sages et aux savants et révélé aux tout-petits?* Ne serait-ce pas de faire confiance, de Lui faire confiance et, par là, d'entrer dans son royaume de grâce?

Les tout-petits n'ont pas le choix de faire confiance. Faibles, vulnérables, ils doivent s'en remettre à d'autres même pour des nécessités primaires. Le premier pas dans l'amour, celui qui coûte le plus, n'est-ce pas de faire confiance à l'autre et de se rendre dépendant de quelque manière de lui? Ceux qui croient ou qui cherchent à tout faire par eux-mêmes ne connaîtront pas l'amour véritable.[1]

La confiance inébranlable de l'enfant envers son Père, c'est la petite voie de Thérèse de Lisieux: « Rester petit, c'est reconnaître son néant, attendre tout du Bon Dieu, comme un petit enfant attend tout de son Père. C'est de ne s'inquiéter de rien (entretiens avec les novices).

Le père d'Elbée dans <u>Croire à l'amour</u> (Pierre Téqui, Paris, 2015) au chapitre IV nous propose, pour entrer dans cette voie de confiance, de dire « *Merci pour tout Jésus* »,[2]

---

[1] Les tout-petits, image utilisée pour parler de ceux qui sont doux et humble de coeur. Voir notes en appendice 21 sur l'humilité et la fierté.

[2] Le petit mot "Merci."

indifféremment pour les bonnes choses qui nous arrivent comme pour les moins bonnes, sûrs que le Seigneur suscite ou permet les événements de notre vie pour notre salut, tirant un bien plus grand encore des secondes que ce qu'il nous en aura coûté en souffrances.

Que dois-je faire pour avoir en héritage la vie éternelle (Lc 10: 25)?

Je fais confiance à Dieu en toutes choses pour entrer dans son amour. Dans tout ce qui m'arrive, je répète plusieurs fois par jour: « *Merci pour tout Jésus* ». Je me reconnais dépendant de Lui, j'attends tout de Lui et je reçois tout comme venant de sa main.

Chapitre 3
PRÉPARER ET PRÉSENTER
UN SERMON BIBLIQUE
(Méthodologie)

Pour bien préparer et présenter son message, le prédicateur doit, en tout premier lieu, commencer par connaitre sa Bible. Pour ce, une lecture systématique, texte par texte et mot à mot de la Bible, chaque jour, s'avère vraiment nécessaire.

Dans cette étude, il y a des épisodes qui retiendront normalement son attention. Il ferait bien de prendre des notes et de garder ces passages pour s'en servir, en cas de besoin, pour un prochain message. Il formera ainsi une banque de réserve que je prends plaisir à appeler: *"Sa pépinière évangélique."*

En fait, celui qui prêche doit avoir des ressources et ne pourra jamais être pris au dépourvu. Faisant constamment des recherches, il constituera sa bibliothèque avec tous les livres et documents capables de l'aider et de l'orienter dans sa quête.[1]

Certains documents de première main s'avèrent indispensables au chrétien pratiquant et, surtout celui qui aspire, un jour à devenir prédicateur de l'évangile. Citons entr'autres:

---

[1]Le prédicateur est un collecteur de documents. Les collecteurs sont des personnes qui parcourent les bibliothèques, les journaux et les livres pour recueillir toutes sortes de documents, faisant corps à leur orientation propre. Leurs recueils sont des trésors trop souvent méconnus!

1. Une Bible et même plusieurs versions différentes, pour le besoin de faire des comparaisons.
2. Un livre de chant (Hymnes et Louanges) et autres versions disponibles.
3. Les anciens Guides d'études de la Bible,[1] et les journaux ou périodiques évangélistiques, les bulletins de Mission.
4. Un Dictionnaire Classique – Larousse, Littré ou autres avec des cahiers de notes ou parchemins,[2] toujours à la portée de la main.
5. Une concordance biblique, des commentaires et autres ouvrages de formation doctrinale et missionnaire.

Il ne doit pas s'attendre qu'on lui demande de prêcher pour consulter ses documents. Il s'efforcera toujours de trouver du temps pour les feuilleter, les lire et sélectionner des points importants pour certains messages qu'il aimerait partager, un jour, avec son église.

ii.- Le rassemblement du Matériel pour le sermon en étude

Comme l'abeille qui travaille tout autant que le soleil brille, ainsi le prédicateur doit toujours être prêt à

---

[1]Questionnaires de l'Ecosa, toutes les périodiques, pamphlets et journaux missionnaires de l'Eglise, des journaux ou magazines publiques et, si possible, l'internet.

[2]Parchemin. De *parcamin* «peau de mouton, d'agneau, de chèvre, séchée à l'air et non tannée, de manière à recevoir une écriture manuscrite ou imprimée. Parchemin, aujourd'hui est utilize pour designer du matériel dur sur lequel on peut écrire aisément avec peu de lumière.

rassembler la matière nécessaire à ses sermons. La Bible nous enseigne que: "la fourmi est sage et prépare sa nourriture en été.[1]" Ce petit insecte donne au prédicateur un bon exemple à suivre:

1. Premièrement, une bonne bibliothèque est indispensable au prédicateur afin qu'il puisse entrer la matière nécessaire à ses sermons. Les livres sont les meilleurs amis du prédicateur.

Certains conseillent de ne pas lire de livres en dehors de la Bible. Pourtant la lecture de sermons laisse très souvent une impression permanente qu'on ne reçoit pas en les écoutant. On peut lire souvent et plusieurs fois le même message, jusqu'à ce qu'on en ait compris la signification.

Chaque prédicateur doit essayer d'avoir une bibliothèque bien choisie. Ce n'est pas la quantité de livres qui compte, mais la qualité. Cherchez toujours des livres de bonne qualité et de valeur. C'est une bonne idée de faire une liste de bons livres et de les acheter dès que cela est possible.

2. Ajoutez tout le temps des livres à votre bibliothèque. Ne soyez jamais satisfait avec le nombre de livres que vous possédez.[2] Par ce moyen, votre bibliothèque deviendra un véritable

---

[1]Fourmi. - Les **fourmis** (famille des formicidés — Formicidae —) sont des insectes sociaux formant des colonies, appelées fourmilières, parfois extrêmement complexes, contenant de quelques dizaines à plusieurs millions de têtes. ...

[2]Ne jamais prêter vos livres à quelqu'un d'autre et, ni emprunter les livres de quelqu'un sans les remettre. Quelqu'un a écrit sur le soir de sa vie: "Les seuls livres que j'ai avec moi, sont ceux que empruntés de mesa mis."

trésor de connaissance et d'informations bibliques duquel vous pourrez toujours tirer lorsque vous en aurez besoin.

3. Il serait bon de classer les livres de votre bibliothèque selon leur usage. Tout article et sujet qui vous donne des idées devrait être noté sur une fiche et être catalogué ou placé dans un classeur. Chaque livre doit être numéroté sur sa couverture extérieure. Utilisez une étiquette spéciale à cette fin. Ce ne serait pas méchant.

De cette manière, au lieu de vous référer au titre du livre, un numéro avec la mention de la page serait suffisant. Vous vous épargnerez de la sorte plusieurs heures de recherches fatigantes. Il serait bon que ces notes soient inscrites en chiffres arabes, en indiquant le numéro de la page entre parenthèses par exemple (14 (62) signifierait le livre no 14, page 62).[1]

4. Le classeur devrait être composé de deux ou trois tiroirs organisés de la manière suivante : l'un des tiroirs contiendrait les sujets catalogués et l'autre les différents livres de la Bible. Dans le premier, des sujets tels que : Expiation, Intercession, Athéisme, Assurance, etc. Pourraient être rangés alphabétiquement.

Dans l'autre il pourrait y avoir un dossier pour: Genèse, Exode, etc... Tout bon article lu dans un journal pourrait être découpé et classé selon son sujet et ainsi il serait à votre disposition quand vous en auriez besoin.

Tout passage qui vous semble de quelque intérêt, se trouvant dans un des livres de votre bibliothèque,

---

[1]On peut aussi trouver d'autres genres de datations et de références à utiliser en tenant compte de la variété des documents.

pourrait être noté sur une feuille de papier et inséré à sa propre place dans le classeur. Toutes ces précautions vous permettront de rassembler en quelques minutes tout ce que vous avez lu sur le sujet spécial que vous désirez étudier.

5. Le prédicateur doit être une personne qui élargit sa connaissance par les lectures. « Celui qui ne lit jamais, ne sera jamais lu, et celui qui ne cite jamais ne sera jamais cité ». Il nous faudrait lire: l'histoire ancienne et moderne, les biographies ainsi que la poésie pour développer notre imagination, augmenter notre vocabulaire et améliorer notre expression.

6. Lisez les sermons de C.H. Spurgeon, Mark Finley[1] Moody, Js. Hamilton, MacLaren et Jowet, etc. Veuillez noter leur style et leur vocabulaire. Vous pourrez aussi trouver beaucoup d'illustration dans les journaux.

7. Veuillez noter soigneusement d'où vous avez tiré ces renseignements, les noms et dates, car cela vous aidera efficacement lorsque vous les mentionnerez. Abonnez-vous à une ou deux bonnes revues contenant des articles bien édités et de bonne information, découpez et gardez les articles qui vous sont utiles ou qui vous inspirent.

---

[1]Mark A. Finley (né en 1945) est l'ancien animateur et réalisateur de It Is Written (1991-2004), pour lequel il a voyagé dans le monde entier en tant que télévangéliste et a pris la parole dans l'émission de télévision hebdomadaire It Is Written. Il a été le premier pasteur adventiste du septième jour à faire une série d'évangélisation par satellite. Il a également été vice-président sur neuf pour l'Église adventiste du septième jour et a écrit plus de 74 livres publiés.

Plusieurs bons livres peuvent être achetés d'occasion à bon compte et très souvent, ils sont alors imprimés sur un meilleur papier et reliés d'une façon plus solide que les livres modernes. Vous pouvez parfois conclure de bons marchés en faisant un tour dans les magasins d'occasions.

Inutile de vous dire que rien ne devrait prendre la place de la Bible. Ces livres ne sont qu'en supplément. Il est également bon d'avoir un livre de pensées qui puisse être mis dans la poche, ainsi lorsque vous serez en conversation avec un chrétien, celui-ci vous donnera peut-être une nouvelle idée ou une révélation sur un passage des Ecritures ou même une pensée pour un sermon.

Prenez note avant de l'oublier et ensuite inscrivez ces pensées sur une feuille et mettez-la dans le dossier marqué « Suggestions et idées ».

8. De temps à autre, regardez ce dossier et ajoutez-y des pensées. Ainsi petit à petit, votre sermon grandira. La question fut un jour posée à un prédicateur : « Combien de tempe vous a pris la préparation de votre sermon ? » - 25 ans, répondit-il.

Pendant cette longue période il avait rassemblé la matériel pour ce sermon, matériel venant de toute source possible. Le prédicateur est constamment à la recherche. Dès qu'il trouve quelque chose capable d'inspirer, il écrit. Il prend des notes de tout sermon qu'il entend. Parfois un mauvais orateur peut donner une bonne pensée ou un texte ou un sujet ou même suggérer un sujet tout nouveau.

S'il s'agit d'une épigramme[1] originale ou d'une phrase qui apporte de la lumière. Transcrivez-la intégralement, avec le nom de l'orateur. Ceci ajoutera de l'intérêt à votre citation. Il vaut la peine de se souvenir d'un message enrichissant.

Ce sera un aide-mémoire inestimable, que de prendre des notes. Un proverbe chinois dit très justement: « Une goutte d'encre vaut mieux qu'une bonne mémoire. » Si ces notes sont bien prises, on pourra se rappeler un message des années après. Le fait de l'écrire le fixera dans votre esprit.

9. Apprenez à abréger.[2] Par exemple ''G'' pour Genèse, ''Ex'' pour Exode, etc.. Ceci vous gagnera du temps en écrivant. Il faudrait transcrire ces notes aussitôt après avoir écouté le prédicateur, tandis que le message est encore frais à votre mémoire.

10. Ensuite, classez ces notes afin de pouvoir vous y référer plus tard. Veuillez également noter soigneusement les méthodes des autres prédicateurs et voyez Si vous pouvez apprendre

---

[1]**Epigramme.** Une épigramme (du grec ancien ἐπίγραμμα / epígramma signifiant « inscription ») est une inscription, d'abord en prose, puis en vers, qu'on gravait sur les monuments, les statues, les tombeaux et les trophées, pour perpétuer le souvenir d'un héros ou d'un événement.

[2]**Abréger.** Rendre plus court. (Absolument) Écourter le discours, aller à l'essentiel. Vous êtes trop long, abrégez. En effet, ce sont deux locutions latines qui se cachent derrière ces lettres : i.e. est l'abréviation de id est (« c'est-à-dire »), tandis que e.g. abrège exempli gratia (« par exemple »).

d'eux quelque chose qui puisse améliorer votre propre style.

Peut-être pourriez-- vous également apprendre ce qu'il faut éviter en remarquant leurs excentricités et leurs gestes étranges. Soyez bien attentif et prêt à noter tout ce qui pourrait vous aider afin d'être mieux préparé pour prêcher la Parole.

11. Pour terminer, tachez de cultiver la pratique de l'homilétique. Prenez quelques textes qui ne sont pas trop faciles et analysez-les avec soin, classez ensuite les résultats de vos recherches afin de pouvoir vous y référer le cas échéant.

N.B. **Expérience:** "Un prédicateur bien connu, avancé en age, et télévangéliste,[1] me confia qu'il prêchait actuellement sur des analyses préparées alors qu'il était encore jeune homme, à ses débuts dans la prédication de l'Evangile. Vous ne serez jamais jeune une deuxième fois. Alors employez votre temps à bon escient et soyez vigilant, consacrez-vous à la meilleure affaire qui soit au monde!

Après avoir écouté le prédicateur, tandis que le message est encore frais à votre mémoire. Ensuite, classez ces notes afin de pouvoir vous y référer plus tard. Veuillez également noter soigneusement les méthodes des autres prédicateurs et voyez si vous pouvez apprendre d'eux quelque chose qui puisse améliorer votre propre style. Peut-être pourriez-- vous

---

[1]Un télévangéliste (en anglais televangelist, mot formé à partir de television et evangelist) est un ministre religieux qui consacre une partie importante de son ministère à des émissions de télévision régulières.

également apprendre ce qu'il faut éviter en remarquant leurs excentricités et leurs gestes étranges.

Soyez bien attentif et prêt à noter tout ce qui pourrait vous aider afin d'être mieux préparé pour prêcher la Parole.

12. Pour terminer, tachez de cultiver la pratique de l'homilétique. Prenez quelques textes qui ne sont pas trop faciles et analysez-les avec soin, classez ensuite les résultats de vos recherches afin de pouvoir vous y référer le cas échéant.

Un prédicateur bien connu, avancé en age, me confia qu'il prêchait actuellement sur des analyses préparées alors qu'il était encore jeune homme, à ses débuts dans la prédication de l'évangile. Vous ne serez jamais jeune une deuxième fois. Alors employez votre temps à bon escient et soyez vigilant, consacrez-vous à la meilleure affaire qui soit au monde!

**iii.- Les divisions d'un Sermon
(Introduction, développement
et conclusion)**

Il y trois parties dans un sermon comme dans une rédaction ou une dissertation classique: "Ce sont de même - Introduction, développement et conclusion."

Dans nos recherches pour classer les documents, il est conseillé d'avoir un grand classeur avec plusieurs pochettes où l'on pourra classer séparément des articles ou références à des déclarations qui, selon le prédicateur, conviendrait mieux à l'introduction, le développement ou la conclusion:

**a.- L'Introduction du haut
de la chaire**

L'introduction est très importante, très délicate. En réalité, ce qui se passe pendant les premières minutes est de la plus haute importance pour le succès ou la faillite du sermon.[1]

En peu de mots, une ou deux phrases, on doit;

1. Exposer ce qu'on va dire sans indiquer la marche à suivre.
2. Montrer l'importance ou l'utillité du sujet pour la vie pratique
3. On peut commercer par lire un texte et le **paraphraser c'est-à-dire le reprendre en d'autres termes.**
4. **Elle est la partie la plus sensible du message. Dans une a trois minutes, elle peut nous amener à gagner le public ou le perdre.**
5. **Je dis généralement à mes étudiants de baser leur introduction sur trois à quatre petits mots. Voici un exemple simple pour nous aider :**

a.- Arrivé devant l'estrade, le prédicateur prend du temps pour déposer sa Bible et regarder brièvement l'assemblée et faire ses salutations. Il commence et dit: "Frères et soeurs bien-aimés, la paix du Seigneur soit avec vous."[2]

Nous bénissons le nom du Seigneur Jésus pour le privilège qu'il nous donne de nous trouver en son

---

[1]Manuel d'**É**glise (Adventiste du Septième Jour) le Travail de l'ancien, 22. Voir aussi notes en appendice 7 pour plus de lumièrs sur l'introduction.

[2]Des mots d'éloges. Des paroles d'honneur et de grâce présentées à l'endroit d'une personne, d'un groupe ou d'une institution donnée. Voir notes en appendice 7 pour plus de lumière sur le vocable éloge.

temple pour l'adorer enc e jour. Tout au cours de cette semaine, il a été bon nous. Nous avons ....

b.- Un mot aimable à l'endroit du pasteur, de l'ancien, du frère/soeur ou du groupe qui vous a donné l'invitation – à l'endroit aussi de celui qui vous a présenté........

c.- Un petit mot aimable[1] à l'endroit de la chorale, du groupe, de la soeur ou du frère qui vient de chanter. Nous souhaitons que le ciel continue par bénir cette voix et ...

Enfin, je vois dans l'assemblée plusieurs amis et connaissances de vieilles dates: Freres X et Sr. Y, nous vous ... (Prenez comme une petite pause) .....

Le squelette de mon message c'est: Dieu va t-il vraiment détruire le monde? Mais, juste avant de lire notre texte de base, prions le Seigneur: (invocation).[2] L'invocation doit être brève, directe, trois ou quatre phrases et, souvent à la troisième personne du singulier. C'est une invitation lancée au Seigneur de nous prendre en main en apportant son message à son peuple réuni.[3]

b.- Développement ou corps
de la prédication

Développer un sujet, c'est présenter les différentes phases de l'étude. Le développement est une

---

[1]Avec un visage serein, une ame altiere et le coeur debordant de joie, prends un petit moment pour capter le public – des mots aimables et remplis de gentillesse. Ces premieres petites paroles, souventes fois, encouragent l'auditoire et apportent une bonne disposition a recevoir le message ....

[2]Il y a généralement trois sortes de prières présentées dans un service de culte d'adoration... (voir Appendice 7).

[3] Voir appendice 8, sur l'essentiel de la prière dans la Bible.

échelle graduelle. Les vérités à présenter suivent un ordre classique. Il faut un classement, une sorte de succession dans les idées. Toute vérité est bonne à dire, mais en son temps et à sa place. Parfois, il faut partir de l'inconnu vers le connu et, en d'autres circonstances, du connu vers l'inconnu.

L'esprit humain pour assimiler et diriger bien de choses demande du temps. Un vieil adage français dit que c'est peu à peu que l'oiseau fait son nid. De même, en présentant un sermon ou développer un sujet, le prédicateur doit être soigneux et très précautionneux dans son ouvrage. Bâtir son sujet en allant des points les plus accessibles aux plus compliqués. Cela aidera l'auditoire avec de bonnes ventilations à capter parfaitement le message.

Sans tact et discipline, l'on pourra constamment présenter des sermons ou faire des prédications, mais le message ne passera pas. Les auditeurs resteront toujours dans la noirceur et assoiffés de connaitre la vérité de la parole de Dieu. Chaque type de sujets comporte un développement qui lui est propre.

Tout au cours du développement, il faut tenir compte des cinq éléments essentiels:

1.- L'étude du texte ou l'argument clé du discours

- On peut faire allusion au context;
- On peut comparer sa version avec une autre;
- Si on connaît la langue originale de l'Ancien ou du Nouveau Testament, on peut faire l'exégèse du texte juste pour attirer l'attention des auditeurs sur une nuance de traduction.

2.- Explication du texte

- C'est la plus grande partie du développement.
- Expliquer le texte par d'autres textes ;
- Parfois, le vrai sens et la signification des mots peuvent se révéler très importants ;
- Employerr des exemples tirés de la Bible;
- Classer les différentes idées en succession progressive ou logique.

3. Application du message du texte
- C'est la raison même du discours ;
- On ne devrait jamais prêcher sans faire une application pratique des vérités dont on parle.[1]
- Montrer comment ces vérités peuvent s'appliquer dans la vie pratique en reprenant les différents points de l'explication du texte.

4. Choix de bonnes illustrations ou fenêtres pour vantiler le message

- Les illustrations consistent en une comparaison, une image, une anecdote, le plus souvent, mais présentées dans le ton de la prédication.
- Elles sont comme des couvertures pratiquées dans une maison pour permettre à l'air d'y pénétrer.
- Une bonne illustration vers la fin du sermon aide à saisir la vérité enseignée et à la conserver la vie durant.

5. Citations :
- Une bonne citation tirée surtout des écrits de l'Esprit de Prophétie donne du support au sermon ;

---

[1]Ellen G. White, Témoignage pour l'Eglise, Vol. 1 (Boise, Idaho: Pacific Press Publishing Association, 1978), 105.

- Le plus souvent, une citation plutôt courte, convient à la fin du sermon. Elle ne pas être placée à n'importe quelle autre place du message.

v.- Conclusion ou Péroraison:

La conclusion, c'est un effort pour dire en peu de mots, comme une sorte de résumé ce qu'on a présenté dans tout le message. Il faut toujours:

- Tirer des conclusions pratiques ;
- Ne jamais conclure sans lancer un appel direct ou indirect à la conversion ou à la consécration ;
- On peut aussi terminer par une prière ou un cantique particulier suivant l'inspiration que donne le message.

vi.- D'autres éléments de base du message:
Temps, ton et fonction, langage
du message:

a. **Le temps.** Le temps est l'un des éléments les plus importants à considérer dans la proclamation d'un message. La durée moyenne d'un sermon est de 30 minutes.[1] Cependant, on peut l'écourter ou le prolonger suivant les circonstances. Mais on ne devrait guère dépasser 45-55 minutes. Ce dernier cas peut-être celui d'un congrès ou en campagne d'évangélisation quand le prédicateur touche plusieurs points

---

[1]Voir – Il faut toujours chronométrer le temps. Pour ce, on doit faire usage d'ordre et de discipline. Ne pas se laisser fourvoyer ou se perdre dans le message. Il faut se concentrer et aller droit au but.

d'application pour aboutir à un appel solennel et général.

b. **Ton et Fonction du message**. En parlant de tonalite, on est en train de faire un emprunt du monde musical. En **musique**, la **tonalité est** le ton appartenant au mode majeur ou au mode mineur utilisé dans une œuvre. ...

La **tonalité** se définit comme une gamme de sept notes, désignée par sa tonique (appartenant à l'échelle diatonique) et son mode (majeur ou mineur). Par exemple, la « **tonalité** de sol majeur ». C'est le son venant de l'arrangement de la voix de celui qui parle et que l'auditoire reçoit.

C'est la gravité et le ton[1] solennel qui laisse percer l'émotion communicative du prédicateur vers la fin du sermon, lors des applications pratiques et de l'illustration.

Elle crée entre l'auteur et le lecteur le même état d'âme. Elle évoque, de façon exaltée ou méditative, des sentiments intimes communs à tous les hommes. Procédés utilisés: Champs lexicaux des sentiments (regret, tristesse, joie, passion…), présence du je/tu/vous, ponctuation expressive, langue soutenue…

Dans un **texte**, on peut rencontrer les tonalités tragique, pathétique, lyrique, épique, comique, ironique, fantastique... La **tonalité** tragique vise à inspirer la terreur et la pitié. ...

Le but de la **tonalité** pathétique **est** d'émouvoir le lecteur ou le spectateur en mettant en scène des situations tristes et/ou douloureuses.

---

[1] **On distingue 8 sortes de tonalité: "La tonalité comique, ironique, tragique, pathétique, lyrique, oratoire, didactique et polémique.**

c. Le langage du message. Le langage[1] est le principal moyen de communication des idées et des émotions entre les individus. Ainsi, c'est un outil d'élaboration et d'expression de la pensée chez l'individu...

L'étude des conduites langagières suit les grands courants de pensée en psychologie et en linguistique. Ainsi, on parle de la diversité linguistique[2] qui caractérise les êtres humains de les coins de la planète.

En fait, l'une des principales aptitudes de l'être humain est sa capacité à communiquer à travers un langage. Cependant les formes de communication peuvent être très différentes.

Du point de vue philosophique, le langage est la faculté de communiquer la pensée par un système de signes (cf. langage des gestes) et, en particulier par le moyen de la langue (ensemble de conventions adoptées par le corps social) associé à la parole (moyen verbal de communication).

Langue et langage ne sont pas synonymes, contrairement à ce que de nombreuses personnes pensent. Le langue est l'ensembles des signes vocaux

---

[1] Le langage humain est un système qui regroupe le développement, l'acquisition, l'entretien et l'utilisation de systèmes complexes de communication, et désigne aussi la capacité humaine permettant ces processus. ... L'étude scientifique du langage en tant que système de communication relève du domaine de la linguistique.

[2] La linguistique est l'étude scientifique de la langue. Cela implique l'analyse de la forme de la langue, de sa signification et du contexte de son usage.

que nous réalisons en parlant et qui permettent à une personne d'exprimer une pensée.

Le langage est donc tous les signes et mots qui composent une langue. On ne parle donc pas de "langage" français, espagnol ou anglais, mais bien de langue. Il s'en suit que les unités du langage sont le syntagme[1] et la phrase. Une langue est apprise tandis que la faculté de langage est innée.

Le prédicateur s'efforcera d'employer le langage le plus susceptible d'être compris des auditeurs. Cultiver l'amour pour les âmes plutôt que l'amour pour la prédication. » déclare un précatreur.

C.- Conclusion:
En conclusion, il faut bien préparer son sermon par la prière et la méditaton en se rappelant que:

1. Le sermon tout entier doit constituer un appel à vivre une vie meilleure.
2. Le but de tous sermons est la conversion des âmes.[2]
3. Le sermon doit être christocentrique, c'est-à-dire centré sur Christ. « On ne devrait prêcher aucun message sans présenter le Christ crucifié comme base de l'évangéle. »

---

[1] Le syntagme est l'intermédiaire entre le mot et la phrase : c'est un groupe de mots qui forme une unité par son sens et par sa fonction, à l'intérieur de la phrase. Dans la phrase (simple) Le soleil brille, « le soleil » est le syntagme nominal (déterminant + nom) et « brille » le syntagme verbal.

[2] Ellen G. White. My life today (Idaho, Boise: Pacific Press. Publishing Association, 1978), 219; (2). Tem. Vol 1 p.105

Chapitre 4
DE LA STRUCTURE GÉNÉRALE
DU SERMON

Structure - se définit par le plan général du
début à la fin de la prédication. Le prédicateur
doit envisager en détails tout ce qu'il pense
pouvoir développer dans son sermon. Il les mettra
par écrit pour les considerer à fond, les étudier, les
balancer jusqu'à trouver un sermon complet. Cette
structure est ce que l'on entend par "Plan du
sermon." Considérons l'un des exemples les plus
simples:

ii.- La préparation d'un plan
pour le sermon

 Supposons que vous vous êtes déjà décidé
quant au sujet ou au texte de base de votre message.
Quelle est la façon de commencer la préparation?
Tout d'abord, nous devons savoir qu'on a besoin de
beaucoup de temps pour la preparation d'un sermon
biblique. Il est beaucoup plus facile de dire et de
promettre que de trouver assez de temps vraiment
pour consacrer à ce travail.

 Asseyez-vous à votre table de travail ou à
votre bureau qui doit avoir assez de place pour y

disposer votre Bible, votre concordance,[1] votre dictionnaire biblique et les parchemins ou autres documents utiles. Choisissez une chaise confortable, mais pas trop pour ne pas s'endormir! On ne doit pas se trouver trop à l'aise dans de telles circonstances jusqu'à être dérobé par le sommeil! Ayez beaucoup de lumière afin que vos yeux ne souffrent pas.

Il est important de comprendre le contexte du passage. Donc, lisez soigneusement tout le chapitre d'où le texte des base est tire. Lisez-le plusieurs fois si c'est nécessaire. Lisez à haute voix parce que cela aide quelque fois à le retenir avec attention.

En faisant ainsi, nous découvrons beaucoup de mots importants qui seraient peut-être passés inaperçus si le texte était lu trop vite et, sans méditation. Parfois il sera nécessaire de lire les chapitres précédents et les chapitres qui suivent afin de bien saisir la pensée de l'auteur. Faites attention! aux mots précis que vous avez choisis comme texte et mémorisez-les avec leur signification, très bien.

Lisez-le même passage dans une ou d'autres versions de Bible[2] et voyez s'il y a des changements et si ces variantes peuvent aider dans l'interprétation du texte ou le rendent plus clair. Si vous savez lire

---

[1]Une concordance biblique est une concordance, ou index verbal, de la Bible. Un formulaire simple qui répertorie les mots bibliques par ordre alphabétique, avec des indications permettant à l'enquêteur de trouver les passages de la Bible où les mots, avec leur signification étymologique, apparaissent.

[2]Version de la Bible. Voir notes et commentaires en Appendice 10, pour la pleine compréhension de ce mot.

d'autres langues, surtout les langues originales des la Bible, faites-en aussi usage.[1]

iii.- Utilisation de concordance et de vocabulaires Bibliques pour l'étude des mots-clés

Avec l'aide d'une concordance et vocabulaires bibliques, cherchez les mots-clés de votre texte en les comparant avec d'autres passages de la Bible. Cela aidera à mieux décortiquer la signification des termes forts du message. Concentrez-vous de cette manière sur le thème. Si le sermon est un exposé ou un sermon textuel, écrivez-le dans votre propre style.

Quand vous aurez fini de faire cela, distinguez vos principales divisions en examinant la syntaxe[2] du texte. Disposez ces divisions dans leur ordre logique en relation avec le message à présenter. Puis, notez vos idées sans réfléchir trop à leur suite logique. On pourra toujours faire cela un plus tard en purifiant le texte.

Normalement, les idées viennent lentement. Mais une concentration persistante avec prière et méditation, apportera une matière bien riche à utiliser. D'autres citations de l'Écriture vous viendront à la pensée et « en comparant les choses spirituelles avec les choses spirituelles vous aurez bientôt plusieurs pages de manuscrit.

Le papier n'est pas trop cher, et l'effort pour mettre par écrit vos pensées vous aidera à fixer votre

---

[1]Les Langues bibliques sont: "L'Hébreu, le Grec (Araméen), auxquelles il faut adjoindre le Latin. L'Anglais peut être aussi bien utile parce que sa traduction est plus proche de l'original.

[2] La syntaxe est, à l'origine, la branche de la linguistique qui étudie la façon dont les mots se combinent pour former des phrases ou des énoncés dans une langue.

méditation d'une façon définitive dans votre esprit et dans votre mémoire.

En rédigeant votre sermon laissez une marge[1] assez large à gauche de chaque feuille de papier. Tout en avançant, plus tard, vous pourrez avoir besoin d'ajouter d'autres pensées ou notes pour compléter votre manuscrit. Tous ces matériels doivent être classés, rédigés de nouveau, vus et revus, sachant que chaque pensée doit être placée dans sa rubrique propre: introduction, développement, conclusion.

iv.- Subdivision des idées
dans le plan

Les subdivisions, à leur tour, doivent être classées dans leur ordre logique. Quand vous avez fini tout cela, vous devez avoir plusieurs pages qui représentent les efforts de votre étude individuelle. Votre âme sera enrichie en découvrant les bénédictions réelles qui sont le fruit d'une telle recherche.

Maintenant, on se trouve devant la tâche délicate de condenser toutes ces notes en une seule page qui pourra être placée dans la Bible d'étude du prédicateur le jour de sa présentation. En un mot, si le sujet a été bien étudié avec tous ses détails, le prédicateur n'aura besoin que d'un simple plan devant lui pour prêcher.

---

[1]Manuscrit ou parchemin. Ce sont des lignes d'essais que nous traçons, généralement comme un bouillon au travail que nous voulons entreprendre. Dans les temps anciens, manuscript faisait appel à un ouvrage écrit à la main. Original (ou copie) d'un ouvrage destiné à être imprimé (qu'il soit écrit à la main ou dactylographié), est aussi un manuscrit.

Soulignez les principales divisions d'un double trait à l'encre rouge,[1] les subdivisions d'un seul trait, d'une autre couleur d'encre (bleue, par exemple). Cela les rendra évidentes et faciles à lire pendent la conférence. C'est un bon exercice pour réviser et répéter à haute voix tout le sermon, dans sa chambre fermée de la maison ou en plein aire si possible.

Confiez-vous au Seigneur Jésus, dans le prière et, en comptant humblement sur Lui, prêchez le message qu'il vous a donné. Quelqu'un a dit: Priez comme si toute chose dépendait de Dieu, et prêchez comme si toute chose dépendait de vous. C'est là un bon conseil, car l'Esprit-Saint doit jouer son role, d'une manière ou d'une autre.

v.- Cinq parties principales d'un sermon biblique:

Il y a généralement, cinq parties proprement dites dans un sermon: le texte de base, le theme ou le sujet,[2] l'introduction, le développement ou le corps de la predication,[3] la conclusion ou l'application du sujet. Au chapitre 3, nous avons déjà élaboré les trois

---

[1]Tenez compte de ce cours donné en classe de formation de prédicateurs Laiques: "Comment marquer ou souligner sa Bible."

[2]Thème - Le thème est, en littérature, un sujet abordé dans un texte ou une œuvre, par exemple: l'absurdité, l'ambition, l'amour, l'angoisse, l'argent, la courtoisie ou encore l'éducation.

[3]Différence entre thème et sujet. Le tème est du genre plus vaste et imprécis par rapport au sujet. C'est bien du thème que découle le sujet. On peut être nombreux à avoir un même thème mais des sujets différents l'un et l'autre. Le sujet est comme une facette du thème qui contient une multitude de facettes.

dernières parties: "L'introduction, le Développement et la Conclusion."

Nous voulons, maintenant considérer le choix du texte de base, le choix du sujet, chacun séparément avec des recommandations précises les concernant:

A.- Le Texte de base (premier point essential d'un sermon biblique):

La racine de ce mot est « Textus » qui signifie quelque chose tissé. Voyez le mot contexture, contexte.[1]

Toute partie de la Bible choisie comme sujet de la prédication est appelée le « texte ». Elle peut consister en une partie d'un verset, tout le verset ou plusieurs versets. La prédication se compose de l'exposé du texte: La nécessité du texte:

a. Il donne de l'autorité au message et honore la Parole de Dieu.
b. Il limite le prédicateur à son sujet.
c. Il donne l'unité au sermon, en présentant une pensée complète.
d. Il prépare l'auditeur à la discussion. Il joue le rôle du dossier d'un avocat.
e. Il assure la variété dans la prédication. Ce ne sont sans doute jamais les textes qui font défaut.

ii.- Des suggestions pour le choix du texte de base:

---

[1] Texte, context, prétexte. Texte – Le verset biblique en éétude- Jean 3:16, est un texte. Contexte- Ensemble des conditions naturelles, sociales, culturelles dans lesquelles se situe un énoncé, un discours. Prétexte- Raison invoquée, mise en avant, pour cacher le vrai motif d'une action: Encore un prétexte pour ne rien faire! Occasion pour faire une action ou pour s'autoriser à faire quelque chose: Tout est prétexte à rire.

Soyez sûr que le texte de base choisi pour le message, réponde vraiment à ce que l'on voudra dire. Par exemple, dans Genèse 3:4, nous trouvons le plus grand sophisme de Lucifer à l'homme en Eden: « Vous ne mourrez point ».

La plupart des amis de Job, devant le cas piteux de détresse qui a frappé le vieux patriarche, résonnaient presqu'à la manière du serpent, arguant que le patriarche ne devrait pas se trouver dans cette situation (Job 42:7).[1] Et, sa femme avait déjà son manqué de confiance à l'endroit du Dieu que Job servait avec intégrité (Job 2:9).

De même, nous voyons dans le livre de l'Ecclésiaste que toutes choses sous le soleil ne sont que néant et poursuite du vent (Eccl.1:2; 12:8). Dans le choix d'un texte de base sur les causes de la souffrance, où le prédicateur devra se situer?

La réponse est simple tout depend de ce que celui qui prêche a en tête. Seulement, il ne faut jamais être trop catégorique comme les trois groups d'intervenants cites plus haut. Il faut toujours faire place à la longanimité de Dieu. Car, toute chose concourre aux biens de ceux qui aiment Dieu (Rom.8:28), et qui sont appelés suivant son son dessein.

iii.- Ce qu'il ne faut pas oublier dans le choix du texte de base

Ne critiquez jamais négativement un texte biblique. Il faut, en cas d'incompréhension, se prendre à

---

[1]Job. De l'hébreu אִיּוֹב ('iyyôv), est un personnage de la Bible, l'un des plus vieux patriaches de l'antiquité. Il est le héros du Livre de Job. Ce livre est classé parmi les Ketouvim au sein de la Bible hébraïque, et parmi les livres poétiques de l'Ancien Testament pour les chrétiens.

sa traduction et à son contexte.[1] En attirant l'attention des auditeurs sur de soi-disantes erreurs provenant des copistes en disant: "On devrait traduire ce texte de telle ou de telle autre manière,'' on provoque des doutes dans leur esprit.

Et, il prendra plus de temps pour enlever ce doute que pour advancer une nouvelle lumière.
Retenons, à l'avance, plusieurs vérités au sujet du texte de base:

1. Le texte doit présenter une pensée complète. Il doit avoir un verbe, un mot, une expression ou un sens complet de par lui-même.
2. Evitez les textes étranges. Un prédicateur qui portait le message de réconfort aux funérailles d'un garçon mordu par un chien enragé prit la première partie de Phil. 3 :2 « Prenez garde aux chiens ».
3. Faites attention de ne pas choisir des textes difficiles à exposer, si vous n'en êtes pas capable de le faire. Gardez-vous de telles difficultés.
4. N'ayez pas peur de choisir des textes familiers et bien connus. Ne cherchez pas trop à sortir de l'ordinaire. « Le puits est profond », il faut dans les détails situer le texte (Jean 4 :11).
5. Evitez les textes dont l'interprétation ne vous est pas claire. Il vous sera difficile d'éclairer les auditeurs si vous ne voyez pas la lumière vous-mêmes, dès le début.

---

[1]NB. Il y a toujours une manière de faire des reserves dans de telles circonstances. Par exemple: "Le prédicateur dira – Je trouve que la traduction de Louis Second, dans ce passage est plus adapté …, Oosterval, dans sa traduction, avance que …, etc.''

6. Choisissez des textes qui renferme, une invitation, un message de réconfort, un vrai appel au cœur humain.

7. Pensez toujours au milieu ambiant, au temps ou époque de l'année, à l'auditoire en présence et aux circonstances du rassemblement, avant de choisir un texte.

iv.- L'interprétation du texte choisi

Par interprétation, on veut dire: "La façon de saisir la pensée de l'écrivain biblique.'' Lorsqu'on la possède, l'interprétation est claire. Voici quelques règles pour l'interprétation:

1. Il faut interpréter le texte honnêtement, sans idée préconçue. La position ou l'enseignement du texte, c'est ce qui compte.

2. Il ne faut pas changer le texte pour l'accorder avec notre point de vue.

3. Faites attention à vos « donc » et à vos « c'est pourquoi ».

4. Il faut interpréter texte selon le contexte. Un texte sans contexte est un prétexte.

5. Interprétez le texte selon la lumière et les renseignements des langues originales.

6. Employez une concordance et des commentaires bibliques de confiance, sérieux et communément acceptés.

7. Souvenez-vous des problèmes de coutumes, de la géographie et de l'histoire dans les temps bibliques.

8. Interprétez le texte selon l'enseignement du corpus Biblique en général. Aucune doctrine ne

repose sur un texte isolé mais s'appuie sur tous les textes de la Parole de Dieu.[1]

9. Interprétez le texte selon son enseignement typique (1Cor. 10:1-11; Rom. 15:4). Selon sa signification à l'égard de toutes les dispensations (Phil. 1:10; II Tim. 2:15).

10. En résumé, il faut interpréter le texte sur une base spirituelle, en le considérant selon l'usage des croyants vétéro et néotestamentaires.

vii.- Conclusion sur le choix du texte

Nous venons, sans doute, d'apprendre que la prédication efficace n'est pas quelque chose de facile comme nous l'aurions peut-être imaginée. Le don de prêcher et d'enseigner que Dieu donne, doit être développé par une étude et une application persistante et consciencieuse. Il faut de plus, exercer fidèlement ce don, si nous voulons être des serviteurs utiles dans le ministère auquel Dieu nous a appelés.

Ce besoin constant d'étudier et de s'exercer dans la prière n'est pas très agréable à la chair. Salomon savait bien ce qu'il disait quand il écrit, il y a plus de 3.000 ans: "On ne finirait pas, si l'on voulait faire un grand nombre de livres, et beaucoup d'études est une fatigue pour le corps (Eccl. 12:14)."

Il est encore vrai qu'une présentation du message est efficace selon la préparation sincère qu'on en aura fait. Méditez et mémorisez le contenu des versets qui se trouvent dans Ecclésiaste 12:7-10. Ces textes sont remplis de profit spirituel et de sagesse pour l'âme.

---

[1]Voir – notes et commentaires sur Ésaie 28: 10 et sur 2 Pierre 1:20-21, concernant ce sujet ...

**B.- Le sujet ou titre du message
(deuxième point essentiel d'un
sermon biblique):**

Le sujet ou le titre du message est ce qui est proposé à la réflexion, à l'étude, à la critique ou au débat. Quelque soit le type du message à développer, le sujet domine le développement. On peut toujours arriver à oublier les démonstrations faites par le prédicateur, mais le titre de son sermon durera toute une vie.

Un titre ou sujet est un type de métadonnée[1] consistant en un nom que l'auteur d'un document ou d'une oeuvre choisit pour désigner sa présentation. Par métonymie, le titre peut aussi être l'œuvre elle-même, plutôt que le nom qui la désigne (on parle par exemple de titre du message, du sermon, titre de presse, etc).

Le titre, c'est ce qui fait la propagande, la "une de l'actualité (advertising)." Dans tous les domaines de la vie courante, de nombreuses personnes sont souvent attirées par des titres et arrivent à ne rien trouver, en fait, dans la réalité du sujet. En consequence, le prédicateur, de toutes les manières, doit faire justice à son titre. Faisons donc plusieurs considérations et, voyons sous ce sous-titre, ce que constitue l'essentiel du sujet ou du titre dans le sermon biblique:

iii.- Le choix du titre ou sujet

---

[1]Une **métadonnée** (mot composé du préfixe grec *meta*, indiquant l'auto-référence ; le mot signifie donc proprement « donnée de/à propos de donnée ») est une donnée servant à définir ou décrire une autre donnée quel que soit son support...

du Message:

Après avoir accepté une invitation à prêcher, le problème qui se pose est le suivant: De quoi est-ce que je parlerai? Quel texte faut-il choisir? Quel genre de sermon me faudra t-il présenter?

Ce problème devient moins difficile à mesure que les années passent. A force de prêcher, le prédicateur deviendra plus habile et se constituera une pépinière, avec des reserves de messages toujours prêts à être utilisés. Le Saint-Esprit de Dieu[1] est d'ailleurs notre instructeur qui ne nous laissera jamais seul dans ce travail.

Nous ne devons pas être négligents à dans notre préparation. Mais, Dieu veut que ses serviteurs soient absolument dépendants de lui. Il es tune nécessité indéniable pour le prédicateur de cultiver une vie active de prière. Le prédicateur qui prie, lit sa Bible et se remet entre les bras du Christ, ne saurait être pris à l'improviste et dépourvu de sermon.

La direction du Saint-Esprit est une réalité que chacun doit expérimenter pour lui-même, quel que soit son âge, qu'il soit jeune ou qu'il soit vieux, ancient ou nouveau dans la prédication. Il n'cst rien, ni aucune personne qui puisse prendre la place du Saint-Esprit ou devenir son substitut: « Ce n'est ni par la puissance, ni par la force, mais c'est par mon esprit, dit l'Eternel des armées (Zach. 4:6).

---

[1] Le Saint-Esprit est la troisième personne de la Divinité. Il est le Paraclet: Paraclet, du latin paracletus, néologisme forgé par Jérôme de Stridon dans la traduction en latin de l'Évangile de Jean. Appliqué au Saint-Esprit, il indique le défenseur, l'intercesseur, et le consolateur. Jean 15:5 à comparer avec Phil. 4:1. Jean 14: 16.

En fait, les premiers pas dans le choix du titre ou du sujet de notre message est de mener une vie de pensée et d'action:

1. En nos temps, juste avant la deuxième venue du Christ sur les nuées des cieux, c'est une œuvre semblable à celle de Jean [Baptiste] qui est à accomplir. Dieu appelle des hommes qui prépareront un peuple prêt à subsister au grand jour du Seigneur... Afin de délivrer un message semblable à celui de Jean, nous devons vivre une expérience spirituelle semblable à la sienne. C'est le même travail qui doit s'accomplir en nous. Nous devons contempler Dieu, et dans cette contemplation, perdre de vue notre moi.[1]

2. La communion avec Dieu ennoblit le caractère et la vie. C'est ainsi que les hommes reconnaîtront, comme on le fit des premiers disciples de Jésus, que nous avons été avec lui. Nous aurons alors une puissance que rien d'autre ne saurait nous communiquer. Profitons-en ; vivons une double vie : une vie de pensée et d'action, de prière silencieuse et de travail.[2]

3. La prière et l'effort, l'effort et la prière : voilà la grande affaire de votre vie. Vous devez prier comme si l'efficacité et la louange étaient dues entièrement à Dieu, et travailler

---

[1] Ellen G. White. Témoignages pour l'Église, vol. 8, pp. 332,333 (1904).
[2] White. Ministère de la Guérison, page; 442, 443, 512,513 (1905)..

comme si le devoir à accomplir n'incombait qu'à vous seul.[1]

4. Nul n'est en sécurité ni un jour ni une heure sans la prière. Pourtant, elle dit aussi que : « Celui qui se contente de prier se lassera bientôt de le faire. »[2]

iv.- Suggestions utiles pour choisir le titre ou sujet du message

Quel sera le titre de mon message? Tout prédicateur est habitué à se poser cette question à un moment où un autre de sa vie. Y répondre bien vite, c'est relever un vrai défi. C'est pourquoi, il paraît intéressant d'évoquer quelques pistes de réflexion quant au choix du sujet de notre prédication.

1. Personnellement, après avoir choisi le texte, je le lis et relis plusieurs fois.
2. Je détermine les mots-clés, et à l'aide de dictionnaires et commentaires bibliques, j'établis la signification et le vrai sens de chacun de ces mots.
3. Je détermine les contextes[3] proches et éloignés du passage de base.
4. Je commence alors mes réflexions sur le choix à faire suivant ce qu'au préalable, j'avais en tête.

---

[1]White. Témoignage pour l'Eglise, vol. 4, page 538 (1881).

[2]White. La Tragédie des Siècles, page 530, 578 (edition 1911) ; Vers Jésus, page 101 (1892) ; voir aussi, le meilleur chemin, page 88.

[3]Le contexte d'un événement inclut les circonstances et conditions qui l'entourent; le contexte d'un mot, d'une phrase ou d'un texte inclut les mots qui l'entourent. Le concept de contexte issu traditionnellement de l'analyse littéraire est aujourd'hui utilisé dans de nombreuses disciplines scientifiques

Il est vrai qu'une autre question est liée à celle-ci: ''Qu'entend-on par sujet de prédication?''

En effet, cela dépend du type de sermon qu'on es ten train de préparer. Si, le choix d'un sujet correspond souvent au choix d'un texte biblique, dans le cas d'un sermon textuel, dans le cas d'un sermon thématique ou biographique par exemple, le choix ne correspond pas à un texte biblique, mais à un thème ou au nom d'un personnage.

Après avoir compris et fait tout cela, ce qu'il nous faut affirmer est que: "Quel que soit le type choisi, le message biblique, a pour but de laisser Dieu se révéler par sa Parole.'' Il importe donc de s'appuyer sur la Bible pour choisir un titre ou sujet qui réflète les enseignements sur lesquels le message doit se construire.

Chapitre 5
DES PRINCIPES - CLÉS
POUR METTRE SON SERMON
PAR ÉCRIT

Préparer un message est une affaire de coeur et d'âme. Êtes-vous en mesure de rassembler des enseignements édifiants à donner dans la presentation d'un sermon: une, deux ou trois fois par semaine? Comment procédez-vous pour rédiger vos enseignements spirituels et vos sermons?

Le prédicateur doit tout mettre en oeuvre pour préparer ses propes sermons. Toutefois, il arrive souvent qu'après avoir entendu quelqu'un, lu ou déchiffré son message sur le net, on est piqué du désir de transmettre ce même message à son auditoire. Cela ne fait aucun mal.

Cependant, d'une manièrc ou d'une autre, il convient de travailler son message, le comprendre dans toutes ses dimensions et de l'adapter. L'adaptation revient à prendre les idées du message, en faire des arrangements et les inclure danst son propre message.[1] Essayons de voir douze principes de base pour la préparation d'un message personnel:

---

[1]**Adapter - D**u latin adaptare, formé de ad, et aptare, pour aptum reddere, rendre propre. Appliquer, ajuster une chose à une autre pour en faire une nouvelle chose.

ii.- Énumération des principes de base:

Le mot principe dans le contexte de notre étude se définit par: "Point de depart, orientation, comment se decider et s'orienter en la matière." Nos principes sont des principes spirituels, capables de nous porter à decider selon que le Seigneur nous demande d'agir. Voyons ensemble douze principes et, examinons-les:

1. Se laisser guider par le Saint-Esprit de Dieu. Par-dessus tout, le prédicateur, dans sa préparation doit se laisser guider par le Saint-Esprit de Dieu. Il arrivera ainsi, sans heurt, à la réalisation du dessein de Dieu pour son peuple. Avant de s'engager dans la prédication publique ou privée, c'est l'onction véritable que les apôtres ont cherchée.[1]

2. Se faire une idée claire de son message. Le prédicateur, doit chercher par tous les moyens à avoir une idée claire de ce qu'il a l'intention de prêcher. Pour ce, il doit étudier et prier afin de bénéficier de l'inspiration du Saint-Esprit. D'habitude, l'idée maitresse du sermon doit être soutenue par des textes bibliques. On ne pourra jamais commencer à prêcher tant que l'on n'ait pas une orientation ou un objectif précis en tête. Certains prédicateurs ne suivent pas des étapes pour organiser leur enseignement de manière

---

[1]Jésus (Luc 4:1, 14); Pierre (Actes 4: 8-12); Etienne (Actes 7:51-60); Paul (Actes 13:9).

ordonnée. Mais, ils ont quand même un sujet à débattre.

3. Dressez une esquisse préparatoire des principales idées du sermon. Faites une esquisse et rédigez une idée générale du thème. Autrement dit, le thème consisterait en un sujet qui attire votre curiosité et que vous désirez pouvoir détailler à d'autres personnes. Cela ne signifie pas qu'il faut inventer une histoire comme en littérature ou lors d'une conférence ou même qu'il faut rédiger une dissertation. Mais, il faut pouvoir organiser son message pour le présenter à l'auditoire, comme résumé à trois volets.[1]

Généralement il est préférable que l'on reprenne oralement un sermon sans pour autant le mémoriser entièrement. Il est aussi conseillé de ne pas rédigéer totalement avec des phrases complètes. Cela donnera tendance à se fixer jusqu'à se perdre dans la lecture.

Écrivez en grandes lettres les mots-clés afin de les pouvoir les lire sans tracas. J'ai vu d'anciens pasteurs preparer ce résumé special sur du Bristol avec des couleurs remarquables.

En fait, le sermon est mieux apprécié lorsqu'il ne ressemble pas à un discours ou à une oraison funèbre qu'un conférencier ou un homme politique devra lire devant un public, à moins que l'on soit un lecteur de haute classe. Chaque sermon doit être un

---

[1]Revoir ce principe dans le chapitre de la Méthodologie, déjà présenté plus haut.

sujet entièrement développé ou subdivisé en une
« série » de plusieurs sermons ou enseignements.

4. Soyez dynamique.[1] Ayez une formulation
   vivante des termes. Ne vous contentez pas de
   lire seulement, mais, démontrez. Le cas
   échéant, on aura une présentation figée. Ceci
   vous permet d'être beaucoup plus
   compréhensible et plus dynamique, en tenant
   une communication enthousiaste entre maitre
   et élèves ou entre prédicateur et membres de
   la congrégation.

5. Ne pas se faire esclaves des notes. Le
   prédicateur ne doit pas se limiter aux notes
   très détaillées sur votre papier. Cependant,
   cela ne signifie pas que vous devez parler sans
   avoir votre plan ou votre brouillon à portée de
   la main.

Maitrisez votre brouillon et votre plan de façon à
ne pas avoir besoin de jeter plusieurs fois un coup
d'œil sur ce dernier ni sur les détails notés ou encore
de façon à ce que vous ayez juste besoin d'apercevoir
le mot-clé apparaissant en grand caractère pour vous
rappeler du reste. Néanmoins, vous pouvez quand
même les avoir à côté de vous pour les trouver à tout
moment.

---

[1] **Un individu dynamique est quelqu'un « Qui manifeste
de l'énergie, de l'entrain, de la vitalité ». Ne pas Confondre le
dynamique et l'hyperactif « une personne jugée trop
remuante » est l'un des problèmes les plus courants dans tous
les aspects de notre vie.**

6. Soyez direct et concret. Présentez directement le message que vous avez en tête. Des prédicateurs se laissent aller hors du sujet dans leur développement. C'est qu'ils manquent de discipline. La Bible, c'est sujet par sujet. Il faut limiter le message par sujet.

7. Pensez toujours à votre sujet. Pensez à un sujet que vous pouvez subdiviser en trois petites parties dans votre message ou à un enseignement suivant un modèle de « plan à 3 volets ». Ce modèle sera détaillé dans les lignes qui suivent.

8. Tâchez de bien introduire le thème du message. Énoncez les points que vous allez aborder et ce qui vous a poussé à choisir ce sujet ou encore la raison pour laquelle vous trouvez ce sujet important et pertinent. Vous pourriez faire un commentaire drôle en disant ce que ce thème signifie ou ce qu'il ne signifie pas.

9. Développez sur du papier les points clés du message. Elle doit être en lien avec le passage biblique ou un événement qui avait eu lieu dans le passé et qui constitue à présent, l'élément moteur ou l'idée principale de votre message. Restez dans le message.

10. Faites un développement exhaustif. En détaillant l'idée, donnez des exemples et précisez ce qui en est impliqué : ''Quand, où, comment, pourquoi et les altérnatives en jeu

ou les différents événements qui se seraient produits.''

11. Rédigez les principaux points avec des exemples à l'appui. Cela se fait en racontant par exemple une petite histoire ou deux, en évoquant des paraboles bibliques, une strophe d'un cantique, une citation d'auteur, des événements vécus à l'église ou dans la communauté, toute autre forme d'exemples en en liaison avec le theme.

12. Utilisez, au besoin, la méthode : « Questions et réponses ». Posez des questions directes, des questions de rhétoriques. Ne vous attendez pas à avoir des réponses de votre auditoire, à moins qu'il s'agisse d'un petit groupe de personnes, mais répondez vous-mêmes en disant par exemple : et s'il arrivait que (un fait) ?

   Dans ce cas, vous-même ou la personne qui se trouve dans la situation pouvez faire ceci ou cela. Donnez un ou des exemples de foi. Ensuite, continuez votre message, en dégageant des leçons fortes et utiles pour la formation spirituelle de l'Église ….
   Ainsi, vous pourrez répondre à leurs questions ou objections. Si vous permettez que des gens donnent leurs propres réponses, attendez de les recevoir, comme dans une salle de classe. Ne rejetez pas les réponses à moins que vous ayez la raison de le faire et prenez soin de vous expliquer.
      En réalité, je pense que la réponse doit être ….. (donnez votre point de vue). D'une manière

générale, essayez de rester impartial[1] afin de ne pas applaudir les commentaires, ni les ignorer. Vous pouvez seulement acquiescer et dire un ou deux mots comme conclusion.

« Je vois, tout en acquiesçant gentiment de la tête, …. d'accord, je vois ce que tu veux dire., ou encore merci… ou tout autre commentaire impartial puis redirigez la réponse dans le sens approprié (sans la qualifier de vraie ou de fausse).

13. Concluez votre message avec toujours un appel direct ou indirect en faveur de Jésus-Christ.

Pour conclure, lancez un vibrant appel à l'action, allant dans le contexte du thème. Cela peut consister en un appel à accepter Jésus en tant que Sauveur personnel ou à faire un changement dans le style de vie propre de chacun. Cherchez à embrasser un point de vue doctrinal ou se mobiliser pour la mission évangélique.[2]

De cette manière, vous pourrez conclure ce que vous avez dit dans votre introduction et votre développement avec aisance. Par exemple, appeler les gens à mettre en pratique les idées présentées, de

---

[1]Dérivé de partial avec le préfixe in-.
… impartial \ɛ̃.paʁ.sjal\ masculin … Tout ou partie de cet article a été extrait du Dictionnaire de l'Académie française, huitième édition, 1932-1935 (impartial). Le prédicateur doit dire la verité telle qu'elle est sans chercher à plaire ou faire Plaisir à un groupe.

[2]**Mission.** Selon le Nouveau Testament l'annonce de l'Évangile, même si elle n'aboutit pas nécessairement à une conversion religieuse et au baptême (Mt.24:14). C'est pour cette mission que le Saint-Esprit lui est donné (Actes 1:8)

prier, d'inviter d'autres personnes ou d'étudier la Bible, etc.

C'est comme si vous leur attribuez des exercices pratiques de ce que vous leur aurez enseigné ou prêché. Le prédicateur doit se considérer toujours comme un formateur de formateurs. Dans toutes ses actions, il doit chercher à faire des disciples. Un bon exemple se trouve dans le discours de Paul devant le roi Agrippa et Bérénice,[1] sa soeur (Actes 26:28-32).

C.- Conclusion:

Le prédicateur doit avoir une vue large. Il ne doit pas être introverti[2] en se renfermant trop sur lui-même, sans être pour autant bavard.[3] Il sera de ce fait extraverti.[4]

En définive, dans la préparation de nos messages, suivons l'exemple de Jésus: **"La méthode du Christ pour sauver les âmes est la seule qui réussisse. Il se mêlait aux hommes pour leur faire du bien, leur témoignant sa sympathie, les soulageant et**

---

[1]**Agrippa II** (27/28 - 92-94 **ou 100) est le fils d'**Agrippa Ier, **lui-même petit-fils d'**Hérode le Grand. **Voir notes en appendice 15 pour plus de lumières.**

[2]**Introvertie. Qui est renfermé, replié sur soi-même, porté à l'introversion. Exemple: Un enfant introverti mettra plus de temps à se faire des amis.**

[3]**Bavard. Qui parle beaucoup, aime à parler sans se controler. Il est incapable de garder un secret. Il faut se défier des bavards.**

[4] **Extraverti.** De l'anglais extrovert avec l'influence, pour la terminaison, de extraverti (qui, sur une base latine, est d'origine allemande ... Personne dont le comportement est tourné vers le monde extérieur, qui recherche les échanges avec les autres. La détermination des types subjectif ...

gagnant leur confiance. Puis il leur disait: "Suivez-moi."[1]

Le Christ s'occupait de la personne tout entière: physiquement, mentalement, socialement et spirituellement. Il désire que nous prospérions par le moyen de notre relation avec lui et de notre service en faveur des autres, réalisé dans un ministère d'amour et de sollicitude.

Jésus s'occupait des gens là où ils se trouvaient: dans les villes, dans les villages, le long des haies, dans leurs maisons, près d'un puits, et même sur la croix. Il n'avait pas peur d'aller là où il y avait une âme à sauver. Alors, mettons-nous à la tâche et, faisons de même.

---

[1] White, évangéliser, 118.

Chapitre 6
DES ÉTAPES PRATIQUES DANS LA PRÉPARATION D'UN SERMON
(Par un ancien pasteur)

Nous devons toujours nous efforcer de lire des ouvrages d'autres auteurs et consulter plusieurs idées. Cela est bien pour nous permettre de mettre en valeur différents styles et arriver à établir notre propre façon de faire d'une manière expérimentale.

Dans ce présent chapitre, nous voulons brasser les choses suivant un autre arrangement pour aider le lecteur et prédicateur à avoir une sorte de diversification et ne pas rester un homme à sens unique. Le prédicateur doit se constituer un large répertoire pour se mettre au point avec toutes les circonstances.

La préparation d'un sermon exige des règles ou méthodes capables d'aider le prédicateur dans son travail. Disons, tout d'abord, qu'il faut commencer la préparation le plus tôt possible. S. Stuart avance que: "Une préparation «à la va-vite» ne représente pas du bon travail......"[1]

Suivez ce guide en vous gardant de passer d'une étape à la suivante sans avoir entièrement

---

[1] Par Stuart Olyott -**Publié dans**
Promesses n° 93, Juillet-septembre 1990
- Sujet: Eglise

terminé la première. C'est un exercice pratique qui demande un peu de temps. Mais, il en vaut la peine. Considérons séparément et avec réflexions les douze étapes présentées par notre ancien pasteur. Ces étapes sont-elles vraiment différentes de celles déjà vues? De quoi s'agit-il?

ii.- <u>Première étape</u>: Faites un Stop
(Un temps de réflexion avant de commencer)

Prenez le temps de vous rappeler quelle est votre tâche. Vous allez entreprendre une oeuvre hautement spirituelle. Vous devez exalter Dieu pour le choix qu'il a fait de vous comme son porte-parole. C'est un privilege. Jésus disait aux douze: " Ce n'est pas vous qui m'avez choisi; mais moi, je vous ai choisis, et je vous ai établis, afin que vous alliez, et que vous portiez du fruit, et que votre fruit ... (Jean 15:16).

Notre travail consiste à faire de l'évangélisation interne et externe en vue de transformer des incroyants en croyants, des chrétiens faibles en chrétiens forts. Ceci ne peut s'accomplir qu'avec l'aide l'Esprit-Saint et la propagation de la parole de Dieu. Sachez que vous n'êtes pas avant tout un *faiseur de sermons*, mais un formateur de croyants forts.

Ne perdez jamais conscience de cela tout au long de votre préparation. Car, s'il y a quelqu'un à sauver le premier, ce doit être celui qui prêche. L'apôtre Paul écrit que: "Tous ceux qui combattent s'imposent toute espèce d'abstinences, et ils le font pour obtenir une couronne corruptible; mais nous, faisons-le pour une couronne incorruptible.

Moi donc, je cours, non pas comme à l'aventure; je frappe, non pas comme battant l'air. Mais je traite durement mon corps et je le tiens assujetti, de peur d'être moi-même rejeté, après avoir prêché aux autres (1Cor. 9:25-27).

iii.- <u>Deuxième étape</u>: Approchez la Parole de Dieu avec beaucoup de prière

Un vieil adage ou jargon chrétien dit: "Beaucoup de prières, beaucoup de puissances, peu de prières, peu de puissances, pas de prières, pas de puissance. Je suis le cep, vous êtes les sarments. Celui qui demeure en moi et en qui je demeure porte beaucoup de fruits, car sans moi vous ne pouvez rien faire (Jean 15:5). Retenez et profitez des conseils suivants:

1. A genoux, lisez de temps à autre le passage de votre future prédication.
2. Utilisez-en chaque phrase pour alimenter votre prière.
3. Exaltez et adorez Dieu pour chaque vérité et leçon que vous voyez.
4. Si vous ne comprenez pas quelque portion du passage, priez et méditez jusqu'à ce que vous arriviez à la comprendre. Si l'obscurité demeure, consultez vos commentaires pour trouver le sens de cette portion, et continuez à prier et à méditer.
5. Continuez à prier jusqu'à ce que le passage enflamme votre coeur – jusqu'à ce que le feu brûle, vous rendant impatient de proclamer les vérités que vous venez de vous approprier.[1]

---

[1] Jérémie 20:9. "Si je dis: Je ne ferai plus mention de lui, je ne parlerai plus en son nom, il y a dans mon coeur comme un feu dévorant qui est renfermé dans mes os. Je m'efforce de le contenir, et je ne puis.

6. Vous n'avez pas demandé de message, mais le Saint-Esprit de Dieu vous la communique et vous transporte maintenant en la direction de votre message qui vous apparaît bien clair. La clé de toute communication pour celui qui cherche Dieu et qui prêche sa Parole, est la prière.

7. Détruisez toute rancune, tout rancœur au-dedans de vous. Il vous faut, dans la préparation de votre message trouver en vous-mêmes, toutes les bonnes dispositions spirituelles nécessaires.

b.- Leçons à tirer de la prière de Saint-François d'Assise

Cette prière parfois chantée de Saint-François d'Assise[1] convient bien aux demandes du prédicateur, chercheur de Dieu dans sa préparation. La prière, est et demeure notre seule arme de paix:

- Seigneur, fais de moi un instrument de ta paix,
- Là où est la haine, que je mette l'amour.

---

[1] François d'Assise (en italien Francesco d'Assisi), né sous le nom de Giovanni di Pietro Bernardone à Assise (Italie) en 1181 ou 1182 et mort le 3 octobre 1226 , est un religieux catholique italien, diacre et fondateur de l'ordre des frères mineurs (OFM) caractérisé par une sequela Christi dans la prière, la joie, la ...etc. La sequela Christi (latin pour suite du Christ) est une locution latine qui, surtout à partir du Moyen Âge, est venue à signifier dans la spiritualité chrétienne, une devotion et un engagement total au service du Christ.

- Là où est l'offense, que je mette le pardon.
- Là où est la discorde, que je mette l'union.
- Là où est l'erreur, que je mette la vérité.
- Là où est le doute, que je mette la foi.
- Là où est le désespoir, que je mette l'espérance.
- Là où sont les ténèbres, que je mette la lumière.
- Là où est la tristesse, que je mette la joie.
- O Seigneur, que je ne cherche pas tant à être consolé qu'à consoler, à être compris qu'à comprendre, à être aimé qu'à aimer.
- Car c'est en se donnant qu'on reçoit,
- C'est en s'oubliant qu'on se retrouve,
- C'est en pardonnant qu'on est pardonné,
- C'est en mourant qu'on ressuscite à l'éternelle vie. »

iv.- <u>Troisième étape</u>: (Réflexions et méditations profondes sur la parole)

A votre bureau ou dans votre chambre de travail, prenez du temps pour interroger votre texte de base. Couchez vos réponses par écrit sur du papier. A mesure qu'elles viennent, écrivez-les sans hâte. En premier lieu, posez ces questions fondamentales sur votre sujet:[1]

1. Que nous apprend ce texte sur Dieu, Père, Fils et Saint-Esprit ?
2. Que nous apprend ce texte sur l'homme, son attitude envers Dieu et son prochain ?

---

[1] Ces questions s'appellent des questions d'approfondissement et de murissement

3. Y a-t-il dans mon message :

- Un bon exemple de base, bon exemple à suivre ou un mauvais à éviter ?
- Un ordre divin auquel on doit obéir ?
- Un avertissement clair et simple à écouter ?
- Une promesse à croire et à proclamer ?
- Une réponse à une question biblique et personnelle à partager ?
- Un mot d'ordre pour la vie spirituelle du croyant et de l'Église ?
- Un enseignement positif confirmé par d'autres passages de la Bible ?[1]

v.- Quatrième étape: (Commencez par écrire votre message)

Toujours dans une attitude de prière, rédigez une première ébauche de vos notes. Lorsque les idées viennent, on ne doit pas se faire trop au style et à la syntaxe. Coucez-les sur du papier. Le moment d'épuration viendra au temps voulu. Ainsi:

1. Divisez la feuille en trois colonnes – déclaration, illustration, application.
2. Dans la première colonne (déclaration), écrivez le message que vous allez tirer du passage. Efforcez-vous de ne pas rédiger mais d'écrire une pensée par ligne.

---

[1]On pourra aussi se poser d'autres questions, regardant la vie et les relations personnelles avec Dieu, la faisabilité des choses et la réceptivité de l'auditoire en présence.

3. En face de chaque vérité essentielle, trouvez ou pensez à une illustration et écrivez-la dans la deuxième colonne (illustration).
4. En pensant à vos futurs auditeurs, placez dans la troisième colonne (application) ; une application pratique en regard à chaque vérité majeure enseignée et illustrée.
5. Quand vous aurez terminé cette ébauche, chaque colonne sera presque aussi pleine l'une que l'autre.

Cette quatrième étape nous dit et nous montre qu'il faut toujours essayer.[1] Quelqu'un écrit en regroupant beaucoup de citations sur la la réussite. Il dit que: "Il n'y a pas d'ascenseur pour la réussite, il faut prendre l'escalier. Le succès est obtenu par ceux qui essaient et continuent d'essayer. Notons les points suivants:

1. Le bonheur est le plus grand niveau de réussite que l'on puisse atteindre. La chose la plus importante dans cette vie, c'est d'aider les autres à gagner.
2. Réussir... c'est se coucher le soir en se disant qu'on a fait le mieux qu'on a pu. Le succès ne se compte pas en billets amassés, mais en nombre de vies touchées.
3. Le succès se paie par des efforts disciplinés et la satisfaction différée de ses désirs. Tous ceux qui connaissent la réussite ont un trait commun: la discipline personnelle.

---

[1]Je veux moi-même ajouter que: "Celui qui ne risqué rien, n'a rien; n'est rien; ne peut rien et ne sera jamais rien. Dans la vie, dans tous les domaines, il faut toujours essayer.

4. Le chemin comblé d'obstacles et d'embûches est souvent celui qui mène à la grandeur.
5. La réussite n'a rien de magique. Elle n'est que le résultat d'une approche systématique.
6. Pour réussir, vous devez savoir ce que vous faites, aimer ce que vous faites et croire en ce que vous faites.
7. Évitez à tout prix de baser votre définition de la réussite et du bonheur sur l'opinion et les attentes des autres. Faites-vous vos propres opinions.

L'histoire rapporte la vie et le courage de Robert Bruce, un héros Écossais, dont l'expérience doit nous servir de leitmotiv.[1] Avez-vous entendu parler de l'histoire d'une minuscule araignée, d'un roi exilé et d'une île isolée du comet d'Atrim, illustrant à la perfection le proverbe suivant: " Si vous ne parvenez pas à réussir au premier coup, essayez encore et encore. Tôt ou tard, un jour, vous parviendrez au succès."

vi.- Cinquième étape: (Contrôle interne
-Soustrayez ou ajoutez des idées à votre
manuscrit)
Reprenez votre ébauche, soustrayant ou ajoutant des éléments selon les précisions de la liste ci-dessous. Ne négligez pas cet élément de votre préparation. Prenez votre temps.

---

[1]Robert Bruce, le héros écossais qui devait affranchir son pays de la domination anglaise et faire souche de rois nationaux, n'arriva pas à ce but sans de grands efforts. voir Appendice 11, pour son histoire.

.

1. Une exégèse précise. Ce message, saisit-il et communique-t-il le sens d'origine du passage ? Si oui, il attirera constamment l'attention sur le Seigneur Jésus (Luc 24 :27 ; Actes 3 :27). Vérifiez à l'aide de commentaires et de lexiques bibliques.

2. Exode 3 :11,12. Et Moïse répondit à Dieu : qui suis-je moi, pour aller vers Pharaon, et pour retirer ... que tu parles à ton serviteur ; car j'ai la bouche et la langue embarrassées.

3. Exode 4 :10, 11. Moïse dit à l'Eternel : Ah! Seigneur, je ne suis pas un homme qui ait la parole facile, et ce n'est ni d'hier ni d'avant-hier, ni même depuis que tu parles à ton serviteur ; car j'ai la bouche et la langue embarrassée. L'Éternel lui dit que: Qui a fait la bouche de l'homme? et qui rend muet ou sourd, voyant ou aveugle? N'est-ce pas moi, l'Eternel ? ...

4. Exode 4 : 12. L'Éternel dit à Moise : ''Va donc, je serai avec ta bouche, et je t'enseignerai ce que tu auras à dire.''[1]

vii.- Sixième étape: Faites preuve d'une solidité doctrinale

De quelle façon spécifique ce message développera-t-il la compréhension de l'auditoire sur l'ensemble de vérités qu'enseignent la Bible, la parole de Dieu pour son peuple?

---

[1]Je serai avec ta bouche, avec toi. C'est la première parole ou promesse du leadership. Lorsque Dieu nous appelle, nous n'avons rien à craindre car, nous ne sommes pas seuls.

Vérifiez les éléments doctrinaux en regard aux documents historiques de l'Église. Assurez-vous de l'absence de toute erreur ou déséquilibre doctrinal en vous rappelant cette déclaration de base du prophète Ésaie: « A la loi et au témoignage! Si l'on ne parle pas ainsi, Il n'y aura point d'aurore pour le people (Ésaie 8:20). ''

viii.- <u>Septième étape</u>: Constituez une structure claire du sermon

Vous avez déjà passé un peu de temps avec ce message, mais l'auditoire ne l'entendra qu'une seule fois. Sa structure[1] est-elle évidente, limpide et facile à suivre? En général, vous aurez seulement trois ou quatre titres principaux, sans aucune subdivision dans le corps du sujet.

N'utilisez pas trop de textes dans un seul message. Cela tend à fatigue l'auditoire. En fait, sauf exception faite, trois à cinq textes doivent suffire pour tout dire dans un theme à développer. Choisissez des textes-clés et qui vont droit au but.

Lorsquc la structure est simple et bien charpentée, le message aussi est présenté plus aisément et le publc se sent confortable. Tout ce qui doit nous préoccuper en tant que porte-parole de Dieu est de faire passer le message divin en portant les gens à comprendre en vue d'une decision pour Christ.

ix.- <u>Huitième étape</u>: Choisissez des illustrations variées, vivantes et justes

---

[1]Une structure ou ossature est un système permettant la transition des différentes parties du message du début à la fin. Elle permet d'assurer au message sa liaison, son indéformabilité, donc sa solidité et sa force.

Les illustrations, occupent-elles un tiers du message? Assistent-elles vraiment les vérités à expliquer? Il y a cinq types d'illustrations à adopter dans nos messages.[1]

Rejetons toute illustration qui attire l'attention sur soi. Les illustrations inventées font parfois beaucoup de mal à l'auditoire. Non seulement elles ne cadrent pas toujours avec le message, mais elles font aussi mentir le prédicateur tout en prêchant la bonne nouvelle.

Certains prédicateurs forgent des illustrations en prêchant du haut de la chaire. C'est très mauvais. Non seulement, ils mentent, mais les paroles prêtent toujours à équivoque. Ceux qui se connaissent dans l'assemblée démasquent ces stratégies et ne prendront au sérieux ni le prédicateur, ni son message.

Alors, en développant un passage des Saintes Ecritures, il faut être toujours vigilents. Prenez les mesures suivantes:

1. Faites une application immédiate
   Chaque vérité doit être appliquée. Les applications, occupent-elles un tiers du message ? Serviront-elles à vos auditeurs ? S'expriment-elles avec gentillesse ?
2. Mettez par écrit tout ce que vous pensez vouloir dire. Le prédicateur doit, en fait, rédiger au mieux toutes ses notes pour le sermon. Par-dessus tout, il doit viser la clarté. Ces notes doivent être facilement et couramment lisibles. Écrivez-les en grandes

---

[1] Illustrer nos messages ou prédications. Voir notes en appendices 13 sur cinq sortes d'illustratons convenables pour nos messages et predications.

lettres et en caractère gras. Autant que faire
se peut, on pourra aussi les dactylographier.

3. Ecrivez au recto de la feuille de papier
   seulement. En servant du recto et du verso,
   des difficultés surviennent en tournant le
   verso de chaque feuille pour les classer
   ensuite. On peut se perdre et, cela crée un
   certain malaise.

4. Numérotez les pages en grande lettre avec une
   couleur jugée visible selon l'éclairage de la
   salle où l'on va prendre la parole et la
   capacité de vos yeux.

5. Soulignez les titres principaux et les termes-
   clés en rouge, et en bleu ou vert, tout sous-
   titre éventuel.

x.- <u>Neuvème étape</u>: Restez toujours à genoux devant
Dieu, le message en main

A genoux de nouveau. Priez avec vos notes
rédigées en main. La prière est la clé du succès.[1]

1. En premier lieu, priez sur chaque ligne,
   demandant qu'elle attire l'attention de
   l'auditoire vers le Dieu trinitaire, provoquant
   des pensées glorieuses à son sujet.

2. Ensuite, priez sur chaque ligne, demandant
   qu'elle attire l'inconverti à Christ et affermisse
   le croyant dans la grâce et la connaissance.

---

[1] Napoléon Bonaparte. L'homme n'est jamais si grand
qu'à genoux devant Dieu. Josiane de Coerjimans, poétesse et
écrivain de Belgique (1966), de surenchérir: "Plutôt mourir à
genoux devant Dieu que débout face à l'irréel (devant
l'homme).

3. Ce moment de prière peut vous amener à apporter certaines modifications à vos notes. N'hésitez pas à le faire. Les notes ne sont ni sacrées ni infaillibles et, sachez le bien : "La préparation d'un sermon ne termine qu'après l'avoir prêché."

xi.- <u>Dixième étape</u>: Faites une préparation complète et solide

Restez en prière, choisissez les cantiques et préparez les autres aspects du culte au bon moment. Le culte devrait former un tout. Chaque aspect devra être complété et souligné avec les grandes vérités à proclamer dans la présentation du message.

Le jour "J" faites tous vos efforts pour arriver sur place le plus tôt que possible. Commencez par:

1. Vous familiariser avec la chaire ou le pupitre, la sonorisation, les sièges et tous les éléments liés au fait de la prédication.
2. Préparez votre Bible, vos notes, l'ordre du culte et le recueil de cantiques bien avant le début du service.
3. Accueillez autant de gens[1] que possible à la porte et, si l'occasion le permet, passez un moment en prière avec les responsables avant le culte.

---

[1]Capacité à se montrer indulgent, gentil et attentionné envers autrui d'une manière désintéressée et compréhensive. Exemple: Il m'a prouvé sa bienveillance à maintes reprises. Son aide m'était indispensable dans les épreuves les plus délicates de ma vie.

xii.- <u>Onzième étape</u>: Le jour de la présentation à l'Église – Faites tous vos efforts pour ne pas être en retard ce jour-là.

Dieu, dans sa providence, vous appelle à présider et prêcher aujourd'hui. Alors faites-le, avec sérieux, autorité et amour.

1. Fixez bien des yeux l'auditoire et parlez clairement, tout en étant maitre de soi-même.
2. Recherchez deux choses seulement – exalter Dieu et amener ce peuple à croître dans la grâce. Le culte et la prédication ne sont que des instruments à ces buts glorieux. Ils ne doivent jamais devenir une fin en soi.

Le message terminé, quelque temps plus tard, trouvez un endroit retiré pour vous adonner à la prière en privé. Remerciez Dieu de ce qu'il a fait pour vous.

1. Priez de nouveau sur vos notes et le déroulement du culte.
2. Demandez le pardon divin pour tout aspect où vous savez n'avoir pas fait aussi bien que possible.
3. Priez sur chaque vérité proclamée pour que l'auditoire s'en souvienne ; que cela provoque en eux de glorieuses pensées sur Dieu ; que le pécheur se convertisse ; que le croyant grandisse dans la foi.
4. Priez pour autant de personnes que vous savez être dans le besoin. Puis, laissez tout entre les mains du Seigneur Jésus et, méditez silencieusement sur la présentation du message !

xiii.- Douxième étape: De l'introduction à la conclusion, ne donnez lieu à aucun bavardage. Prêchez la Parole.

Enfin, d'accord avec cet ancien pasteur: "Le prédicateur doit garder le juste milieu. Il doit éviter tout vacarme.[1] Il doit faire de son mieux pour embrasser la méthode du Christ.

Les déclarations suivantes doivent retenir notre attention. Seule la méthode d'évangélisation du Christ prévaut. L'un des passages les plus connus sur la manière de suivre l'exemple du Christ se trouve dans ce merveilleux ouvrage, écrit par une personne de renommée mondiale:

« La méthode du Christ pour sauver les âmes est la seule qui réussisse. Il se mêlait aux hommes pour leur faire du bien, leur témoignant sa sympathie, les soulageant et gagnant leur confiance. Puis il leur disait: "Suivez-moi."[2]

Le Christ s'occupait de la personne totale: physiquement, mentalement, socialement et spirituellement. Il désire que nous prospérions par le moyen de notre relation avec lui et de notre service en faveur des autres, réalisé dans un ministère d'amour et de sollicitude.

Jésus s'occupait des gens là où ils se trouvaient: dans les villes, dans les villages, le long des routes, dans leurs maisons, près d'un puits, et même sur la croix. Il n'avait pas peur d'aller là où il y avait une âme à sauver.

---

[1]Vacarme. Grand bruit provoqué par des gens qui crient, se querellent ou s'amusent. Synon. chahut, chambard (fam.), tapage, tumulte. Le vacarme des voix; faire du vacarme.
[2]White, Ministère de la Guérison, 118.

C.- Vers la conclusion:

Amis lecteurs, il nous souligner que "Seule la méthode du Christ," doit embrasser nos strategies d'évangélisation. Jésus ne donnait lieu à aucun vacarme et ne faisait aucune demonstration de force publique. Il prêchait la parole en parlant au Coeur de ses auditeurs.

Au cours de tout notre ministère, nous devons travailler à voir à quel point le ministère de Jésus incluait la guérison, la santé et la délivrance, jouait un rôle essentiel danses efforts pour atteindre les âmes. Ne pourrions nous aussi utiliser cette même méthode pour gagner des âmes à Christ?

Aujourd'hui, des prédicateurs tendent à tout chambarder: "Scandales, bruits, vacarmes, cris stridents, des prédicateurs qui hurlent, qui dansant, qui vocifèrent, tout en prêchant leur message. Cela ne peut pas être de l'intérieur, mais du déhors."
Rappelons deux épisodes de la vie du prophete Elie:

1. 1Rois 18 : 22-40. Elie et les 450 prophètes de Baal sus la montagne- les deux taureaux, deux sacrifices. Les prophètes de Baal[1] faisaient toutes sortes de vacarmes, mais en vain.
2. 1Rois 19 :11,12. L'Eternel dit : Sors, et tiens-toi dans la montagne devant l'Eternel ! Et voici, l'Eternel passa. Et devant l'Eternel, il y eut un vent fort et violent qui déchirait les

---

[1]Baal. dieu sémitique, cananéen, puis phénicien. Baal est une appellation générique d'un dieu, accompagnée d'un qualificatif qui révèle quel aspect est adoré. Divinité adorée par Jézabel, femme d'Achab. Jézabel pensait même remplacer l'adoration de YHWH par celle de Baal.

montagnes et brisait les rochers : l'Eternel
n'était pas dans le vent. Et après le vent, ce fut
un tremblement de terre : l'Eternel n'était pas
dans le tremblement de terre. Et après le
tremblement de terre, un feu : l'Eternel
n'était pas dans le feu. Et après le feu, un
murmure doux et léger....

Je vous invite à préparer et délivrer vos
messages sur la base de cette méthode. Le
prédicateur ne doit être trop intra et ni extraverti. Il
gagnera à demander au Seigneur comment appliquer
ces merveilleux principes pour atteindre des âmes
pour lui.

Chapitre 7
L'HOMILÉTIQUE DE LA CHAIRE
(Science et Art de Préparer et
de Présenter des Sermons)

La chaire, dans ce présent chapitre, désigne le pupitre ou siège élevé d'où le prédicateur, le ,professeur ou l'enseignant se tient pour prendre la parole. L'homilétique se définit comme une partie de la théologie pastorale et traite de la prédication ordinaire et permanente du pasteur aux fidèles, appartient au pupitre ou à la chaire. Tout ce qui concerne l'homilétique se rapporte à la prédication publique ou privée.

Gabriel Monet, pasteur et professeur de théologie pratique à la faculté adventiste de théologie à Collonges-sous-Salève de France, écrit et dit que:[1]

"C'est un défi que de proposer une prédication biblique pertinente, actuelle, profonde et vivante. En conséquence, réfléchir et partager des idées autour de l'acte de prêcher peut permettre de poser différents regards afin de mettre en perspective ce moment où la Parole de Dieu (la Bible), devient une parole vivante qui touche les coeurs. Le sermon doit être une pierre qui contribue à l'érection de ce grand édifice en incessante construction."

---

[1]Gabriel Monet. De l'amour de la loi à la loi de l'amour (Dammarie Les Lys, France: éditions Vie et Santé, 2000),74.

L'homilétique est la science et l'art qui gouvernent la préparation et la présentation des sermons. La racine du mot est « homélie » qui signifie discours ou instruction familière sur la religion. Les deux termes "homélie et homilétique ont, comme quoi, la même racine.

Ce sujet comprend une étude sur les qualités essentielles du Prédicateur; la nécessité urgente de la prédication; l'importance d'une préparation soigneuse de la matière à prêcher; la classification des différents types de sermons, et la présentation effective du sermon.

ii.- L'importance de l'étude de l'homilétique

L'importance et le bénéfice réel et permanent que les étudiants reçoivent de l'étude de l'homilétique dépendra de chacun d'eux. Les principes qui gouvernent l'homilétique seront une aide dans la mesure où on les étudie et les mette en application. Les mémoriser dans le seul but de passer un examen est une erreur.

L'une des lois fondamentales de l'enseignement c'est, qu'il n'y a pas d'impression réelle sans une expression correspondante de la part de celui qui enseigne. Tout ce qui ne touche pas l'esprit du prédicateur, ne touchera pas non plus le cœur des auditeurs. Il va sans dire qu'on doit chercher, lire et méditer avec prière toutes les déclarations et les éléments constitutifs du message.

En d'autres termes, le prédicateur, est son sermon. L'homme est son message. La condition spirituelle du prédicateur détermine, en grande partie, la valeur spirituelle du message chez celui qui l'écoute (1Thes. 2:3-12; Mt. 23:1-12).

Un jour on a demandé à un pasteur célèbre, combien de temps il lui a fallu pour préparer le message qu'il venait de présenter. Étant agé de 42 ans, il a répondu, environ 40 ans. Le message n'est pas le travail de quelques heures, mais celui de l'ensemble d'une vie.

iii.- Préparation spirituelle
du Prédicateur

Le prédicateur doit tout d'abord savoir que le ministère pastoral es tune vocation. Celui qui prêche est mis à part par Dieu lui-même qui le désigne à une tâche sacro-sainte. Ayant reçu l'appel du Seigneur, le prédicateur doit s'attendre à recevoir l'onction de l'Esprit-Saint.

Le prophète Ésaie nous présente sept caractéristiques que l'Esprit répand sur les appelés du Seigneur: "un Esprit de sagesse et d'intelligence, l'Esprit de conseil et de force, l'Esprit de connaissance et de piété, l'Esprit de la crainte de l'Éternel (Ésaie 11:1)."

Ce sont les sept vertus de l'Esprit vers lesquelles nous devons tous tendre. Ainsi, le prédicateur doit s'attendre à:

1. Jean 3 :3-7. Etre régénéré par l'Esprit-Saint. Des centaines de prédicateurs ou de Pasteurs proprement dits, bien qu'ils soient intelligents, moraux, éloquents ; éduqués, aimables, sincères, avec des inclinations religieuses, ne sont pas nés de nouveau. Par conséquent, ils

ne peuvent recevoir, comprendre ou impartir les choses spirituelles (Cor. 2:14).[1]

2. Le prédicateur doit aimer le Seigneur Jésus et vivre son amour (2 Cor. 5:14). En dehors de son amour qui nous presse, notre prédication sera sans profit (1Cor. 13:1-3). Considérons l'exemple du Christ (Jean 1 :31 ; Ps.40 :8, 9). Son amour pour nous le presse à se donner lui-même, en mourant à notre place (Ga. 2:21; Jean 4:19; Rom. 5:5).

3. Le prédicateur doit aimer les âmes. Il est possible de savoir prêcher, sans aimer ceux à qui nous prêchons. C'est un danger subtil de chercher la publicité, c'est-à-dire la louange des hommes au lieu de la faveur divine. Cela a détourné plusieurs prédicateurs de leur vocation. Le Christ, dans sa compassion, nous donne un bon exemple.[2] Il faut que nous estimions les hommes à cause de l'estime que Christ leur a accordée (Rom. 9:3; 1 Cor. 9:19-22).

4. Le prédicateur doit étudier assidûment la Bible, la Parole de Dieu jusqu'à en faire son livre de chévet.

Pour prêcher cette Parole, il faut l'aimer et la connaitre pour soi d'abord (1Tim. 4:2). Et, cette connaissance ne peut venir qu'en la lisant et l'étudiant avec soin chaque jour. Il nous faut

---

[1]Consultez plusieurs commentaires sur les notes et le développement de ces deux passages de Luc et de Paul (Luc 10:20 et Phil. 4:3).

[2] Matt. 15:32; 20:34; Marc 1:41; 6:34

connaître et pratiquer toute la Bible. Pas une petite portion, au choix.

On a fait remarquer qu'on peut lire la Bible du commencement à la fin en quelques heures par jour.[1] En lisant trois chapitres de l'Ancien Testament tous les matins et deux chapitres du Nouveau tous les soirs, on arrivera à lire toute la Bible, l'Ancien Testament, une fois chaque année et le Nouveau Testament, deux fois chaque année. En lisant, il faut prendre des notes et marquer des références.

5. Il doit être un homme de prière. Celui qui voudrait parler aux hommes de la part de Dieu doit parler beaucoup des hommes à Dieu.

Un ministère sans prière est un ministère sans puissance et sans profit. Le Christ, lui-même pendant son ministère nous laisse son habitude et ses pratiques régulières de la prière: Luc 9:37-38; Matt. 6:6-15; Jean 17:14-16. Voyons l'insistance de Paul quand il parle de la prière (Éph. 1:16-23; 3:14-19; Phil. 1:4; Col. 1:12; I Thes. 1:2. etc.)[2]

Le prédicateur pourra encore lire la Bible et la maitriser totalement en l'associant avec la méditation de la série dénommée "Le Conflit des ages."

---

[1] Plan d'étude et de lecture de la Bible par année. La Bible contient 1189 versets, en lisant trois chapitres chaque jour ouvrier (Ez.46:1) et, trois tous les Samedis, on la lira aisément pendant 12 mois ou un an.

[2] La prière est un échange avec Dieu, fondé sur la Parole écrite, la Bible. Selon le Nouveau Testament, le croyant peut parler à Dieu comme à un ami ou un père, "au Nom du Seigneur Jésus-Christ."

Ellen G. White écrit que:[1] "La communion avec Dieu ennoblit le caractère et la vie. C'est ainsi que les hommes reconnaîtront, comme on le fit des premiers' disciples de Jésus, que nous avons été avec lui. Nous aurons alors une puissance que rien d'autre ne saurait nous communiquer. Profitons-en; vivons une double vie: une vie de pensée et d'action, de prière silencieuse et de travail.

La prière et l'effort, l'effort et la prière: voilà la grande affaire de votre vie. Vous devez prier comme si l'efficacité et la louange étaient dues entièrement à Dieu, et travailler comme si le devoir à accomplir n'incombait qu'à vous seuls.[2]

Nul n'est en sécurité ni un jour ni une heure sans la prière.[3]

6. Il doit être pur quant à sa vie (Esaïe 52:11 ; II Tim. 2:19-21). La prééminence demande la prudence.

Le prédicateur doit donner un bon témoignage dans le milieu domestique, social, commercial et ecclésiastique dans lequel il vit. Prenez garde à votre caractère, et Dieu gardera votre réputation (Phil. 2:15-16; 1Pi. 2:11-12; IThess. 5:22).

7. Il doit être vraiment capable pour ce travail sur tous les points de vue. Du point de vue

---

[1] White, Ministère de la guérison, page 512 513 (1905); Voir Le ministère de la guérison, p. 442, 443.
[2] White. Testimonies for the Church, vol. 4, page 538 (1881).
[3] La Tragédie des Siècles, page 530 (édition 1911); Voir La tragédie des siècles, page 578.

spirituel, il doit être appelé et préparé par le Seigneur lui-même.

Tous les prédicateurs n'ont pas reçu les dons examinés plus haut voir (Eph. 4:8-13). On doit désirer ces dons, et lorsqu'on les reçoit il faut que Dieu les développe pour en nous pour son service (1Cor. 12:31; 2Tim. 1:6).

Il y a une conséquence tragique à négliger ce don et ainsi perdre la capacité donnée par Dieu (1Tim. 4:4; Col. 4:17; Actes 20:24). Ceux que nous n'employons pas nous les perdons.

b.- Du point de vue physique

La prédication demande un grand effort de la part du prédicateur d'où la nécessité d'avoir une bonne santé.

Dieu nous a donné un corps et il nous faut soigner ce corps, veiller à ce que nous faisons de notre corps, à ce que nous y entrons, à la façon dont nous nous habillons et aux endroits que nous fréquentons. Il faut éviter les deux extrêmes: d'une part craindre de ne pas nous en servir et d'autre part, ne pas en abuser.

c.- Du point de vue mental: Un « esprit de force » est nécessaire (1Tim. 1:7). Nous ne devons du tout pas faire oeuvre de fanatiques. On a décrit un fanatique comme une personne qui accorde trop de valeur aux choses de second ordre au lieu d'insister sur les plus importantes.

La vigilance mentale est essentielle pour le prédicateur. Il ne suffit pas répéter en s'accrochant pour le meilleur ou pour le pire de ce que quelqu'un a dit. Pour soi-même, il faut pouvoir camper le Christ avec un "Il est écrit."

Ad fontes est une expression latine qui se traduit par « aux sources »[1] utilisée comme devise des hmanistes[1] du début de l'époque moderne appelant à un retour à l'étude des textes originaux, en particulier des auteurs grecs et latins mais aussi de la Bible dans ses versions anciennes.

Cette expression fait écho à une phrase d'Érasme dans un texte sur l'éducation de 1511, *De ratione studii* : « Sed in primis *ad fontes* ipsos properandum, id est graecos et antiquos » (*Mais il faut avant tout remonter aux sources elles-mêmes, les sources grecques et anciennes*).

L'expression symbolise la base du mouvement humaniste de l'éducation tant chez les lettrés –

Melanchthon professait les mêmes principes d'enseignement - que chez les réformateurs, insistant davantage sur les textes originaux de leur foi et auquel les traductions latines du Moyen Âge ne suffisaient plus : Luther, selon ce principe, et bien qu'il fût opposé aux idées humanistes d'Érasme, basera sa traduction de la Bible en langue vernaculaire sur les versions hébraïque et grecque du texte.

d.- Du point de vue de l'instruction:

---

[1]Humanistes. Philosophie qui place l'homme et les valeurs humaines au-dessus de toutes les autres valeurs. Mouvement intellectuel qui s'épanouit surtout dans l'Europe du xvie s. et qui tire ses méthodes et sa philosophie de l'étude des textes antiques.

Ne pas se former du point de vue intellectual en acquérant de larges et vastes instructions, délibérément est inexcusable. Cépendant, nous devons chercher le royaume de Dieu et sa justice d'abord (Mt. 6:33). On peut avoir une ouverture dans beaucoup d'autres domaines, mais la plupart d'entre eux sont secondaires.

Le prédicateur doit chercher à s'éduquer autant que possible. Il doit lire beaucoup de bonnes littératures, écrire autant qu'il peut, et accueillir les critiques concernant son emploi de la grammaire de sa propre langue, sa prononciation et ses expressions. L'effort fait les forts, dit un vieil adage.

L'œuvre du Seigneur ne doit pas souffrir de médiocrité.[1] Cherchons donc la sagesse qui vient du Seigneur, et employons les moyens que le ciel met à notre disposition pour augmenter notre champ d'action et nos capacités d'intérêt, en vue de nous préparer au mieux pour l'œuvre à laquelle le Seigneur nous a appelés. Jérémie, dans l'Ancien Testament, Paul et Jacques, dans le Nouveau, nous laissent cet avertissement (Jér. 48:10; 2Tim. 2:15; Jac. 1:5-7).

B.- Prendre la Parole en public,
une responsabilité et un engagement

Que nous enseigne les versets suivants sur le droit de parler à l'Église? De quel type de pouvoir ou d'autorité le prédicateur peut-il se prévaloir? Qu'est-ce qui donne le droit à un individu de parler à

---

[1]Médiocrité. Insuffisance dans la qualité, la valeur de quelqu'un, de quelque chose: Un travail qui ne souffre pas la médiocrité. Insuffisance dans la quantité de quelque chose: La médiocrité de ses ressources. Personne médiocre.

d'autres individus en faveur de Jésus-Christ? Quelle synthèse[1] feriez-vous de ces passages? Voyons:

1. 1Thess. 1:5. ''Notre Évangile n'est pas venu vers vous en paroles seulement, mais aussi avec puissance, avec l'Esprit-Saint et une pleine certitude. Vous savez, en effet, ce que, à cause de vous, nous avons été parmi vous. Vous êtes devenus nos imitateurs, et ceux du Seigneur... ''

2. 2Tim.2 :15. '' Efforce-toi de te présenter devant Dieu comme un homme éprouvé, un ouvrier qui n'a point à rougir, qui dispense droitement la parole de la vérité. ''

3. 2Tim.2 :22-24. ''Fuis les passions de la jeunesse, et recherche la justice, la foi, l'amour, la paix, avec ceux qui invoquent le Seigneur d'un coeur pur. Repousse les discussions folles et inutiles, sachant qu'elles font naître des querelles. Or, il ne faut pas qu'un serviteur du Seigneur ait des querelles[2] ; il doit, au contraire, être affable pour tous, propre à enseigner, doué de patience. ''

4. Tite 2 :7-8. ''Exhorte de même les jeunes gens à être modérés, te montrant toi-même à tous égards un modèle de bonnes oeuvres, et donnant un enseignement pur, digne, une parole saine, irréprochable, afin que l'adversaire soit confus, n'ayant aucun mal à dire de nous. ''

---

[1]Synthèse. Définitions. Opération intellectuelle par laquelle on réunit en un tout cohérent, structuré et homogène divers éléments de connaissance concernant un domaine particulier. Exposé oral ou écrit réunissant ces divers éléments de connaissance

[2]Le prédicateur – un reconciliation vertical et horizontale-voir en appendice 17, les paroles du cantique de John Littleton.

5. 2Cor.6 :3, 4. " Nous ne donnons aucun sujet de scandale en quoi que ce soit, afin que le ministère ne soit pas un objet de blâme. Mais nous nous rendons recommandables à tous égards, comme serviteurs de Dieu, par beaucoup de patience dans les tribulations, dans les calamités, dans la détresse.''

6. Jac.3 :1, 2. Mes frères, qu'il n'y ait pas parmi vous un grand nombre de personnes qui se mettent à enseigner, car vous savez que nous serons jugés plus sévèrement. Nous bronchons tous de plusieurs manières. Si quelqu'un ne bronche point en paroles, c'est un homme parfait, capable de tenir tout son corps en brid.''

Haddon Robinson,[1] professeur d'homilétique, remarque que: Même si nous espérons tant l'opposé, le prédicateur ne peut se séparer du message. Qui n'a pas entendu un frère dévoué, anticipant le moment du sermon, prier en ces termes, "cache le pasteur derrière la croix pour que nous puissions voir non cet homme, mais le Christ en lui.''

Nous approuvons l'esprit d'une telle prière [...] mais aucune place n'existe où le pasteur puisse se cacher. Même une chaire imposante ne peut le faire disparaître. L'homme affecte le message.

Il pourra murmurer un idée scripturaire, en demeurant aussi impersonnel qu'un message de répondeur téléphonique, aussi superficiel qu'une publicité radiodiffusée, ou aussi manipulateur qu'un faussaire. L'auditoire n'entend pas un sermon mais un homme.

---

[1]**Haddon Robinson. La predication Biblique (Illinois, Chicago: Southern Methodist University Press, 2017), 235.**

Chapelle écrit que :[1] Quelle que soit l'excellence de vos compétences, il est peu probable que vous conduirez d'autres plus près de Dieu si votre cœur ne reflète pas l'œuvre constante du Sauveur au-dedans de lui.

Un ministère centré sur la grâce reconnaît la repentance que nos prières doivent constamment exprimer, confesse l'aide divine qui nous donne la force de nos résolutions, obéit Dieu avec gratitude pour le pardon que nous offre Christ, exprime l'humilité propre d'un " confrère-pécheur, " exube la joie du salut par la foi seule, et reflète l'amour qui possède nos âmes et accepte le service sans aucun mérite pour nous-mêmes.

ii.- La prédication et l'homilétique, vice-versa

Si la prédication est l'art de prononcer des discours Bibliques conçus pour persuader les hommes à croire en Jésus-Christ, l'homilétique,[2] au contraire, est l'art de préparer et de présenter la parole que l'on doit prononcer.

Prêcher, c'est présenter le message de Dieu aux auditeurs d'une manière appropriée. Approprier veut dire adapté au public. Le message ne doit être ni trop bas, ni trop haut par rapport à l'auditoire. Il doit être balancé pour être approprié et ne pas être méprisé ou incompris par une audience quelconque.

Notre prédication est le message de Dieu pour son peuple. Il nous faut d'abord prier Dieu pour lui demander de nous révéler son message pour la circonstance. Le prédicateur fait office de porte-parole

---

[1]Chappell, 30.

[2]Homilétique. Savoir bien préparer et mettre en ordre ce qu'on doit dire.

de Dieu. Dans le livre d'Exode, nous voyons que Moise allait à la rencontre de Dieu sur la montagne ou dans la tente d'assignation pour recevoir le message. Puis, il retournait au camp pour transmettre le message au peuple.

Pour nous, de même aujourd'hui, il ne doit pas être différent. Il nous faut assiéger le trône de Dieu par la prière pour recevoir son message avant de le délivrer au peuple. "Toute Ecriture est inspirée de Dieu, et utile pour enseigner, pour convaincre, pour corriger, pour instruire dans la justice, afin que l'homme de Dieu soit accompli et propre à toute bonne œuvre (2Tim. 3: 16-17).''

Le message doit être biblique c'est-à-dire tiré des Saintes Ecritures. La Bible est la révélation progressive de Dieu. C'est elle que nous devons exposer au peuple et non pas nos opinions personnelles.

Selon le Dr. Martyn Lloyd Jones,[1] le but de la prédication est de glorifier Dieu. Ce n'est pas de changer les fidèles, ni de sauver les âmes. La seule puissance capable de transformer les gens et de les sauver, est le Saint-Esprit. Et, le seul moyen dont il se sert, c'est de la Parole de Dieu.

Nous sommes les canaux utilisés par Dieu pour transporter la parole. L'eau arrose les coeurs qui sont transformés par la puissance du Saint-Esprit. En ceci, nous devons comprendre que notre participation est notre participation est importante, mais le gros du travail et son résultat depend du Saint-Esprit.

---

[1]David Martyn Lloyd-Jones (1899-1981) était un ministre et un médecin protestant gallois influent au sein de l'aile réformée du mouvement évangélique britannique au XXe siècle. Pendant près de 30 ans, il fut ministre de la Westminster Chapel à Londres.

Alfred Kuen, dans la même pensée soutient que:[1]
"Dieu est glorifié lorsque des hommes et des femmes
sont transformés et sauvés, lorsque des chrétiens font
des progrès spirituels par la lecture et l'audition de sa
Parole expliquée et appliquée à leur vie.

Le but du message est de provoquer un changement
d'attitude dans le cœur et la vie de ceux qui
l'écoutent. Pour cela, il faut prier pour que Dieu touche
les cœurs de ceux qui vont nous écouter.

Le prédicateur ne peut pas seulement informer, il
doit aussi motiver, communiquer de nouvelles visions et
de nouveaux buts spirituels.

Prêcher c'est motiver, donner aux auditeurs une
raison d'engager toute leur vie sur la foi de
l'évangile. Or pour motiver, il faut persuader. Pour
persuader, il faut être éloquent.[2] Le but de l'éloquence
c'est la persuasion; c'est-à-dire, amener les auditeurs à
être convaincus de quelque chose, à croire en la doctrine
du Christ. Devant le tribunal, Paul a persuadé les
juges de sa bonne foi. Amener quelqu'un à faire, à
vouloir faire quelque chose. Persuader une personne
à renoncer à une croyance dangereuse et à prendre sa
decision pour Christ.

L'homme éloquent est celui qui pourra disposer de
ses paroles, ses images, ses gestes, de manière à
convaincre ceux qu'il instruit et qu'il charme.[3]

---

[1] Alfred Kuen, Le baptême (Paris, France: Presse
Universitaire, 1980), 17.

[2] Prédicateur eloquent. Qui émeut ou convainc par la
qualité de sa parole ; se dit des propos eux-mêmes : Un
orateur éloquent. Qui impressionne vivement, qui est expressif,
significatif ; parlant, probant : Un regard éloquent.

[3]Kuen, 219...

Selon S. Augustin,[1] le but de l'éloquence est d'enseigner avec conviction, de plaire et d'émouvoir. Il disait que: "Enseigner est une nécessité, plaire est une douceur et persuader est une victoire ».

Le but de tout discours est d'amener les auditeurs à prendre une résolution. Ce doit être une decision en faveur de la vérité. En consequence, il nous faut toujours:

1. Appuyer la vérité que nous enseignons avec des textes ou passage biblique.
2. Trouver le chemin du Coeur et la bienveillance des auditeurs (plaire)
3. Eveiller en eux des émotions favorables à la décision à prendre.

Le prédicateur doit parler au cœur aussi bien qu'à l'esprit puisqu'il cherche à atteindre la volonté de ceux qui l'écoutent. Selon Vinet,[2] la volonté dépend des émotions. Le but final de l'argumentation est l'action ou le déclenchement de la volonté.

Pascal disait que:[3] « Tout notre raisonnement se réduit à céder au sentiment ». On ne veut que parce

---

[1] **Augustin - (ut veritas pateat, ut veritas placeat, ut veritas moveat)**

[2] **Alexandre Vinet naît à Lausanne, à Ouchy. Son père, Louis-Marc, d'origine** française, **était** bourgeois de Crassier. **Ayant fait des études pour devenir** pasteur à la Faculté de **théologie de Lausanne, Alexandre Vinet enseigne le français et la littérature française au** gymnase de Bâle **dès 1817 avant d'être consacré au ministère dans sa ville natale en 1819. Il enseigne en 1819 en qualité de** privat-docent à l'université de Bâle **puis en tant que professeur extraordinaire en 1835. En parallèle, il se met à disposition des pasteurs bâlois pour des remplacements.**
[3] **Blaise Pascal, né** le 1Juin 1623 à Clairmont (**aujourd'hui** Clermont-Ferrand)

qu'on aime ou on ne veut que ce qu'on aime! Tant que votre prédication n'a fait que prouver ou qu'elle n'a atteint dans l'homme que son esprit ou son intellect, l'auditeur n'a pas été touché. Il demeure intact. Pas de decision.

Pour cela, il faut tenir compte des vingt-deux principes suivants qui peuvent nous aider à atteindre un certain niveau dans la persuasion:

iii.- Vingt-deux principes homilétiques pour la prédication d'un sermon

1. Ecouter, vérifier et confirmer avant de parler.
2. Voir et certifier avant de dire ou de répéter.
3. Essayer le plus possible de vous affranchir de votre concordance. Mais, soyez tout de même assez sincère pour la consulter de temps à autres si le besoin se fait sentir.
4. Votre haine pour la pensée superficielle ne doit avoir d'égal que votre amour pour la simplicité du langage.
5. Que vos yeux soient toujours sur l'auditoire et non sur le parquet.
6. Evitez les pensées trop abstraites[1] surtout quand on sait qu'elles sont au-dessus de son auditoire.
7. Le prédicateur doit parler avec autorié, comme parlait Jésus (Jean 6 :63).
8. Ses déclarations doivent être accompagnées de gestes appropriés.

---

en Auvergne **et mort le** 19 août 1662 à Paris, **est un** mathématicien, physicien, inventeur, philosophe, moraliste **et** th éologien français

[1]**Abstrait. Difficile à comprendre, théorique, qui ne** désigne pas quelque chose de concret. ... Ce qui est abstrait, **théorique, par opposition au concret.**

9. Ne conservez pas toujours la même place ou la même position sur le pupitre. Ne soyez pas immobile, bien que les déplacements doivent être controlés et mésurés.

10. Ne jugez pas du succès de vos sermons par les compliments flatteurs des professionnels de la louange qui frappent sans discrimination et à l'occasion des plus piètres sermons.

11. Ayez toujours dans vos sermons un appel à la consécration quelque soit la nature de cet apppel.

12. Ne vous penchez pas trop sur le pupitre pour ne pas donner à l'auditoire l'impression que vous êtes un blasé.[1]

13. Faites tous vos efforts pour ne pas arriver en retard à l'Église, surtout le jour où vous aurez à présenter le message.

14. N'oubliez jamais que l'exactitude est aussi la politesse de la chaire.

15. Soyez assez habile pour ne pas confondre l'obscure avec le profond.

16. Donnez toujours un titre défini à votre sermon. Que ce soit un titre approprié et compréhensible, un titre qui attire les invités et leur donne envie d'écouter le message.[2]

17. Consultez la Bible pour toutes les explications qu'il vous faut. Méfiez-vous des théories humaines.

---

[1]Un prédicateur Blasé. Un prédicateur négligent, qui n'a pas de goût ou manquant d'à propos ou de sens.

[2]Des exemples: (1). Les deux cimetières; (2). Les deux Adam; (3). De l'argent à travers les rues de Boston et, personne pour les ramasser; (4). L'anniversaire de la mère d'Adam; (5). Le jour, quand minuit tomba à midi… etc.

18. Lisez constamment et votre source d'information et elle ne tarira jamais.

19. Evitez les anecdotes et les citations usées et trop longs qui découragent souvent les auditeurs.

20. Consacrez du temps au choix d'un cantique qui soit approprié au sermon. Que ce cantique serve de complément au message dont il renforce l'expression.

21. Respectez l'horaire des réunions. Commencez à temps et finissez à temps. Evitez toujours les sermons trop longs (30-55 minutes, suivant les circonstances et les cérémonies, doivent suffire).

22. Ne jamais faire d'excuse de manque de temps, de préparation, de troubles personnels ou de performance. Prêchez la parole !

C.- Vers la Conclusion :

Un auteur Américain, chrétienne bien connue écrit et dit que:[1] ''Que vous soyez en chaire ou en salle de classe, votre apparence compte. Le travail dans lequel nous sommes engagés est un travail responsable et exalté. Ceux qui exercent leur ministère dans la parole et dans la doctrine doivent être eux-mêmes des modèles de bonnes œuvres. Ils devraient être des exemples de sainteté, de propreté et d'ordre.

L'apparence du serviteur de Dieu, sortant de la chaire et en dedans, devrait être celle d'un prédicateur vivant. Il peut accomplir beaucoup plus par son exemple divin que par une simple prédication sur le pupitre, alors que son influence hors du pupitre ne mérite pas d'être imitée. Ceux qui travaillent pour cette cause portent au

---

[1] White, Témoignage pour l'Église, Vol. 1: 446 (en Anglais).

monde la vérité la plus élevée qui ait jamais été communiquée aux mortels.''

En fait, amis lecteurs, dans ce chapitre, soutenu par de nombreux exemples et de citations d'auteurs expérimentés dans la prédication, nous croyons avoir fait de notre mieux. Tout en vous invitant à faire l'acquisition d'un exemplaire de cet ouvrage, nous vous prions aussi de lire d'autres ouvrages sur la matière, des sermons et documents y relatifs, venant d'autres sources.

Le tout mis ensemble, doit vous aider à élargir votre horizon, jusqu'à devenir de brillants prédicateurs de l'évangile. La perfection n'est pas d'ici-bas. Mais, il faut toujours s'efforcer de rendre le meilleur de soi-même.

Enfin, disons que le prédicateur doit être convaincu de son message.[1] Dans 1Thessaloniciens 2:2-4, Paul laisse ce témoignage de sa prédication, témoignage qui doit êre aussi la nôtre :

''Après avoir souffert et reçu des outrages à Philippes, comme vous le savez, nous prîmes de l'assurance en notre Dieu, pour vous annoncer l'Evangile de Dieu, au milieu de bien des combats. Car notre prédication ne repose ni sur l'erreur, ni sur des motifs impurs, ni sur la fraude; mais, selon que Dieu nous a jugés dignes de nous confier l'Evangile, ainsi nous parlons, non comme pour plaire à des hommes, mais pour plaire à Dieu, qui sonde nos coeurs....''

Et encore, à Timothée, il dit: "Efforce-toi de te présenter devant Dieu comme un homme éprouvé, un ouvrier qui n'a point à rougir, qui dispense droitement la parole de la verité (2Tim.2:15.)''

---

[1]État d'esprit de quelqu'un qui croit fermement à la vérité de ce qu'il prêche. C'est sa certitude.

Chapitre 8
L'HISTOIRE DE LA PRÉDICATION PUBLIQUE (LES PREMIERS PRÉDICATEURS)

Prêcher accompagne inséparablement le mouvement de toute l'histoire de l'Église. Bernard Huck nous propose un bref survol se focalisant sur trois points essentiels: "la rhétorique, la théologie et le politique."[1]

Les plus anciennes traces du culte chrétien font état de la predication publique. Justin apologiste du IIème siècle,[2] dans sa défense du christianisme, dédiée aux empereurs Marc-Aurèle et Lucius Verus, décrit ainsi la rencontre chrétienne:

"Le jour qu'on appelle le Jour du soleil, tous, dans les villes ou à la campagne, se réunissent dans un même lieu. On lit les mémoires des apôtres et les écrits des prophètes, autant que le temps le permettait. Quand le lecteur a fini de lire, celui qui préside fait un discours pour instruire et exhorter à l'imitation de ces beaux enseignements."[3]

---

[1] Bernard Huck. Bernard est né en 1860 et il est décédé en 1917. L'histoire de sa vie et de ses oeuvres littéraires et classiques, n'est pas trop connue.

[2] Hort, F. J., 'On the Date of Justin Martyr', Journal of Classical and Sacred Philology, ... Études sur Justin et les apologistes grecs du deuxième siècle (Bruxelles, 1973). ... Millar, F., L'empereur dans le monde romain (31 av.J.-C. 337), 2e. édition.

[3] Apol. 67.3- Discours visant à prendre la défense de quelqu'un ou de quelque chose, à le justifier. Par extension,

ii.- Échos de la prédication classique
dans le Nouveau Testament

Le Nouveau Testament lui-même a quelques échos de notre prédication classique dans les premiers chapitres du livre des Actes, et même l'épître aux Hébreux où s'alternent sans cesse des textes de l'Écriture, exégèse et exhortations circonstancielles.

Plus, en avant encore, Jésus dans la synagogue[1] de Nazareth lit, debout, un passage d'Ésaïe, puis il s'assied et le commente, adoptant sans doute une pratique habituelle dans les synagogues.

Cette tradition s'est poursuivie au cours des siècles; la lecture de l'Écriture et son commentaire sont restés plus ou moins au centre du culte chrétien. Mais le fond et la forme de ce "commentaire" ont beaucoup varié. Suivre l'évolution de la prédication au long de l'histoire de l'Église est une aventure passionnante, car cette évolution suit les événements, qu'ils soient sociaux, culturels, et même politiques et économiques.

---

discours qui prononce un éloge. Antonyme: dénigrement, diatribe, diffamation. Exemple: Faire l'apologie du terrorisme, faire l'apologie d'un crime

[1]Synagogue est un édifice religieux qui sert de lieu de prière et d'étude pour les juifs. Une synagogue est constituée d'un grand hall dédié à la prière commune. On y trouve également de petites chambres où on enseigne les principes du judaïsme.

Une synagogue est parfois appelée temple par certains pratiquants.

Ce qui n'est pas étonnant, si elle se veut être vivante, liée au vécu des auditeurs, répondant à leur quotidien, comme les discours des prophètes d'autrefois. Ce lien entre la dynamique de l'histoire des peuples et la prédication nous aide d'ailleurs à mieux comprendre notre prédication d'aujourd'hui.

Tentons une approche de cette histoire mouvementée. Nous pourrions suivre un parcours linéaire classique, mais il sera intéressant de relever quelques "points chauds" qui ont fortement influencé la prédication au cours des temps, et restent déterminants aujourd'hui.

iii.- La rhétorique et la prédication

Dès l'origine, la prédication a dû se situer au sein des discours contemporains et marquer son originalité. La rhétorique, art du discours persuasif, a marqué toute la culture antique et même toute la culture intellectuelle occidentale jusqu'au 19ème siècle. La tentation était grande au premier siècle de s'y conformer pour être efficace.

Paul lui-même au début de sa première épître aux Corinthiens fait face au problème et affirme sa difference:

"Ma parole et ma prédication ne reposaient pas sur les discours persuasifs de la sagesse, mais sur une démonstration d'esprit et de puissance, afin que votre foi fut fondée non sur la sagesse des hommes, mais sur la puissance de Dieu. Cependant, c'est une sagesse que nous prêchons… (1Cor. 2.4-6)."

Le vocabulaire qui va peu à peu se préciser pour évoquer la prédication est significatif. La rhétorique désigne l'art du bien parler, l'art de bien-dire - science et art se rapportant à l'effet du discours sur les esprits.[1]

Elle se définit dans les textes anciens comme "l'homélie," du grec homilia qui désigne une conversation amicale (Actes 20.11, 24.26), comme le mot latin sermon.

iv.- Augustin et la doctrine chrétienne

Augustin[2] au quatrième siècle de l'ère chrétienne est parmi ceux qui ont le plus travaillé cette question. Il le pouvait, pour avoir étudié la rhétorique pendant dix ans et l'avoir enseignée pendant treize ans.

Dans son traité *De doctrina christiana*, au livre 4, il reprend, certes, les analyses et les catégories de Cicéron concernant l'art de la persuasion par la parole. Cependant, il le fit, en montrant bien que leur application à la prédication oblige des déséquilibres et des recentrages.

Le fond est à privilégier sur la forme. L'éloquence est à séparer de la rhétorique, suivant le

---

[1]La Rhétorique est un traité d'Aristote, en 3 volumes, composé vers 330 av. J.-C. Aristote a dégagé la rhétorique de toutes les subtilités sophistiquées.

[2] **Augustin d'Hippone** (latin : *Aurelius Augustinus*) ou saint Augustin, né le 13 novembre 354 à Thagaste (l'actuelle Souk Ahras, Algérie), un municipe de la province d'Afrique, et mort le 28 août 430 à Hippone (l'actuelle Annaba, Algérie), est un philosophe et théologien chrétien romain de la classe aisée, ayant des origines berbères.

Avec Ambroise de Milan, Jérôme de Stridon et Grégoire le Grand, il est l'un des quatre Pères de l'Église occidentale et l'un des trente-six docteurs de l'Église.

modèle biblique et celui des Pères de l'Église, dont il faut s'imprégner, plutôt que celui des grands orateurs païens.

La matière de la prédication relève toujours du "sublime," c'est à dire de l'Écriture. Cela engendre une démarche rhétorique particulière: c'est la primauté de ce que l'on doit dire sur la manière de le dire.

Augustin relèvera aussi l'importance de la vie du prédicateur et de la prière: "Être orant avant d'être orateur." Parole de Dieu destinée au peuple de Dieu, la prédication dès les origines, s'est voulue Populaire. Cela indique qu'elle est comprise et appréciée par les auditoires les plus divers et les plus composites.

Les prédications d'Augustin ont souvent désorienté les analystes à cet égard. Comment un ancien professeur de rhétorique pouvait-il se permettre de présenter des discours aussi peu structurés, pour ne pas dire désordonnés?

En fait, on s'est rendu compte que le discours dans son ensemble était solidement composé, mais accessible, ou mieux, en pleine symbiose[1] avec la foule qui écoutait et donnait ses réactions spontanées. Son manque de suite dans les idées, ses jugements immédiats, ses enthousiasmes et ses déceptions (on applaudissait, on murmurait, on s'endormait et on se réveillait soudain), se voyaient facilement.

---

[1]En symbiose signifie "en fusion, en lien très proche, en association étroite." Exemple: Ils sont en symbiose, ils vivent ensemble, ils travaillent ensemble et je ne les vois jamais l'un sans l'autre.

Pas d'élitisme,[1] mais un moment où le sublime de la Parole de Dieu se communiquait clairement et simplement à tous.

Dans la bouche d'Augustin comme dans celle de la plupart des Pères, un genre nouveau se met en place pour l'annonce de la Parole. Le genre tractatus (qui traduit le grec homilia). C'est le "commentaire oral d'un livre ou d'un passages de l'Écriture, présenté sous forme de sermon au peuple."

v.- Augustin, Mélanchton et les humanistes de l'époque nouvelle

Il s'agit toujours d'un commentaire exégétique de l'Écriture, mais entrecoupé d'interpellations, d'anecdotes, d'exhortations directes et de remarques édifiantes. Les ouvrages d'exégèse rédigés avec soin et édités existaient déjà. Augustin les désigne par le terme *expositio*. La plus grande partie des commentaires bibliques relève de ce genre tractus,[2] et cela jusqu'au 16ème siècle.

---

[1]L'élitisme est la croyance ou l'attitude selon laquelle les individus qui forment une élite - un groupe sélectionné de personnes ayant une certaine ascendance, une qualité intrinsèque, un intellect élevé, une richesse, des compétences spéciales ou une expérience - sont plus susceptibles d'être constructifs pour la société dans son ensemble, et méritent donc une influence ou une autorité supérieure à celle des autres ... Le contraire de l'égalitarisme est l'élitisme, qui est la conviction que certaines personnes ont le droit de faire entendre leurs opinions plus que d'autres.

[2]Tractus. Un mot Anglaise, tiré du Latin médiéval, signifie: action de dessiner, extension; et peut-être même de son chant sans interruption par une seule voix.

C'est à cette époque que Mélanchton, imprégné de rhétorique comme tous les humanistes de ce temps, de même que les Réformateurs, allait créer un nouveau genre de rhétorique, le genre "didascalique." C'est la caractéristique du ministre le plus important de la nouvelle révolution théologique et ecclésiale. Il désigne le prédicateur et docteur des Saintes Écritures.

Ces quelques aperçus sont loin de couvrir l'ensemble du problème. Mais, ils en résument, me semble-t-il, l'essentiel. De quoi nous faire réfléchir sur le face à face actuel avec les sciences de la communication, s'étendant aujourd'hui aux images et aux sons véhiculés par la multiplicité des médias!

Deux mille ans d'expérience devraient nous être utiles... Mais, une autre problématique a encore pesé tout au long des siècles sur la prédication: les luttes et les changements théologiques.

vi.- Théologie et Prédication publique

La prédication apparaît souvent comme de la théologie de seconde zone dont l'intérêt n'est pas primordial. C'est ainsi qu'au début du 19ème siècle, à Genève, les prédications de Calvin qui "encombraient" les rayons de la bibliothèque (42 volumes!) ont été vendues au poids!

Richard Stauffer, préparant sa thèse de doctorat sur les prédications de Calvin, a eu toutes les peines du monde à en rassembler l'essentiel. On ne pouvait pas concevoir que ces longs discours de vulgarisation pour le commun peuple aient quelque intérêt, alors qu'on avait tout dans l'Institution et les traités.

On en revient aujourd'hui, et les thèses sur les 12 recueils de sermons se multiplient. Pourquoi donc? Parce qu'on s'est enfin rendu compte que les prédications étaient des témoins privilégiés de la théologie de l'Église à telle époque et dans tel milieu. Non pas celle de tel cercle intellectuel restreint ou de tel auteur, mais celle qui s'est vraiment imposée et a imprégné la pensée de tout un peuple.

Au long des siècle, les théologiens remarquables ont été aussi de grands prédicateurs, tout autant marqués par leur époque, que marquant les esprits.[1]

Parmi les Pères, les prédications d'Origène comme celles d'Augustin sont catéchétiques, témoins de cet effort surhumain pour enseigner les foules qui rejoignent en masse l'Église, maintenant que le christianisme est officiel et bientôt obligatoire. C'est l'Écriture qu'il faut exposer et dont il faut clarifier le sens.

vii.- Origène et les trois sens des Écritures: (Littéral, spirituel et moral)

Origène a bien distingué les trois sens des Écritures: littéral, spirituel et moral. Les prédications de Jean Chrysostome comme d'Augustin se veulent être attachées aux Écritures, et ce lien Écritures et prédications subsistera au long des siècles, même s'il a été plusieurs reprises, très malmené.

---

[1]**Richard Stauffer, né à La Chaux-de-Fonds le** 17 mai 1921 **et mort le** 9 novembre 1984, **est un** historien suisse, **professeur d'**histoire de l'Église moderne **à la** faculté de théologie protestante de Paris **et** directeur d'études **à l'**École pratique des hautes études

La relation entre théologie et prédication se vérifie surtout lors des périodes de réformes et de réveils. Tout renouveau théologique se traduit par un renouveau de la prédication. Ainsi la naissance des ordres[1] mendiants au Moyen-Âge, en réaction à la modanisation du clergé, et bien sûr, la Réformation du 16ème siècle, dont tous les grands noms ont été des prédicateurs prolixes et appréciés.

Ce qui frappe, c'est qu'il faut parler d'une révolution dans la prédication plutôt que d'une réforme. Le fond et la forme changent complètement.

viii.- Le réveil piétiste des 17e et 18e. Siècles

Le Réveil piétiste[2] des 17ème et 18ème siècles en est un bel exemple. Aux longues prédications érudites et dogmatiques, voire politiques de l'orthodoxie luthérienne succèdent des prédications plus courtes, fortement attachées à l'Écriture,

---

[1]Ordres mendiants. Un ordre mendiant est un ordre religieux qui dépend de la charité pour vivre. En principe, il ne possède ni individuellement ni collectivement de propriété: les religieux appelés frères ont fait le vœu de pauvreté pour consacrer tout leur temps et leur énergie à leur vocation religieuse. Apparu avec la bourgeoisie urbaine médiévale, cet ordre vit dans des couvents dans les villes et se différenciant des ordres monastiques, seigneuries vivant derrière une clôture et percevant des droits féodaux.

2 Piétisme - un mouvement, originaire de l'Église luthérienne en Allemagne au 17ème siècle, qui a souligné la piété personnelle sur la formalité religieuse et l'orthodoxie. Les principes et pratiques des piétistes. Intensité (en minuscules) de la dévotion ou du sentiment religieux. (En minuscules) exagération ou affectation de la piété.

interpellant les auditeurs en leur quotidien et leur vie spirituelle personnelle.

Ces prédications bouleversent les foules et sont devenues le fer de lance d'une théologie renouvelée. Non pas nouvelle, affirment les prédicateurs piétistes, mais retournant aux sources, et de l'Évangile, et de Luther.

Quand la prédication devient insipide, rituelle, qu'elle ne suscite plus d'intérêt, il faut se poser des questions, non seulement sur la qualité de la formation homilétique du prédicateur, mais aussi et surtout sur la nature de sa théologie.

Le succès n'est pas toujours signe d'orthodoxie, c'est vrai, mais l'Évangile scripturaire ne laisse jamais indifférent, et le Saint-Esprit enflamme, convainc et rend éloquent qui il veut. Lorsqu'une redécouverte théologique, une formulation nouvelle et heureuse de l'Évangile éternel se traduisent en prédication, c'est qu'elles atteignent leur but: une vivification du peuple de Dieu.

La théologie ne reste pas prisonnière d'ouvrages rares et chers, ou d'une élite intellectuelle qui seule l'apprécie. C'est l'une des grandes leçons de l'histoire.

ix.- Politique et prédication publique

Il nous faut prendre ici le mot "politique"[1] dans son sens le plus large, c'est à dire au masculin: "Le

---

[1]**Politique. De Polis,** " qui signifie " cité " au sens politique du terme "-ikos," suffixe d'adjectif qui donne "-ique" en Français. Ce mot est donc à l'origine un adjectif et, d'après son étymologie, il signifie " qui concerne le citoyen.

politique, c'est tout ce qui concerne l'organisation et la vie des communautés humaines.''

On distingue souvent le politique de *la* politique. La politique, c'est l'activité historique par laquelle les hommes organisent leur cité. Elle s'apparente donc à l'art, à l'économie, à la religion. Cette activité qu'est la politique est variable, adaptée aux circonstances.

Elle s'exerce sur un fond de lois constantes qui constituent ce qu'on appelle le politique. Ces lois existent du seul fait que l'être humain vit en société. La politique est donc l'ensemble des activités politiques, concrètes et historiques. »[1]

La prédication est bien liée au politique, si elle se veut prophétie au sens biblique du terme, c'est dire parole de Dieu pour l'ici et le maintenant des hommes. L'histoire le vérifie constamment.

Quand au IVème siècle le christianisme est devenu religion d'État et que les foules païennes ont envahi les Églises, la prédication s'est chargée de l'éducation de masse. Nous l'avons vu. Mais, elle était aussi devenue une partie importante du grand spectacle cultuel qu'il fallait organiser pour intéresser ces masses et les captiver.

Le prédicateur s'est donc mué en orateur à succès, l'Église en salle de spectacle et l'auditoire en public; un public qui pouvait se manifester bruyamment par des applaudissement, ou des murmures... On ne gère pas en effet de la même façon une petite assemblée de professants inquiets de la persécution et une multitude pratiquement obligée

---

[1] Julien Freud, La mésocratie (Paris, France: Edition de la Revue *Critère*, 2001), 78.

d'assister à un culte. Le cadre oblige la forme, mais aussi le fond.

viii.- Le latin, langue officielle
du culte (objectifs)
Après la chute de la civilisation gallo-romaine et le raz de marée barbare, l'Europe plus ou moins christianisée était à reconquérir par l'Église.

De plus, de grandes régions étaient encore totalement païennes. La prédication était donc devenue missionnaire. Il a fallu forger une langue propre pour transmettre le message à ces populations. Une langue vernaculaire, mais aussi littéraire tout en restant populaire.

Une langue qui s'efforce de traduire les données bibliques, mais aussi les aspirations religieuses profondes du peuple. Les prédications des mystiques Rhénan, en sont un bel exemple. Le latin continuait à être employé dans les cercles intellectuels, mais ce n'était pas lui qui pouvait toucher les gens, c'est leur langue commune, celle de la prédication.

x.- Le crédo ou Symbole
des apôtres
Les thèmes de la prédication seront catéchétiques: *le Credo, le Notre Père*,[1] les deux

---

[1] Le Credo ou symbole des apotres. Je crois en Dieu, le Père tout puissant, Créateur du ciel et de la terre. (2). Et en Jésus Christ, son Fils unique, notre Seigneur; qui a été conçu du Saint Esprit, est né de Marie, a été crucifié, est mort et a été enseveli, est descendu aux enfers. Le le troisième jour est ressuscité des morts, est monté aux cieux, est assis à la droite de Dieu le Père tout-puissant, d'où il viendra juger les vivants et les morts. (3). Je crois en l'Esprit Saint, à la sainte Église catholique, à la communion des saints, à la rémission des péchés, à la résurrection de la chair, à la vie éternelle.

commandements d'amour, le Décalogue, bases de la catéchèse pour bien des siècles. Ces thèmes correspondaient aussi aux préoccupations qui agitaient les foules: "L'enfer et le purgatoire aux 11ème et 12ème siècles, puis la passion du Christ.''

Cette prédication participe aussi aux soubresauts de l'histoire politique d'un monde qui se construit: les croisades ou le combat contre les hérésies. D'abord instrument d'éducation sociale, elle devient un élément central de la vie publique.

La Réforme se poursuivra dans ce sens. Les foules de Genève, Wittenberg, Strasbourg, Zurich qui devenaient soudain réformées étaient à évangéliser et rééduquer complètement sur le plan spirituel comme sur les plans social et politique. Cela passait par la prédication. À Genève, il était pratiquement obligatoire d'y assister.

xi.- Le réveil méthodiste
du dix-huitième siècle

Dans ses Mémoires, Matthieu Lelièvre écrit que: "Aucun historien, voulant étudier le développement de l'Église de Jésus-Christ dans le monde, ne peut ignorer le puissant mouvement de Réveil religieux que fut le Méthodisme et auquel le nom de John Wesley est attaché. Au cours des ans, des témoins du Seigneur ont marqué d'une empreinte indélébile l'histoire de l'Église, tels Martin Luther, Jean Calvin, John Wesley et bien d'autres...''[1]

On ne saurait contester l'actualité de Wesley, cet homme que Dieu a suscité pour renouveler l'Angleterre

---

[1]Samuel Samouélian, Nîmes, France, janvier 1992 - Extrait de la préface de la biographie John Wesley, sa vie et son oeuvre, de Matthieu Lelièvre.

décadente au 18e siècle. Après avoir expérimenté le parfait salut reçu par la foi en Jésus-Christ, le Fils Unique et éternel de Dieu, Wesley a été le prédicateur inlassable de l'évangile, offert à tout être humain.

Or les leçons du passé servent nécessairement au présent. Les besoins profonds des hommes trouvent leur pleine satisfaction en Jésus-Christ, en Jésus-Christ crucifié, ressuscité, glorifié et revenant un jour dans Sa gloire et Sa toute-puissance divine.

Le réveil méthodiste[1] du 18ème siècle dans les pays anglophones a eu des conséquences politiques et sociales considérables. Au grand scandale de ses collègues anglicans, Wesley se mit à prêcher à travers les rues, en plein air. Ce n'était pas de tout repos!

Mais les foules besogneuses dont le niveau de moralité et de culture était déplorable, venaient l'écouter. Les prisons et les bars se vidaient, la vie économique se transformait. Le réveil issu de Genève et dans nos pays francophones a eu un impact culturel effectif dans la France du 19ème siècle.

xii.- Société des livres religieux
de Toulouse
La Société des Livres Religieux[2] de Toulouse qui a édité et diffusé des milliers d'ouvrages, des

---

[1]**Méthodist-** https://www.etymonline.com › word › methodist.

Methodist - (n.) 1590s, "one who is characterized by strict adherence to method," from method + -ist. With a capital M-, it refers to the Protestant religious denomination founded 1729 at Oxford University by John and Charles Wesley.

[2]**Société des livres religieux de Toulouse, Frances (faites des recherches sus ses – Origines, son évolution et ses accomplissements).**

brochures aussi bien que des livres d'érudition, avait pour but non seulement l'évangélisation, mais aussi le relèvement du niveau culturel des Français en les encourageant à lire les Écritures, la Parole de Dieu, en vue d'un renouveau spirituel et personnel dans les moeurs.

Elle éditait notamment des sermons qui étaient lus chaque jour dans les groupes de "réveillés" et qui n'avaient pas de pasteur. Il est possible de multiplier les exemples.

Les textes de prédication populaire sont un nouveau matériel de recherche pour les historiens. Ils permettent de pénétrer ainsi la pensée d'un peuple à un moment donné de l'histoire, ses opinions sur les évènements, sa manière d'y répondre, d'espérer ou de désespérer.

Longtemps négligée, la prédication est redécouverte comme incarnant les préoccupations, les convictions, voire l'âme d'un peuple.

Le prédicateur, en effet, reflète les attentes, les questions voire les valeurs d'un peuple, tout autant qu'il cherche à l'enseigner, lui donner des réponses à ses problèmes éventuellement, le faire évoluer.

La rhétorique a mis en évidence ce phénomène en montrant la nécessité pour un orateur de trouver un "accord" avec son auditoire s'il veut être écouté. Pour être compris, il se doit aussi de puiser dans le fond culturel commun du monde où il vit.

C'est là un fait dont il faut être conscient si l'on veut le maîtriser et l'utiliser à bon escient. Ce peut être un piège s'il demeure inconscient. Le lien entre la prédication et la "politique" n'est donc pas seulement dû à la volonté du prédicateur de répondre aux problèmes concrets de son auditoire, mais aussi, indispensable s'il veut convaincre et être compris.

C.- Conclusion:

Une analyse de la prédication d'aujourd'hui dans cette perspective, serait fort intéressante, mais difficile, car on manque de recul. Ce n'est pas le cas dans la démarche historique. Les siècles déjà passés ont permis d'affiner l'analyse et la multiplicité des approches.

Il est d'autre part plus facile d'être lucide et de prononcer des jugements sur des personnages et des situations éloignés. Mais les mêmes processus perdurent. Les mettre en évidence dans l'histoire peut être salutaire pour juger de notre prédication aujourd'hui. L'Ecclésiaste soutient qu'Il n'y a rien de nouveau sous le soleil (Ecc. 1: 9).[1]

Rien de nouveau sous le soleil. Une phrase adaptée du livre de l'Ecclésiaste. L'auteur se plaint fréquemment dans le livre de la monotonie de la vie. Le passage entier se lit comme suit: «La chose qui a été, c'est ce qui sera; et ce qui est fait est ce qui doit être fait: et il n'y a rien de nouveau sous le soleil. »

La vie donc est une routine. Salomon, se souvenant de son temps de folie, condamne la folie humaine pensant qu'il est possible d'atteindre le paradis sur terre. Peu importe. Une seule chose est nécessaire: «Cherchez premièrement le royaume et la justice de Dieu; et toutes ces choses vous serez données par-dessus (Mt.6: 33).

---

[1]Le titre Ecclesiastes est une translittération latine de la traduction grecque de l'hébreu Kohelet (également écrit comme Koheleth ou Qoheleth), le pseudonyme utilisé par l'auteur du livre. ... Textuellement, le livre est la rêverie d'un roi de Jérusalem alors qu'il raconte ses expériences et en tire des leçons, souvent autocritiques.

Chapitre 9

L' ÉVANGÉLISATION INTERNE ET EXTERNE - GRANDE NÉCESSITÉ DU XXIè. SIÈCLE

Le terme *évangélisation* provient du Grec *euangelizomai*, qui signifie littéralement "apporter une Bonne Nouvelle." La Bible donne la définition de Bonne Nouvelle[1] dans 1Corinthiens 15:3-8, lorsqu'elle dit que:

"Je vous ai enseigné avant tout, comme je l'avais aussi reçu, que Christ est mort pour nos péchés, selon les Écritures; qu'il a été enseveli, et qu'il est ressuscité le troisième jour, selon les Écritures; et qu'il est apparu à Céphas, puis aux douze."

Ensuite, il est apparu à plus de cinq cents frères à la fois, dont la plupart sont encore vivants, et

---

[1]Évangile (du latin evangelium, lui-même emprunté au grec ancien εὐαγγέλιον / euangélion, « bonne nouvelle ») est un écrit en langue grecque qui relate la vie et l'enseignement de Jésus de Nazareth, appelé par les chrétiens Jésus-Christ. La Bonne Nouvelle, que j'appelle "La philosophie de l'évangile." La Bible est le Livre par excellence, l'Évangile apporte aux hommes la nouvelle par excellence. L'enseignement de Jésus-Christ qui est le Messie. Il est venu, vivre parmi nous, souffrir pour nous, mourir pour nos péchés, ressusciter des morts, monter au ciel et il va revenir pour nous prendre avec lui au ciel.

dont quelques-uns sont morts. Ensuite, il est apparu à Jacques, puis à tous les apôtres.

Après eux tous, il m'est aussi apparu à moi, comme à l'avorton.''[1]

ii.- Définitions de base de l'évangélisation

L'évangélisation c'est partager la Bonne Nouvelle de la mort de Jésus-Christ, son ensevelissement et sa resurrection. Le Christ, par sa mort, a conquis le péché. Le péché, jadis, nous a séparé de Dieu. Par Christ, nous avons été rapprochés.

La Bonne Nouvelle est que nous pouvons être reconnectés à Dieu et assurés d'une éternité avec Lui au Ciel lorsque nous croyons en Jésus-Christ. Ce don d'une relation sans fin avec Dieu est disponible pour tout le monde...

Cependant, tous les hommes n'ont pas encore entendu et compris cette Bonne Nouvelle... C'est la raison pour laquelle l'évangélisation est si importante de nos jours encore, comme il l'a été de tous les temps! En préambule, disons que:

1. **L'évangélisation est le fait d'annoncer l'évangile, la bonne nouvelle de Jésus-Christ qui, par sa mort, nous a sauvé et délivré des griffes de l'ennemi.**

---

[1]**Avorton - Qui est né avant le terme de son murissement. Nain ou naine – être insuffisamment développé, chétif, rabougri et de consistance anormale.**

2. L'évangélisation, en tout premier
   lieu, consiste donc à apporter cette bonne
   nouvelle à ceux qui ne la connaissent pas
   encore.

   Richard C. Halverson dit que:[1]
   "L'évangélisation n'est pas une technique de vente. Il
   ne s'agit pas d'exhorter les gens, de leur mettre la
   pression, de les contraindre, de les accabler, ou de les
   soumettre. L'évangélisation c'est faire passer un
   message, donner une invitation et rapporter une
   bonne nouvelle de victoire pour tous ceux qui
   croient."
   Voyons pourquoi la Bible attache une telle
   importance à la prédication de la Parole de Dieu:

3. **Rom.10 :9-17.** La prédication est le moyen
   ordonné par Dieu pour répandre l'évangile de
   Jésus-Christ. En lisant ce passage, notons l'ordre
   et l'arrangement des mots : "Il invoque le
   Seigneur, parce qu'il a cru. Il a cru parce qu'il a
   entendu la Parole. Il a entendu parce qu'il y avait
   un prédicateur, et le prédicateur a prêché parce
   qu'il a été envoyé."

4. **Mt. 28 :16-20.** Notez aussi l'exhortation de
   Christ. Remarquez les quatre *tout* – Tout devant
   pouvoir – toutes (les nations), **tout** (ce que je
   vous ai enseignés) - **tous** les jours. *Tout* est
   adverbe quand il est devant un adjectif, un autre

---

[1]Richard C. Halverson (1916-1995) a été aumônier du
Sénat des États-Unis de 1981 à 1995. ... M. Halverson est devenu
membre associé du Mouvement international du petit-déjeuner
de prière en ..... France. 18. France 1982-1986. 19. Allemagne de
l'Ouest. 20. Allemagne de l'Ouest 1981-1986.

adverbe ou une locution adverbiale. Il signifie
selon les cas « complètement, entièrement,
tout à fait... ». Le pouvoir du Christ de même
que son invitation, n'a pas de bornes, pas de
limites.

5. **Marc 16:15, 16.** La clé pour la vie ou la mort de
   chaque être humain en particulier nous est
   apportée par l'évangéliste Marc, dans cette
   traduction de son évangile.

6. **Actes 8 :1 ; 11 :14, etc.** Observez dans les Actes
   comment les disciples ont pris à la lettre la
   Parole de Christ.[1] Ils ont accompli exactement ce
   que le Seigneur leur a demandé de faire.

**iii.- Prédication (de Prêcher), vient
de quatre termes Grecs du Nouveau
Testament**

Prêcher l'Évangile, c'est annoncer la parole
de Dieu sous forme de sermon à tous ceux qui veulent
l'écouter et l'entendre. Recommander instamment à
quelqu'un la pratique de la voie droite qui mène à
Christ et à son salut (Jean 5:39).

Voici quatre termes ou vocables Grecs
traduits par *prêcher*. Chacun de ces termes
présentent une certaine nuance, mais aboutiront à la
même réalité:

1. **Keruso - Proclamer comme un hérault. Le
   mot a été employé pour la proclamation
   publique de l'Évangile du Christ (Mt. 11:1;
   Mc. 1:4; 3:14; 16:20; Rom. 10:15. 1Pi. 3:19).**

---

[1]Lisez et observez dans différents commentaires les
déclarations de Luc dans Actes 19-21 et 13:2, etc...

2. Euaggelizo - Raconter, dire, la bonne nouvelle de Jésus-Christ (Mt. 11:5; Luc 4:18; 7:22; 1Cor. 1:17; Gal. 1:8; Héb. 4:2 etc...)
3. Kataggello - Annoncer parfaitement la nouvelle (Actes 4:2; 13:38; 15:56; Col. 1:28. 4).
4. Laleo - Parler (Marc 2:2; Actes 11:19; 14:25).

Par tous ces moyens, nous pouvons prêcher la Parole. La prédication est un témoignage des faits que le bon Dieu veut que les gens sachent. Cette bonne nouvelle concerne ce que Son Fils a fait pour tous les hommes de bonne volonté. Ce qu'il est en train de faire aujourd'hui encore et ce qu'il promet de faire pour tous ceux qui croient lorsque les temps seront accomplis, au renouvellement de toutes choses (1Jean 1:9; Actes 1:8 clé Jean 15:27).

iv.- Témoins et témoignage (2Tim.4:8, 9)

Paul dit à son fils Timothée: "N'aie donc point honte du témoignage à render de notre Seigneur, ni de moi son prisonnier. Mais souffre avec moi pour l'évangile, par la puissance de Dieu qui nous a sauvés, et nous a adressé une sainte vocation, non à cause de nos oeuvres, mais selon son propre dessein, et selon la grâce qui nous a été donnée en Jésus-Christ... (2Tim.4:8, 9).

Un témoin est celui qui raconte ce qu'il a vu, entendu, ce qu'il sait au sujet d'un fait. L'évangile en lui-même est aussi un témoignage pour tous ceux qui l'entendent (Mt. 24:14). On peut témoigner pour ou contre une personne.[1]

---

[1]Le témoignage est une déclaration qui confirme la véracité de ce que l'on a vu, entendu, perçu, vécu (Jean 12:47-48; 2 Cor. 2:15-17).

Devant le tribunal de Dieu il n'y aura aucun manque de connaissance (Mt. 12:41-42). L'évangile n'est pas une offre de la part de Dieu, mais une révélation de sa part, qu 'on doit croire et à laquelle on doit obéir pour avoir la vie éternelle (2 Cor. 4:2; 1 Cor. 15:1-3).

Ce ne sont pas de bons conseils mais c'est la bonne nouvelle de Jesus-Christ. En étudiant les sermons qui se trouvent dans le livre des Actes comme preuve de l'évangile, nous arriverons à comprendre qu'aujourd'hui encore, nous formons un peuple de témoins (Actes 2:14-36; 32).[1]

1. Rom.10 :17. La prédication de la Parole de Dieu est ce qui suscite la foi chez les auditeurs qui écoutent et mettent en pratique.
2. Actes 27 : 25. La foi présuppose toujours une révélation antérieure. Dans Actes 17 :25, certains lecteurs et auditeurs veulent voir le langage de la foi.

La foi n'a aucune vertu en elle-même. Elle doit avoir un objet. Nous ne sommes pas sauvés à cause de la foi mais par la foi (1Thess. 2:13; Rom. 1:5; Hé. 4:2)

Le devoir du prédicateur est de prêcher la Parole de Dieu en s'appuyant sur la miséricorde du Christ et sur la puissance du Saint-Esprit, puis laisser le soin des

---

[1]Pierre (saint Pierre pour les catholiques et les orthodoxes), de son vrai nom Simon Bar-Jona («Simon, fils de Jonas ») selon la tradition chrétienne, aussi appelé Kephas (« le roc » en araméen) ou Simon-Pierre, est un Juif de Galilée ou de Gaulanitide connu pour avoir été l'un des disciples de Jésus de Nazareth, devenu le premier prédicateur ou évangeeliste de la Pentecôte (Actes 4:8-12 notez vv. 12; 10:34-43).

résultats au Saint-Esprit qui est là pour convaincre les coeurs (Jean 14:16-18).

v.- L'évangélisation- moyen de régénération par Christ

Par definition, la régénération est un renouvellement moral, l'amendement de ce qui était corrompu, altéré. Dans notre monde, chaque individu en a besoin d'être régénéré.

La prédication de la Parole, selon le plan de Dieu est le moyen offert pour permettre aux hommes d'entrer le programme de Dieu en faveur de tous ceux qui croient (1Pi. 1:23-25).

La parole de Dieu est vivante. Elle donne la vie et la soutient (Hé. 4:12).[1] Il est merveilleux de penser que nos lèvres peuvent être l'instrument honoré par Dieu pour gagner les âmes à Christ! Nous jouons notre role en tant que de simples canaux dans le transport de l'eau. Mais, c'est le Saint-Esprit qui arose les coeurs et gagne les âmes à Christ.

Ellen G. White, dans l'un de ses ouvrages, nous présente les conséquences dommageables du péché sur la race humaine. Elle dit que:[2] "Le chagrin, l'anxiété, le mécontentement, le remords et la méfiance tendent à briser nos forces vives et provoquer l'affaiblissement et la mort."

"Mais nul, poursuit-elle,[3] ne doit se laisser aller au découragement et au désespoir. Satan,

---

[1] Lisez et commentez aussi les passages suivants: "Eph. 1:13; Jac. 1:18; Actes 15:7-8."

[2] Ellen G. White, Le Ministère de la Guérison (Miami, Fl: Iadpa, éditions inter-américaines, 2001), 201.

[3] White, 214.

---

toujours implacable, peut venir à vous avec cette insinuation: "Ton cas est désespéré; tu ne peux plus être sauvé......

Mais, en Christ, tout est possible. Le Seigneur ne nous demande pas de vaincre par nos propres forces. Il nous invite à nous tenir tout près de lui. Quelles que soient les difficultés qui nous assaillent, écrasantes pour l'âme et le corps, il est prêt à nous en libérer.''

vi.- La prédication, un don
de Dieu – nos alibis

La prédication est la responsabilité solennelle de tous ceux qui en ont reçu le don. Tous les enfants de Dieu sont des témoins pour Christ (1Pi.3:15). Mais, tous n'ont pas été appelés à prêcher en public.

Pour ceux qui ont reçu ce don, la prédication devient une nécessité à laquelle il faut obéir promptement (1Cor. 9:16). C'est un devoir sacré qu'il faut remplir à tout prix (1Tim. 1:11). C'est aussi une dette qu'il faut payer de toutes les manières (Rom. 1:14).

Il est tristement possible pour une personne de faillir à son devoir solennel de remplir son ministère. (Actes 20:24). Notons plusieurs raisons pour lesquelles on peut faillir:

1. Pr.29 :25. La crainte des hommes. Celui qui prêche la vérité n'est pas toujours aimé et populaire. Pour cette raison, plusieurs évitent de s'en engager. Ils auraient aimé rechercher la faveur des hommes et se complaire en eux-mêmes (Gal. 1:10; Rom.15:1-3 clé 1Thes. 4:1).

2. La paresse ou la nonchalence.[1] Faire du travail missionnaire peut nous coûter du sang, de la transpiration et des larmes. Mais, c'est une joie d'amener des âmes à la vérité du Christ. Le grand ennemi cherche toujours à porter les gens à prendre le chemin le plus facile. Ainsi, ils cachent leur lumière sous un boisseau (Mt. 5:15).

3. L'ambition personnelle. On est si occupé à chercher ses propres intérêts que l'on néglige l'affaire la plus importante qui soit au monde (Luc 2:49; Rom. 12:11).

William Carey dit que:[2] "Mon affaire est de prêcher l'évangile et je fais mon métier pour payer les frais."

4. Les excuses : "Je n'ai pas de don." Ces personnes ne réalisent pas qu'elles doivent développer leur don, si elles veulent s'en servir. Elles peuvent parler de leurs affaires, de leurs automobiles, etc. Mais, ne peuvent parler de Jésus et de son œuvre (Mt. 12:34).

5. La lèpre péché. Les péchés non confessés et pour lesquels on ne se repent pas, deviennent

---

[1]Nonchalance. Caractère de celui qui est indolent, qui manque de vivacité, d'enthousiasme, qui prend son temps pour faire les choses, qui ne s'inquiète pas trop. Rien n'est jamais grave, rien n'est jamais pressé, si tu l'écoutes.

[2]William Carey (17 août 1761 - 9 juin 1834) était un missionnaire chrétien britannique, ministre baptiste particulier, traducteur, réformateur social et anthropologue culturel qui a fondé le Serampore College et la Serampore University, la première université délivrant des diplômes en Inde.

comme une lèpre dans la vie du croyant. Dans Psaumes 66:18,19 - nous lisons que: ''Si j'avais conçu l'iniquité dans mon coeur, le Seigneur ne m'aurait pas exaucé. C'est aussi un empêchement au service effectif (Ps. 51:11-15).''

vii.- Prédication et Personnalité de l'homme
La prédication pour être effective doit toucher la personnalité[1] ou la vie entière de son auditeur. L'homme manifeste sa personnalité au moyen de ses émotions, son intelligence et sa volonté.

1. **L'intelligence[2] ou l'intellect.** C'est l'élément qui permet à l'homme d'acquérir, de retenir et de faire part de sa connaissance.

L'intelligence désigne communément le potentiel des capacités mentales et cognitives d'un individu, animal ou humain, lui permettant de résoudre un problème ou de s'adapter à son environnement. Elle se résume souvent au cerveau.
Malgré cela, il y a des traits qui indiquent qu'une personne est plus intelligente qu'une autre. Notre personnalité fait également partie des aspects qui font notre intelligence. L'intelligence d'une personne peut être également née ou issue d'expériences qui ont affecté sa vie ou les adversités qu'elle a connues.

---

[1]Ensemble des traits physiques et moraux par lesquels une personne est différente des autres ; aspect par lequel quelqu'un affirme une originalité plus ou moins accusée.
[2] Intelligence. Emprunté au latin intelligentia, « faculté de percevoir, compréhension, intelligence », dérivé de intellĕgĕre (« discerner, saisir, comprendre »), composé du préfixe inter- (« entre ») et du verbe lĕgĕre (« cueillir, choisir, lire »)

Une personne intelligente est une personne qui peut s'adapter à toute situation et qui réussit à résoudre des problèmes très différents sans avoir une connaissance du sujet préalable.

L'intelligence et l'intellect[1] se rencontrent. L'intellect n'est pas l'intelligence, et vous devriez apprendre à faire la différence entre les deux. L'intellect est un instrument donné aux humains pour faire face sur le plan matériel, pour résoudre les problèmes de la vie quotidienne, pour étudier la nature et d'en tirer des conclusions.

L'intelligence, elle, dans le sens initiatique du terme, est une faculté beaucoup plus élevée; elle est au-dessus du plan astral et mental et est capable de maîtriser les sentiments, les pensées et toutes les manifestations de la vie psychique.

Cette intelligence qui est la vraie intelligence. Elle est reliée au monde de la supraconscience[2] qui est le monde divin. Tous ceux qui ont appris à travailler à maîtriser leurs pensées et leurs sentiments et à se connecter à des plans plus élevés et à interchanger avec eux, ont été capables de sublimes réalisations. Ce sont eux qui ont permis à l'humanité de vraiment progresser.

Un interlect est une personne considérée dans ses aptitudes intellectuelles, en tant qu'être pensant. C'est une intelligence supérieure. Qualité de quelqu'un qui manifeste dans un domaine donné un souci de comprendre, de réfléchir, de connaître et qui

---

[1]Selon Omraan Mikhaël (*http://baspirit.blogspot.com*) -
[2]Supra-conscience. supraconscient, supra-conscient, -ente, adj. 1. ... Qui appartient à une conscience qui transcende l'ordre de l'humain.

adapte facilement son comportement à ces finalités.
Avoir l'intelligence des affaires du Christ.

2. **Les émotions.** Emotion - nom commun.
   (Psychologie) Réaction affective subite,
   temporaire et involontaire, souvent
   accompagnée de manifestations physiques,
   provoquées par un sentiment intense de peur,
   de colère, de surprise, etc. Mouvements
   populaires qui annoncent une disposition au
   soulèvement et à la révolte.

Une émotion est aussi[1] un état affectif bref et
intense. C'est une réponse psycho-physiologique,
c'est-à-dire qu'elle fait appel tant à notre corps
(sensations physiques) qu'à notre esprit (mémoire), à
une stimulation sensorielle ou une modification de
l'environnement.
Il nous faut identifier cinq émotions dites
primaires: "Tristesse, Joie, Peur, Colère et Dégoût."
La surprise fait également partie
des émotions primaires selon la psychologie,
toutefois, c'est une émotion neutre, qui ne génère pas
de sentiments par elle-même.

3. **La volonté :** Faculté de déterminer librement
   ses actes en fonction de motifs rationnels.[2]
   Pouvoir de faire ou de ne pas faire quelque
   chose. Disposition de caractère qui porte à

---

[1]Théories dites "émotions de base: Joie- tristesse- peur-
colère- dégoût - surprise."
[2]Motifs rationnels. Propre à la raison :
Principes rationnels. ... Qui paraît logique, raisonnable,
conforme au bon sens ; qui raisonne avec justesse : Un
esprit rationnel.

prendre des décisions avec fermeté et à les
conduire à leur terme sans faiblesse, en
surmontant tous les obstacles : Avoir
une volonté de fer.[1]

La volonté nous aide à préciser et à accomplir
notre détermination. Le prédicateur doit avoir
comme but d'éclairer l'intelligence de son auditoire
par une présentation claire de la vérité. Il doit
chercher ensuite à stimuler ses émotions en montrant
la personne et le sacrifice substitutif du Christ, ainsi
que son atrocité[2] et les conséquences du péché.
Il faut enfin faire appel à sa volonté en lui
demandant, au nom de Christ: une soumission sans
condition à la pratique de la volonté de Dieu
(Ps.40:9), en reconnaissant Christ comme son
Sauveur personnel et le Seigneur de sa vie.

---

[1]Volonté- Faculté de déterminer librement ses
actes en fonction de motifs rationnels; pouvoir de faire ou de ne
pas' faire quelque chose. Disposition de caractère qui porte à
prendre des décisions avec fermeté et à les conduire à leur
terme sans faiblesse, en surmontant tous les obstacles: Avoir
une volonté de fer.
[2]Atrocité. Caractère de ce qui est atroce: Des massacres
d'une atrocité bouleversante. Action cruelle, qui fait horreur:
Commettre des atrocités. Imputation déshonorante, calomnie:
On a répandu des atrocités sur mon compte.

Chapitre 10
THÈME OU PROPOSITION
DÉCLARATIVE

Le titre de ce chapitre peut paraitre paradoxal[1] pou plus d'un. Le mot thème: se définit comme une idée sur laquelle porte une réflexion, un discours, une œuvre, autour de laquelle s'organise une action. Il y a une différence entre le thème et le sujet, bien que parfois, ces deux vocables se confondent.

Le thème est du genre plus vaste que le sujet. C'est bien du thème que découle le sujet. Plusieurs étudiants peuvent avoir un même thème à developper, à travers différents sujets. Ces sujets, bien qu'étant différents l'un de l'autre, sous différentes facettes, vont prouver la même réalité. Comme quoi, le sujet est une subdivision du thème qui comporte une multitude de facettes.

Par définition, une proposition est tout d'abord: "L'action de proposer, une offre, une avance faite à une réalité à débattre.'' Elle est aussi une unité syntaxique[2] de base formant une phrase ou

---

[1]Paradoxe - Opinion contraire aux vues communément admises: Soutenir des paradoxes. Être, chose ou fait qui paraissent défier la logique parce qu'ils présentent des aspects contradictoires: Cette victoire du plus faible, c'est un paradoxe.

[2]La syntaxe est la branche de la linguistique qui étudie la façon dont les mots se combinent pour former des phrases ou des énoncés dans une langue. On distingue: "la grammaire, la syntaxe, l'orthographe lexicale, orthographe grammaticale, la typographie, la

la partie de phrase qui énonce une position. Finalement la proposition est une déclaration ouverte servant de base à un raisonnement.''

Dans une proposition déclarative, l'auteur présente sa position, déclare une opinion, une information, une pensée, qu'il tend à défendre. La proposition déclarative est comme le titre général d'un Mémoire, d'une Dissertation. Par exemple: "La théologie du baptême.''

Pour présenter cette théologie qui devient comme l'histoire du baptême, on doit faire appel à des subdivisions, des étapes diverses à travers le temps et les époques. Ces étapes constitueront les différents chapitres de la Dissertation, lesquels sont les parties du plan développé pour bien asseoir le thème en étude.

Enfin, la Proposition déclarative, c'est la position de l'auteur, l'écrivain ou le prédicateur. Sa déclaration doit être discutée avec des arguments à l'appui, sciemment développée en vue de convaincre son auditoire que ce qu'il dit est vrai.

En fait, ce que tous, nous cherchons dans nos prédications, c'est de dire à nos interloculeurs que le salut se trouve en Jésus-Christ et en lui seul (Actes 4:12). Pour bien asseoir cette idée, nous devons faire plusieurs démonstrations.

Dans ce chapitre, nous allons aborder le choix des thèmes (sujets) de nos prédications ou de nos études. Le prédicateur doit bien choisir son thème.

---

conjugaison, la ponctuation.'' La grammaire est composée des règles régissant l'usage, oral ou écrit, de la langue.
La syntaxe est l'ensemble des règles de composition des phrases à partir des mots.

Tout au cours de son développement, il ne doit jamais s'en écarter pour ne pas passer à côté et, être taxé en fin de compte de "Hors du sujet.''

ii.- Définition du mot *thème* et ses méthodes de développement

En effet, on appelle thème d'un sermon la vérité la plus frappante du texte. Il y a peut-être d'autres vérités contenues dans le texte ou le passage choisi, mais le thème représente celle que l'on tend à exploiter pour faire impression sur les auditeurs.

Le thème apparaît ainsi comme une condensation du sermon, tandis que le sermon est le développement du thème. Ainsi, le thème, proprement dit, doit limiter l'ampleur du sermon, quant au nombre d'idées mises en valeur.

iii.- Des méthodes pour découvrir le thème: Logique et rhétorique

Voila deux méthodes principales utilisées pour découvrir et bien se fixer à l'esprit la véracité du thème: La logique et la rhétorique.

1. **La logique,[1] du grec λογική / logikê, est un terme dérivé de λόγος/ lógos — signifiant à la fois : raison, langage et raisonnement. Elle est, dans une première approche, l'étude des règles formelles que doit respecter toute argumentation correcte.**

---

[1]Art : le terme est ici pris au sens de technique. Penser : au sens large, c'est l'activité de l'esprit en général. ... Hegel définit la pensée comme science et compréhension du varié dans l'unité.

Aristote définit la logique comme la science qu'il faut aborder avant toute autre discipline scientifique. Aristote. Père de la logique et de la métaphysique. Il est aussi connu le père de la biologie (du moins le père de la zoologie, si l'on considère Théophraste comme celui de la botanique). Sa classification des êtres vivants servira de prototype aux classifications du 18e siècle, plus de vingt et un siècles après lui.[1]

La logique est la science des normes formelles de la vérité. Elle est aussi la façon de raisonner considérée comme exacte. Cette méthode de la pensée complète du texte est exprimée dans une phrase qui contient un verbe, réel ou sous-entendu.

Voyez les exemples donnés. Ses avantages sont évidents, parce qu'elle donne une unité à la pensée et aide à penser clairement et d'une façon suivie. Elle donne de la liberté et de la variété dans la manière de traiter le sujet.

2. La rhétorique est d'abord l'art de l'éloquence. Elle concerne, en tout premier lieu, la communication orale. La rhétorique traditionnelle comporte cinq parties : l'inventio

---

[1]Aristote est un philosophe grec né à Stagire (actuelle Stavros) en Macédoine (d'où le surnom de « Stagirite »), en -384, et décédé à Chalcis, en Eubée, en -322. Il a discuté les thèses philosophiques de son maître Platon et a développé les siennes. Péripatétisme, Ecole péripatéticienne (du grec Peripatein, se promener), Aristotélisme. - Le péripatétisme est le nom donné à la doctrine d'Aristote, parce que ce philosophe avait l'habitude d'enseigner en se promenant dans les galeries du Lycée.

(invention ; art de trouver des arguments et des procédés pour convaincre), la dispositio (disposition ; art d'exposer des arguments de manière ordonnée et efficace), l'elocutio (élocution ; art de trouver des mots qui mettent en valeur les arguments, le style), l'actio (diction, gestes de l'orateur, etc.) et la memoria (procédés pour mémoriser le discours).

La rhétorique[1] a ensuite concerné la communication écrite et a désigné un ensemble de règles (formes fixes) destinées au discours. Au XXe siècle, la linguistique et l'analyse des textes littéraires ont relancé l'intérêt pour la rhétorique.

La rhétorique désigne l'art de bien parler, l'art qui donne les règles pour bien-dire. C'est, en fait, la science et l'art qui se rapportent à l'effet du discours sur les esprits. Ces esprits désignent les auditeurs suspendus aux lèvres de celui qui prêche.

Par cette méthode la pensée principale du texte est exprimée sans, pour autant, prendre la place de la phrase complète.

v.- Différence entre Rhétorique et éloquence

Aristote définit la rhétorique comme le moyen de trouver dans chaque sujet ce qu'il y a de propre à persuader. Pourtant, la rhétorique n'est pas l'éloquence. Il y a une grande différence entre la rhétorique et l'éloquence.

---

[1]**Lire la suite sur :** https://www.etudes-litteraires.com/rhetorique.php - **voir notes en Appendice 4 pour plus de développement.**

L'éloquence est surtout un talent et un don de la nature, la rhétorique est un fruit de l'étude ou de l'art. L'une trace la méthode, l'autre l'emploie. La rhétorique pose des questions dites rhétoriques ou questions oratoires. Elle est une figure de style qui consiste à poser une question sans attendre de réponse. Cette dernière étant connue par celui qui la pose.

La rhétorique est la technique du discours; l'ensemble de règles, de procédés constituant l'art de bien parler, de l'éloquence. Elle désigne également l'ensemble des moyens d'expression, des procédés stylistiques propres à une personne ou à un groupe de personnes.

Vieille de plus de 2,500 ans, cette discipline qui suggère plutôt de persuader se réfère au niveau de l'intellect de son auditoire plutôt que de le convaincre. Elle fait référence au plan émotif. Elle est un outil de choix pour quiconque souhaite mieux s'exprimer, analyser, comprendre, construire et reconstruire des discours.

Enfin, pour composer un discours rhétorique, Aristote suppose que l'orateur soit conscient des connaissances déjà acquises chez le récepteur. Le locuteur[1] construit donc ses discours en fonction du bagage inné ou acquis du récepteur qui écoute en fonction des connaissances qu'il possède.

Le locuteur construit son discours aussi en fonction de sa vision du monde et de ses émotions,

---

[1]Locuteur, substantive linguistique pour indiquer la Personne qui parle, qui produit des énoncés. L'objet du discours et le locuteur définissent la nature de l'expression. Voir (Guiraudds Langage,1968, page 449).

sur lesquelles il joue aussi bien que sur son ethos. C'est, en effet, en grande partie sur cet aspect émotionnel que le rhéteur se distingue du logicien. Et c'est précisément en prenant conscience de cet aspect émotionnel que le récepteur peut être à même de mieux écouter pour mieux comprendre.

C.- Conclusion:

En résumé, disons que dans toute relation rhétorique, il faut tenir compte d'une relation à trois termes:

1. L'orateur, celui qui parle ou qui présente le discours.
2. L'auditoire, celui qui reçoit, suit et écoute le discours ;
3. Et, le discours lui-même. C'est la parole qui est proclamée.

Bref, en donnant à la rhétorique une définition plus modeste que celle des sophistes,[1] Aristote la rend

---

[1]Sophistes. Un sophiste (du grec ancien σοφιστής, *sophistès* : « spécialiste du savoir », formé à partir de *sophia* : « savoir, sagesse ») désigne à l'origine un orateur et un professeur d'éloquence de la Grèce antique, dont la culture et la maîtrise du discours font un personnage prestigieux dès le Ve siècle av. J.-C. (en particulier dans le contexte de la démocratie athénienne), et contre lequel la philosophie va en partie se développer. Au sens moderne, il désigne une « personne utilisant des sophismes, des arguments ou des raisonnements spécieux pour tromper ou faire illusion. » La sophistique désigne par ailleurs à la fois le mouvement de pensée issu des sophistes qui s'est développé à l'époque de Socrate, mais aussi le développement de la réflexion et de l'enseignement rhétorique, en principe à partir du IVe siècle av. J.-C., en pratique à partir du IIe siècle dans l'Empire romain.

de ce fait bien plus plausible et plus efficace. Entre le
«tout» des sophistes et le «rien» de Platon, la
rhétorique se contente d'être quelque chose [...].

La rhétorique, c'est l'art de bien penser et de
bien dire le vraisemblable. Et c'est à la portée de tous
que d'utiliser la rhétorique pour penser bien le
vraisemblable.

Chapitre 11
LE TÉMOIGNAGE PERSONNEL-
MÉTHODE DE PRÉDICATION
TOUJOURS EFFICACE

Il y existe plusieurs méthodes pour la prédication de l'évangile. Chacune de ces méthodes a ses avantages. Dans notre premier ouvrage: *"Comment Préparer et Donner une Étude biblique avec efficacité,"* nous avons présenté près de cinquante méthodes d'évangélisation. Mais, il n'y en a pas comme le "Témoignage Personnel."[1]

L'apôtre Paul se servait de méthodes variées. Nous pouvons trouver sous sa plume presque toutes les méthodes que nous avons présentées. Voyons-en quelques-unes:

1. Actes 17:3. Paul expliquait les Écritures.
2. Actes 17:3. Il formulait, c'est-à-dire qu'il présentait une démonstration claire de la vérité offerte comme argument.
3. Actes 17: 2. Il discutait, c'est-à-dire qu'il employait la logique qui est la base de la connaissance des faits.

---

[1]Témoignage Personnel – C'est raconteur ou dire aux autres ce que Christ a fait et, est en train de faire pour nous. Voir "Comment Préparer de Donner une étude biblique avec efficacité (Appendix.4, page 318).

4. Actes 26:28; 28:31. Il persuadait ou il portait ses auditeurs à croire et il convainquait leur volonté.
5. Actes 28:31. Il enseignait ou fait connaitre à ses auditeurs la bonne nouvelle de Jésus-Christ.

Jésus, dit le Christ, notre Seigneur employait de nombreuses méthodes pour donner à ses auditeurs les leçons qu'il voulait leur apprendre. On peut citer: des paraboles, des leçons de choses, des histoires, des questions, des miracles et aussi son propre exemple et déclarations précises. A travers toutes ces méthodes, il ne poursuivait qu'un seul but: gagner celui qui écoute la vérité.

Cette méthode est la plus facile pour le jeune chrétien qui débute dans le travail de la predication. Le Christ lui-même l'avait utilisée (Marc 5:19). Elle est importante, car personne ne peut contrédire l'expérience personnelle d'une âme, concernant la grâce de Dieu et la réalité de la puissance de régénération.

On peut douter de la vérité des doctrines de la Parole de Dieu, mais on ne peut douter de l'expérience personnelle de quelqu'un avec son Dieu.

Paul[1] se servait à tout moment de ses expériences personnelles. En cinq occasions, il s'en est référé avec force (Actes 9, 22, 26; Gal. 1; Phi. 3 et

---

[1]Saul de Tarse, devenu "apôtre Paul,'' portait aussi le nom juif de Saul ([sol], Hébreu: שאול - Šā'ûl qui signifie « demandé [à Dieu] » et qui se prononce [ʃaul] en Hébreu. Né à Tarse en Cilicie, au début du premier siècle et mort vers 67 - 68 à Rome de l'ère chrétienne, est un apôtre de Jésus-Christ, tout en ne faisant pas parti des douze ...

I Tim. 1:12-17). **Nous ferons bien de suivre son exemple dans notre quête des âmes.**

ii.- Le témoignage personnel, sa validité universelle

Tout prédicateur doit rendre son témoignage personnel quand il se tient devant un auditoire toutes les fois qu'il se présente devant le peuple de Dieu. Il doit, au moins, témoigner que le Christ est pour lui une réalité.

Le monde reconnaît sans hésitation, la valeur d'un témoignage personnel. Par exemple, les journaux sont remplis de témoignages qui attestent l'efficacité de tel ou tel médicament ou parlent de ses avantages. Voyons, en quelque sorte, ce qu'il faut éviter dans le témoignage :

1. Quand on rend témoignage,[1] on doit éviter toute exagération !
2. On doit témoigner d'une façon simple, humble et sincère et donner les circonstances dans lesquelles on s'est donné à Jésus-Christ.
3. Par son témoignage, la personne doit montrer comment elle a réalisé son besoin, comment elle s'est confiée dans le Seigneur-Jésus et comment elle l'a accepté par la foi.
4. Soyez prudents et ne pensez pas que chaque personne doit faire exactement la même

---

[1]**Témoigner ou témoignage - déclaration qui confirme la véracité de ce que l'on a vu, entendu, perçu et vécu** . *Témoignage écrit, oral; témoignage suspect, irréfutable; autorité d'un témoignage; écouter, invoquer, porter, recevoir, rendre un témoignage; d'après, selon, sur les témoignages.*

expérience que vous. Nous sommes tous différents les uns des autres.

Notons que chaque chrétien doit faire son expérience particulière de la puissance salvatrice du Christ. Il va sans dire que notre témoignage doit toujours être approprié et dynamique.

Dans Jean 1:14, nous avons le témoignage de Jean au sujet de la Parole: "Et la parole a été faite chair, et elle a habité parmi nous, pleine de grâce et de vérité; et nous avons contemplé sa gloire, une gloire comme la gloire du Fils unique, venu du Père ..."

Si Christ ne fait rien pour nous aujourd'hui, il est inutile de raconter ce qu'il a fait pour nous, il y a déjà 40 ans. Le témoignage a plus de valeur lorsqu'on marche en communion avec Dieu et que l'on fait l'expérience de la joie que reçoivent ceux qui font sa volonté.

iii.- Le témoignage personnel (des exemples tirés de l'Ancien et du Nouveau Testament):
Si nous devons parler vrai et si tous les hommes sont reconnaissants, nous devons tous admettre que la Bible est un livre de témoignages. Tirons cinq exemples:

1. **2 Rois 5:1-5. Une petite Israélite au service de la femme de Naaman, le lépreux**
Naaman, chef de l'armée du roi de Syrie,[1] jouissait de la faveur de son maître et d'une grande

---

[1]**Naaman** (hébreu : נַעֲמָן - «agréable»), lieutenant de **Ben-Hadad II**, roi d'**Aram**, fut guéri de la **lèpre** après s'être baigné sept fois dans le **Jourdain** sur le conseil du prophète **Élisée**. On peut lire son histoire dans la **Bible**, **Deuxième Livre des Rois**, chapitre 5, dans l'**Ancien Testament (Tanakh)**

considération ; car c'était par lui que l'Éternel avait délivré les Syriens. Mais cet homme fort et vaillant était lépreux.

Or, les Syriens étaient sortis par troupes, et ils avaient emmené captive une petite fille du pays d'Israël, qui était au service de la femme de Naaman. Et elle dit à sa maîtresse : Oh! si mon seigneur était auprès du prophète qui est à Samarie, le prophète le guérirait de sa lèpre!

L'épouvantable maladie dont Naaman a été victime doit avoir été un terrible inconvénient pour son bonheur et sa prospérité. Il désirait en être libéré. Mais, hélas.

Quel témoignage puissant en faveur du prophète d'Issrael et de la puissance de guérison du vrai Dieu, a été rendu par la jeune esclave juive? Son témoignage doit avoir donné à la famille du général Syrien un autre témoignage.

Ce fut toutefois l'occasion de la plus grande bénédiction de Dieu pour Naaman de trouver la guérison complète de sa lèpre.[1] La miséricorde spéciale de Dieu lui venait de ce à quoi il était probablement habitué à considérer sa malédiction particulière.

Et il arrive souvent avec nous-mêmes que la seule chose qui semblait nuire à notre bonheur à un moment donné est celle à laquelle nous avons ensuite l'occasion de regarder en arrière comme nous ouvrant la voie de la paix. Naaman et ses serviteurs avec lui, de même que sa famille, à son retour du

---

[1]Maladie infectieuse chronique plus ou moins contagieuse, due au bacille de Hansen, qui prédomine au niveau de la peau (forme lépromateuse) ou des nerfs (forme tuberculoïde). Moisissure qui ronge: Les murs mangés par une lèpre. Littéraire. Mal ou vice grave qui progresse.

pays d'Isarël, devaient avoir trouvé un puissant témoignage personnel dans le ceonseil esclave. Elle est esclave, mais il y a chez elle quelque chose qu'il n'y a pas chez sa maitresse.

2. Quatre lépreux de Samarie (2 Rois 7:1-10)

Dans 2Rois 7:1-10, nous trouvons la parole de Dieu par Elisee, le prophète. Le peuple de Samarie[1] a atteint le fond de sa misère. À présent Dieu peut agir.

De sa part, Élisée, le prophète de la grâce, répond à la tentative de meurtre du roi en annonçant la délivrance. Quelle bonne occasion pour les croyants de faire leur experience avec Dieu. C'était la proclamation publique du salut, comme nous le faisons encore aujourd'hui. Mais combien, comme le capitaine, y répondent par de l'incrédulité et de la moquerie.

Ce sont quatre pauvres lépreux qui vont être employés pour faire connaître ce salut: «Dieu a choisi les choses viles du monde et celles qui sont méprisées (1Cor. 1:28; 1cr 1.26-31). Sans aucune intervention humaine, l'armée Syrienne[2] a été mise en déroute.

---

[1] **Samarie.** La Samarie שומרון (Shomrôn) est le nom historique et biblique d'une région montagneuse du Proche-Orient ayant constitué l'ancien Royaume d'Israël autour de son ancienne capitale Samarie, proche ... Sébaste du grec : Sebastos, Σεβαστός, traduction du mot latin : Augustus, vénérable / vénéré. Emplacement des ruines ...

Selon la Bible, elle a été fondée par Omri, roi d'Israël, vers 876 av. J.-C. Elle a été détruite par le roi assyrien Sargon II lors de la chute du royaume d'Israël en -722, captivité.

[2] **Syrie.** La Syrie était autrefois synonyme du Levant ou de la Grande Syrie (*bilad el-Cham* en arabe [بلاد الشام]). Durant l'Empire ottoman, cette région fut un temps regroupée, comprenant les États actuels de la Syrie, d'Israël, du Liban, de la Jordanie et de la Palestine. Durant l'Antiquité, ces pays étaient

L'Éternel seul a remporté la victoire. Il en est ainsi de la croix où Jésus a triomphé seul de tous nos ennemis. Nous étions, comme ces misérables lépreux, des pécheurs dans une situation désespérée, voués à une mort certaine et éternelle.

Mais, Jésus à la croix du Calvaire, a annulé cette mort pour nous après avoir payé notre dette. Nous trouvons à sa place: la vie, la paix, et des richesses spirituelles abondantes et gratuites pour le présent, et un avenir assuré. Tels sont les fruits de la victoire de Christ à la croix. Ce doit être pour chacun de nous un puissant témoignage.

L'ennemi y a été entièrement dépossédé. Et voyez, il suffisait de se lever et d'aller pour prendre possession de ces choses (2Rois7: 5; Luc 15:18; 5.11-32).

Avons-nous profité de ce témoignage à render au sujet du Christ crucifié ou sommes-nous encore «assis dans les ténèbres et dans l'ombre de la mort (Mt. 4:16; 4.12-17). Les témoignages, c'est l'un des puissants moyens d'ider les autres à voir qu'il y a de la consolation en Jésus-Christ.

vi.- Le démoniaque de Gardara (Marc 5: 1-20)

Dans Marc 5:1-20, nous sommes devant l'un des plus puissants témoignages personnels du

---

distinctement la **Phénicie**, les royaumes d'**Israël** et de **Juda**, la **province romaine de Judée** puis de **Palestine**, l'**Assyrie** et une partie de la **Mésopotamie** occidentale.

Nouveau Testament. Un démoniaque[1] après avoir fait la rencontre de Jésus de Nazareth, est devenu le premier évangéliste et prédicateur de la Décapole[2] au pays des Géraséniens.[3]

Nous découvrons ici quelle est l'autre rive du verset 35 que Jésus veut rejoindre: un pays non-touché par la révélation de l'évangile du Christ. Cela vient de sa décision. Il veut sortir d'un cadre trop étroit et s'ouvrir à d'autres espaces.

Cet homme, sous l'ordre de Jésus lui-même, est allé render son témoignage personnel dans sa patrie. Assurément, le Seigneur avait vu en lui de bonnes dispositions à le faire et l'avait doté de la puissance du Saint-Esprit. Observons ce qui resort de son témoignage:

1. Pas de parole mais une libération. Ce texte devait nous étonner : ne va-t-il pas là-bas pour

---

[1]Le vieil anglais déofol "un diable, un mauvais esprit subordonné affligeant les humains;" aussi, dans la théologie chrétienne, "le diable, un puissant esprit du mal, ainsi que Satan", du diabolus latin tardif (également la source du diavolo italien, diable français, diablo espagnol, allemand Teufel est tiufal vieux haut allemand, du latin via diabaulus gothique).

Le mot latin tardif vient du diabolos grec ecclésiastique, qui en juif et chrétien était «le diable, Satan» et qui en général signifiait «accuser», «calomnier» (il s'agissait donc d'un prêt biblique-traduction de l'hébreu satan ;). Un esprit ou un ange rebelle, au service de Satan, "démoniaque - un homme possédé d'un ou de plusieurs esprits de demon."

[2]Décapole. La Décapole, du grec deka (dix) et polis (cité), désigne, dans l'Antiquité, dix villes principalement situées à l'est du Jourdain, qui se regroupèrent en une ligue.

[3] Geraseniens. Géraséniens ou Gadaréniens = "récompensé à la fin". Gens de Gadara ou Gérasa, vers le lac de Génésareth, à quelque distance du lac, sur les berges du fleuve Hieromax.

évangéliser ? Oui, mais à sa manière.
Évangéliser, c'est d'abord se libérer et libérer
les autres de ce qui empêche de vivre. C'est
pour cela qu'il est venu. « Je suis venu, dit
Jésus, pour qu'ils aient la vie et qu'elles
l'aient en abondance (Jean 10 :10).»

2. Nos emprisonnements. Regarder les
emprisonnements qui peuvent aliéner un être
humain : (1). Vivre dans des lieux de mort ;
(2). être enchainé à… ; (3). Vouloir se faire
du mal à soi-même ; (4). Etre divisé à
l'intérieur de soi-même.

Remarquons que cet homme nn'a cherché
aucune gloire personnelle. Il n'a pas dit pas *JE*.[1] Il
est possédé par de contradictions où la vie se laisse
vaincre par la mort. Ce sont des situations de
terribles désespoir quand seul le Christ est capable
de délivrer. Le témoignage de cet homme, même sans
parole, était vraiment grand.

3. Les signes de la vie. Le texte nous en donne
trois : assis, vêtu, saint d'esprit ou se
trouvant dans son bon sens.

Cet homme était à jamais libéré. Ce n'est plus
un démoniaque, un être humain aliéné.[2] Il a reconnu
son nouvel état. Aussi, pour ne plus retomber dans

---

[1]*Je et nous.* Le "Je" est égoiste et le "Nous," altruiste.
L'ancien e démoniaque n'a utilisé ni l'un, ni l'autre. Il a
témoigné simplement en faveur de Jésus-Christ et de ce qu'il a
fait pour lui.

[2]Aliéner – Perdre sa volonté, ses motivations, son gout
pour la vie, sa personnalité. C'est Presque "devenir comme une
chose, un rien du tout."

les mêmes travers, choisit-il volontaire de rester avec Jésus. Jésus seul est capable donner un sens à notre vie. Mais, n'oublions jamais que celui que Christ a délivré doit chercher à délivrer un autre.

4. Etre avec Jésus, autrement. Jésus lui propose une autre manière d'être avec lui. Pas physiquement, mais par l'acte du témoignage. Connaitre Christ, non pas d'abord par un enseignement, mais par le récit d'une action positive dans vie, jadis condamnée, mais aujourd'hui libéré. C'est vraiment un puissant témoignage.

5. La vie d'un homme est plus précieuse qu'un troupeau de porcs.[1] C'est le choix du Christ. Ce n'est pas celui des gens venus pour le voir et qui lui demandent de partir. Que craignent-ils ?

On pourra continuer par citer d'autres exemples comme celui de l'aveugle de Jean 5:1-24 (Si cet homme est un pécheur, Je ne sais. Une chose, c'est que J'étais malade et, maintenant, Je vois.

vii.- Le centenier Romain
(Marc 15:30-39)
Le témoignage du centenier[2] de Marc 15:30-39, est désigné par le "Cambridge Bible for Schools and

---

[1]Le porc vient donc du latin "porcus" lui même issu du grec Attique "porkos" ... L'espèce porcine, concernant le porc ou cochon a deux racines: le "Sus – qui signifie souillé - et le "Porcus- masse de péché" .... [1] ...

[2] Centenier. (Antiquité) (Rare) Officier de la milice romaine qui succéda au centurion, et qui commandait une troupe de cent hommes; centurion. Note: ce mot n'est guère

Colleges,'' sous le titre de "Confession du centurion.''

Le centurion, chargé du quaternion[1] de soldats (Marc 15:24), qui a observé tout le comportement de Jésus en croix, ses souffrances et les paroles qu'il a prononcées. Il a été ravi de bout en bout. Etant toujours témoin de ce genre de mort, sur le champ de bataille, dans l'amphithéâtre de Césarée, lors d'insurrections tumultueuses en Palestine, mais jamais auparavant il n'avait été confronté à la majesté d'une mort volontaire subie pour le salut du monde.

L'expression d'une merveilleuse puissance de vie et d'esprit dans le dernier signe de la vie, le cri triomphant dans la mort, étaient pour lui une nouvelle révélation. Dans une extase d'émerveillement, il a glorifié Dieu et s'est exclamé: "En vérité, cet homme était juste (Luc 23:47).''

L'officier est allé plus loin et a déclaré que: «Cet homme était un (ou le) chant de Salomon de Dieu. » C'est là une désignation traditionnelle du livre "Cantique des cantiques, de Salomon. Ce titre a le sens de « cantique par excellence ». En hébreu, en effet, ... 1 Rois 11.3) ait pu être choisi comme symbole de Dieu?

Il est possible qu'en ramenant le Seigneur Jésus, après la flagellation, qu'il a supervisé, le centurion ait

---

employé que dans les traductions de l'évangile. (Autrefois) Se disait, dans certaines villes de France, de celui qui commandait cent hommes de garde bourgeoise.

[1] Quaternion - Du latin quaternio "groupe de quatre." En mathématiques, l'ensemble des quaternions forme une algèbre réelle de dimension 4, d'où le nom quaternion (4x25:100).

pu entendre la mystérieuse déclaration des Juifs, que selon leur loi le Christ devait mourir, parce qu'Il s'était fait Fils de Dieu (Jean 19: 7). Les mots ont alors fait une grande impression sur Pilate (Jean 19: 8) qui l'a livré à eux.

Mais, maintenant, le centurion avait vu la fin. Et quelle fin! Tout ce qu'il avait vaguement cru des héros et des demi-dieux, est transfiguré. Cet homme était plus que ce que les dirigeants de son époque croyaient. Il était le Fils de Dieu.

viii.- Un triumvirat de soldats croyants (Actes 10:1-35)

A Capharnaüm, nous trouvons un centurion qui était venu auprès de Jésus, cherchant la guérison de son serviteur malade. Il avait une grande foi et croyait en Jésus, comme étant le Fils de Dieu (Mt. 8:5-11). Il est la première figure de ce triumvirat.[1]

1. Mt. 8 : 5-11. Le centenier répondit : Seigneur, je ne suis pas digne que tu entres sous mon toit; mais dis seulement un mot, et mon serviteur sera guéri.
2. Luc 23 :47. Le centenier au pied de la croix de Jésus. Il observait silencieux les événements de la crucifixion du Christ. Mais, il était bien pensif et désintéressé. Il voulait savoir la vérité sur tout cela.

---

[1]Triumvirat. Nom formé à partir du mot latin" triumvir" qui signifie "membre d'une association de trois personnes" et qui est lui-même formé de deux racines latines : « tri » qui signifie « trois et vir » qui signifie « homme » D'après son étymologie, ce mot signifie donc «association de trois hommes».

3. Actes 10 :1-35. Corneille de Césarée, centenier Romain. Il n'avait pas eu comme les deux autres l'occasion de frotter avec Jésus. Cependant, ses nouvelles lui étaient parvenues et, il observait avec engoument et attendait de loin. Aussi, a-t-il été divinement averti et, fit chercher Pierre, apôtre du Seigneur pour lui témoigner de sa foi.

Ces trois officiers forment dans les histoires évangéliques et apostoliques, un triumvirat de soldats païens croyants.
Les paroles de Jésus: "Maintenant a lieu le jugement de ce monde. Maintenant le prince de ce monde sera jeté dehors. Et moi, quand j'aurai été élevé de la terre, j'attirerai tous les hommes à moi,[1] avaient déjà commence leur accomplissement dans le cas du malfaiteur pénitent. Ils sont maintenant vrais de cet officier romain. Le lion de la tribu de Juda régnait de l'Arbre. Et, c'est là un témoignage qui doit perdurer jusqu'à son avènement.

---

[1]En parlant ainsi, il (Jésus) indiquait de quelle mort il devait mourir (Jean 12:31-33). Cette mort, est la crucifixion. Jésus savait qu'il allait être crucifié. Perses, auraient inventé ce chatiment au ve siècle avant notre ère. Mais aussi, on le trouvait chez les Celtes, les Scythes, les Assyriens, les Phéniciens ... Voir Appendice 22 pour toute l'histoire.

Chapitre 12
ART ORATOIRE OU PRINCIPE
DE LA RHÉTORIQUE

A rt oratoire, du Latin "rhetorica - art oratoire. Cette expression est issue du Grec ancien *rhétorikê,* technique, art oratoire. Et, le terme rhétorikê lui-même dérivé de rhêtor, orateur. L'art oratoire désigne la prise de parole en public, l'éloquence...

La rhétorique est l'étude ou l'art de bien parler, de l'impact du discours sur les esprits, de l'éloquence. Il y a de nombreuses caractéristiques de la rhétorique:

1. La rhétorique s'intéresse aux différents moyens d'expression et de formes employées pour renforcer le discours, donner au prédicateur de l'éloquence, l'aider à capter l'attention de son auditoire ou faire preuve de persuasion.
2. La rhétorique fait le recensement des règles et des procédés styllistiques appelés figures de rhétorique. Donc, à quelqu'exception près, la rhétorique est synonyme d'éloquence.

Deux conceptions antagonistes de la rhétorique sont à distinguer. La première, ayant ses racines dans l'antiquité grecque, chez les sophistes[1] et codifiée par Aristote. Elle a pour finalité *persuader* et *convaincre.*

La seconde, l'éloquence est apparue dans l'antiquité romaine, avec Quintillien et Cicéron notamment, est l'art de bien parler, l'art de l'éloquence. Avec un sens péjoratif, la rhétorique désigne une éloquence affectée, un discours emphatique, pompeux, déclamatoire.[2]

Par métonyme, une rhétorique est un ouvrage qui traite de la rhétorique. Autrefois, la rhétorique désignait une classe de Lycée, équivalente à celle de la première de nos jours, où s'achèvent les humanités.

L'adjectif rhétorique qualifie ce qui est relatif à la rhétorique, l'art de bien parler ou ce qui concerne son étude. Exemple: des figures rhétoriques.

L'actualité s'intéresse de plus en plus à la prise de parole en public. Les TED Talks, les concours d'éloquence, magnifiquement illustrés par les films: "La voix haute ou Brio,''montrent l'intérêt du public pour ce genre de prestations qui touchent

---

[1]Sophistes. Un sophiste (du grec ancien σοφιστής, *sophistès* : « spécialiste du savoir », formé à partir de *sophia* : « savoir, sagesse »).

[2] Pompeux et déclamatoire - Qui est pompeux, emphatique et vide de fond, qui déclame. Art de réciter devant un public un texte de manière expressive : Ce sont des textes qui se prêtent peu à la déclamation. Emphase, affectation, enflure dans l'expression orale ou écrite ; discours pompeux ; emphatique : Tomber dans la déclamation. Art de la diction expressive pour l'interprétation d'un texte chanté.

le cœur et l'esprit.'' C'est un tremplin pour développer le charisme et le leadership personnel et surtout, pour apprendre à devenir soi-même!

ii.- Différentes orientations
dans la rhétorique

Dans le domaine de la prise de parole, il faut distinguer différents niveaux et différentes orientations. Il y a la simple prise de parole que nous devons tous réaliser un jour ou l'autre durant les études, au travail, à la maison, en association, etc.

Cela demande de voler au-dessus de ses peurs, de se préparer avec profondeur, pour présenter un exposé structuré et qui soit écouté et apprécié de l'auditoire. Cela est accessible à tous avec un peu d'investissement de temps pour la préparation et la pratique de son message.

De plus, il y a ceux qui doivent prendre la parole assez souvent dans le cadre professionnel et qui doivent être efficaces dans le résultat de leurs interventions. C'est comme lorsqu'on vend des produits ou des projets, dirige une équipe ou une entreprise, donne des cours de formation et partage, en temps et hors de temps, le message de la parole de Dieu avec les membres du haut de la chaire.

Ces tâches nécessitent plus de préparation et l'acquisition de qualités supplémentaires comme plus de charisme et d'éloquence, plus de leadership.[1] Cela

---

[1]Charisme, leadership et éloquence: un pouvoir spécial que certaines personnes ont naturellement qui les rend capables d'influencer les autres et d'attirer leur attention et leur admiration: Un charisme puissant, fascinant, trouble et neutralise le jugement d'autrui; le charisme aide à diriger, voire manipuler les autres. C'est un don naturel ou une façon d'être. Il est possible de travailler sur soi pour le déveloper.

va demander un investissement plus profond si l'on veut réellement être efficace. Malheureusement, trop de personnes négligent cela et restent au niveau cité plus haut.

Même si l'on a des facilités innées à parler en public, on n'est pas pour autant un orateur percutant et performant. Les amateurs de Sports disent toujours qu'il y a des sportifs amateurs et des sportifs professionnels…

L'entraînement et l'investissement de temps entre ces deux groupes, seront très différents. Les prédicateurs professionnels de la parole doivent s'entraîner en pratiquant tous les jours. Ce qui ne sera pas le cas pour les prédicateurs circonstanciels.

Un professeur de théologie pratique a conseillé que pour bien maitriser son message et arriver à le présenter sans faille, voir sans notes, il faut le lire , le relire et considérer les textes, en s'exerçant, Bible en main, au moins douze fois.

iii.- L'aratorie ou l'amour de la parole

C'est le sommet de la communication en public. Il est pour certains au croisement de la rhétorique et de l'éloquence. C'est l'art de convaincre, d'émouvoir par la parole. Cet art date de l'époque grecque et s'est codifié par la suite avec Cicéron notamment. Il est important de définir quelques termes fréquemment utilisés dans ce domaine. Citons-en:

a. **Rhétorique**. Art de bien parler. Plus précisément, selon Ruth Amossy:[1] «**Telle qu'elle a été élaborée par la culture de la Grèce antique, la rhétorique peut être considérée comme une théorie de la parole efficace, liée à une pratique oratoire.** »

Les conceptions de la rhétorique ont varié au cours des âges selon les objectifs de son utilisation. Mais, la rhétorique reste toujours la rhétorique. Je trouve comme devenue célèbre cette déclaration de Mme Amossy. Elle écrit et dit que:[1]

"Prendre la parole, c'est projeter, bon gré mal gré, une certaine image de sa personne. La présentation de soi, dénommée dans l'antiquité grecque « ethos », est une dimension intégrante du discours. Comment cette image s'élabore-t-elle concrètement face aux autres? Comment construit-elle des identités et exerce-t-elle une influence?''

La définition grecque, selon laquelle la rhétorique doit persuader, bien que propagée par les sophistes comme Gorgias, reste de la conception héritée d'Aristote qui la définit comme « la faculté de considérer, pour chaque question, ce qui peut être propre à persuader ».

La définition d'origine stoïcienne (romaine) qui pose qu'elle est l'art de bien discourir, requiert une bonne moralité et se rapproche en cela d'une représentation de la sagesse. Ses représentants sont Quintilien et Cicéron.

---

[1]**Ruth Amossy (née Brenes) est** professeur émérite à l'Université de Tel Aviv. **Elle est rédactrice en chef de la revue en ligne « Argumentation et analyse du discours ».**

[1]*AMOSSY-* http://farum.it/lectures/ezine_printarticle.php?id=181 **Versione a schermo begin article body....**

b. Éloquence. L'art de bien parler, l'aptitude à s'exprimer avec aisance, la capacité d'émouvoir, de persuader (dans l'antiquité, c'est Hermès[1] qui représente l'éloquence).

c. Art oratoire. C'est un dérivé, pourrait-on dire, de la rhétorique grecque. L'art oratoire est un art, en ce sens qu'il propose une dimension esthétique au discours. De même, parce qu'il requiert l'apprentissage d'une méthode, elle est une technique. L'art oratoire n'est pas inné, il s'apprend.

C'est Cicéron qui, le premier, a proposé une théorie de l'Art Oratoire avec son essai philosophique de *oratoire,* en disant que: *"On naît poète, mais on devient orateur.[2]"*

Il s'agit donc de se consacrer à cet art en travaillant les techniques et les méthodes. Il faut élever le niveau d'efficacité et de persuasion du

---

[1]Hermès. Le caducée est l'un des attributs d'Hermès, une branche de laurier entourée de deux serpents et surmontée de deux ailes qui indiquent, comme les sandales et le casque ailé, qu'Hermès est le messager des dieux. Mercurius est le dieu du commerce dans la mythologie romaine. Assimilé au l'Hermès grec. il devient également le dieu des voleurs, des voyages et le messager des autres dieux. Son nom est lié au mot latin merx (Française).

[2]Poète – un poète est celui qui exprime dans ses vers son cœur et les questions de son cœur. C'est le propre de tous les poètes. Quelqu'un qui compose et prononce souvent des discours; es tune personne éloquente qui parle en public avec art et efficacité.

discours, avec une dimension esthétique et un style propre à chaque orateur.

Il faut se construire un personnage et un style adaptés à son contexte professionnel ou autres. Le pasteur ou ministre de l'évangile doit avoir son style, son vocabulaire et sa verve qui se diffèrent pas de ceux de l'orateur séculier.

Dans Actes 4:13, Pierre et Jean, sous le coup des outrages subis au nom de Jésus, rendaient publiquement leur témoignage. Leur parole était tellement différente que le docteur Luc, auteur du livre des Actes, rapporte cette déclaration élogieuse de leurs accusateurs: "Lorsqu'ils virent l'assurance de Pierre et de Jean, ils furent étonnés, sachant que c'étaient des hommes du peuple sans instruction; et ils les reconnurent pour avoir été avec Jésus.''

> d. Oratorie. L'oratorie, c'est l'amour effréné[1] de la Parole) ou l'art naturel de prendre la parole en public avec éloquence et efficacité. Il y a des prédicateurs qui développent cet amour. Ils l'aiment et le maitrisent.

L'oratorie désigne la compétence ou l'éloquence dans ce dpmaine. Un évangéliste peut amener des milliers de personnes à se repentir par son usage de l'art oratoire.

C.- Vers la Conclusion:

---

[1]Effréne. De effrénément, un adverbe rare. Il s'emploie pour désigner quelque chose qui est sans frein. D'une manière effrénée, sans frein. Attesté notamment ds LITTRÉ, ROB., *Lar. Lang. française.*

Rappelons, en concluant ce chapitre sur l'art oratoire ce que nous avons déjà souligné dans notre développement sur le gain des âmes. C'est le Saint-Esprit qui convainc les hommes de péché, de justice et de jugement (Jean 16:8). C'est lui qui convertit les coeurs. Mais, Dieu attend notre participation pour répandre partout la bonne nouvelle du salut en Jésus-Christ.

Nous devons faire de notre mieux pour presenter le message avec toute son ampleur et, sans aucune negligence. Le Saint-Esprit viendra à notre secours, lorsque nous aurons mis toutes nos possibilités à sa disposition.

Il existe de nombreux ouvrages qui permettent de découvrir des techniques et des trucs d'orateurs pour améliorer notre charisme et notre éloquence. De plus, c'est par la pratique que cela se concrétise et que l'on atteint un niveau de plus en plus maîtrisé. Nous devons donc nous metre au travail.

Il s'agit pour le leader[1] d'aller de plus en plus en avant dans sa maîtrise de la parole et de traquer les éléments que l'on peut améliorer tout en développant l'art oratoire et ses figures de style. La capacité à raconter des histoires et d'émouvoir, d'improviser, quand la nécessité se présente, doivent être des aides précieuses aux prédicateurs engagés.

---

[1]Leadership - un terme emprunté à l'anglais, définit la capacité d'un individu à mener ou conduire d'autres individus ou organisations dans le but d'atteindre certains objectifs. On dira alors qu'un leader est quelqu'un qui est capable de guider, d'influencer et d'inspirer. Le mot est apparu au 18e siècle en Angleterre. L'origine du mot est beaucoup plus ancienne. Ils viennent du verbe anglais to lead, qui signifie mener.

C'est aussi une école de développement du leadership.[1] Cela doit nous décider à nous y engager et à nous défier pour avancer dans notre maîtrise de la parole par la pratique de l'art oratoire.

---

[1] En France, Alfred Binet fut le premier à utiliser cet Anglicisme, dès 1900, sans réserve et sans retenue, dans son ouvrage Suggestibilité (téléchargeable).

Chapitre 13
LES FIGURES DE STYLE
(ET DE RHÉTORIQUE)

C e chapitre est un emprunt du monde littéraire, bien arrangé pour vous. Il trouve bien sa place dans ce travail, lorsqu'on considère qu'en tant qu'homme de la Parole, le prédicateur fait toutes sortes de rencontre. Il est, comme quoi, appelé à se defendre devant son public en se prononçant sur divers cas et, dans des circonstances variées.

Ainsi, ce chapitre peut constituer pour nous une de reference et d'encouragement. Il nous aidera à réviser des choses que nous avons apprises dans toutes les classes - de l'enseignement Primaire, secondaire et à notre long parcours universitaire et post-universitaire.

Suivant des experts de l'Académie Française des lettres, il y 36 figures de Style. Chacune de ces figures comporte des subdivisions, embranchement et sous embranchements. Elles sont réparties en dix groups de A à Z. Nous ne prétendons pas avoir déchiqueté tout ce qu'il peut y avoir dans les 36, mais nous avons fait de notre mieux pour vous présenter l'essentiel.[1]

---

[1]En savoir plus sur https://www.laculturegenerale.com/liste-figures-de-style-francais/ | La culture générale…

Ces figures doivent pouvoir vous aider à faire dans votre élocution et vos envolées littéraires, un travail plus au moins juste. Il est, en effet, toujours bon pour l'homme de revivre son passé et refaire son style. De quoi s'agit-il, en réalité?

Par definition, une figure de style est un procédé qui consiste à aider l'orateur à s'écarter de l'usage ordinaire de la langue pour donner un caractère littéraire à ce qu'il énonce. On fait une utilisation originale de la langue, on joue avec les codes, on exprime de façon singulière ce que l'on souhaite écrire.

Les figures de style peuvent agir sur le sens des mots, la construction des phrases ou sur leur sonorité. On peut aussi parler de figure de rhétorique ou de figure du discours. Dans cette étude, pour mieux nous aider, ces figures sont regroupées par ordre alphabétiques dans dix tableaux.[1]

ii.- Classification des figures de styles

Dans l'ensemble, on a dénombré environ 36 à 38 figures de Styles en les classant par lettre alphabétique en groupe de 1, 2, 3 jusqu'à 17- suivant leur appellation. En voici l'essentiel:

a. 17 sont en A. Il n'y en a pas en B.
b. 3 sont en C. Il n'y en a pas en D.
c. 1 est en E. Il n'y en a pas en F.
d. 1 est également en G.

---

[1]Les 36-38 figures de style à connaître en Français PAR Adrien · Publié le 26/11/2017 · Mis à jour 13/10/2019·

e. 2 sont H. Il n'y en a pas en I, J, K.

f. 1 est L.

g. 2 sont en M. Il n'y en a pas en N.

h. 1 est en O.

i. 7 sont en P. Il n'y en a pas en Q et en R.

j. 2 sont en S. Il n'y en a pas en TUVWXY.

k. 1- le dernier est en Z.

NB.- Le total donne 36 à 38 figures. Adrien de France, entre 2017 à 2018 a mis en ordre ces figures qui ont été mises à jour en octobre 2019. Rien n'empêche que d'autres chercheurs enlèvent certains noms de la liste et en ajoutent d'autres. Tout est possible.

iii.- Brève description de chaque figure en particulier

Faisons une brève étude sur la nomenclature[1] de chacune de ces figures. Des recherches peuvent nous aider à en dire plus:

iv.- Les figures de Style en A: (Accumulation, acrostiche, adynation, allégorie, allitération, --- Antonomase).

a.- L'accumulation:

L'accumulation est un procédé qui consiste à aligner, à accumuler un grand nombre de termes

---

[1]Une nomenclature désigne une instance de classification (code, tableau, liste, règles d'attribution d'identité...) faisant autorité et servant de référence dans le cadre d'une activité professionnelle industrielle ou d'une discipline donnée (exemples : en chimie, en botanique, en zoologie, en astronomie, etc.). La nomenclature est un élément-clé de toute taxonomie.

pour multiplier les informations dans le
but d'insister sur une idée, lui donner plus de force,
la rendre plus saillante, plus frappante.

L'accumulation est ainsi connue comme une
figure d'amplification. Les mots accumulés sont en
général de même nature, de même fonction
grammaticale ou de même sonorité afin de rendre
l'expression plus cohérente. La gradation et
l'énumération sont des types d'accumulation.

L'anaphore et l'hyperbole s'appuient sur ce
procédé. Exemple: Au ciel, aux vents, aux rocs, à
la nuit, à la brume, le sinistre océan jette son noir
sanglot (Victor Hugo -Légende des siècles - Les
Pauvres gens). Hugo accumule le nom des éléments
auxquels l'océan jette son noir sanglot ».

b.- Acrostiche:

Un acrostiche est un jeu littéraire de mots qui
aconsiste à écrire un poème dont on peut lire un mot
nouveau formé par les initiales des vers. Ce mot est
souvent le nom de l'auteur, le nom de celui à qui on
dédie le poème ou un mot en rapport avec le titre du
poème.

c.- Adynaton:

L'adynaton (adynata au pluriel) est
une hyperbole tellement exagérée que l'information
en devient inconcevable, invraisemblable, impossible.
L'effet visé est souvent humoristique. Exemple:
C'est un roc! c'est un pic! c'est un cap! Que dis-je,
c'est un cap? ... c'est une péninsule![1]

---

[1]Humoristique: Forme d'esprit qui s'attache à
souligner le caractère comique, ridicule, absurde ou insolite de
certains aspects de la réalité ; marque de cet esprit dans un
discours, un texte, un dessin, etc. : Raconter ses propres

d.- Allégorie…

L'allégorie est une figure de style par laquelle on exprime, on représente une idée, une notion ou un thème par une métaphore, une personnification, une image ou, plus généralement, une forme concrète. En d'autres termes, l'allégorie est une représentation concrète d'une notion abstraite.

Elle utilise un symbole (un texte, une image, etc.) qui véhicule une notion. À l'écrit, on la repère souvent par l'utilisation de la majuscule.

L'allégorie a donc deux sens: un sens littéral (la forme qui représente l'idée) et un sens figuré (l'idée, la notion qui est représentée). Exemple: "Le temps mange la vie, et l'obscur ennemi qui nous ronge le coeur est le sang que nous perdons (Baudelaire, dans Fleurs du mal)."

L'ennemi représente une notion abstraite, le temps qui fuit, de manière concrète devient comme un monstre qui dévore la vie de l'homme. Il y a donc, en outre, une personnification du temps. Personnification et allégorie vont souvent de pair. L'allégorie du temps qui fuit (tempus fugit) est un lieu commun de la littérature.

e.- Allitération:

Une allitération est une figure de style qui consiste à répéter de manière exacte ou approximative, une même consonne (un même « son », de type consonne). Cette répétition trouve

---

mésaventures avec humour (Rostand, Cyrano de Bergerac, I, 4).

son sens dans le texte où on la trouve. On voit le plus souvent les allitérations dans la poésie ou le théâtre.

Jean-Marie Viprey définit l'allitération ainsi: Une saillance significative dans la récurrence d'une consonne, à l'échelle d'une configuration textuelle donnée. Un vers de Racine dans Andromaque est l'exemple le plus célèbre d'allitération dans la langue française:[1] "Pour qui sont ces serpents qui sifflent sur vos têtes?"

Bref, il faut se demander: est-ce que la répétition d'une consonne permet de remarquer quelque chose?

f.- Anacoluthe:

L'anacoluthe est une figure de style qui consiste à opérer volontairement (on le suppose...) une rupture dans la syntaxe. La construction grammaticale de la phrase est transformée pour lui donner un effet rhétorique. C'est une faute maîtrisée. La phrase se dirige vers le point où on l'attend, avant de prendre brusquement une autre direction. Elle est comme interrompue dans son cheminement. Exemple: Le nez de Cléopâtre, s'il eût été plus court, la face du monde en eût été changée.[2]

Ici, le verbe aurait dû avoir « le nez » pour sujet. Pourtant, le sujet « La face du monde » apparaît sans qu'on l'attende. Pascal veut surprendre en exprimant un saut intellectuel par

---

[1]Racine, Andromaque, V, 5 Ici, le son « s » (par la consonne s, ou la consonne c) est répété 5 fois et suggère le sifflement du serpent.

[2]Pascal, Pensées, 392.

cette étrange syntaxe: "L'histoire a été comme modifiée par le nez de Cléopâtre!''

Pascal, mathématicien de génie, établit un parallèle implicite entre deux longueurs: la taille du nez de Cléopâtre et la face du monde. On le comprend: l'anacoluthe est fréquente dans le langage parlé.

g.- Anadiplose:

L'anadiplose est une figure de style qui consiste à répéter le dernier mot d'une proposition (un même ensemble de termes) au début de la proposition suivante. Exemple: Je vis ce beau Lyon, Lyon qui a tant de prise. Il y a anadiplose car le mot *Lyon* est répété dans deux propositions différentes, séparées par une virgule.[1]

h.- Anagramme:

Une anagramme est un jeu littéraire qui consiste à former un ou plusieurs mots en transposant les lettres d'un ou plusieurs autres mots. Exemple: Ange / Nage; Arts / Rats / Star / Tsar. Autre exemple: Les mots « Gare maman » ou « Maman rage » peuvent être formés à partir d'anagramme, etc.

i.- Anaphore:

L'anaphore est une figure de style qui consiste à répéter un même mot ou un même groupe de mots en tête de phrases, de vers, de paragraphes qui se suivent. C'est une figure de style qui donne une impression d'insistance, de symétrie et renforce un propos. Ce procédé est particulièrement

---

[1] Du Bellay, Les Regrets, Lyon, 128

populaire en poésie. Attention! Il faut essayer de comprendre l'intention de l'auteur.

En effet, l'anaphore n'est pas le résultat d'une négligence. Elle est voulue par l'auteur qui peut vouloir souligner une juxtaposition,[1] créer un effet d'accumulation, un effet musical, suggérer une obsession, pointer l'urgence ou donner l'effet d'une incantation, etc. Exemple: Paris, Paris outragé! Paris brisé! Paris martyrisé! Mais Paris libéré![2]

En grammaire, l'anaphore est un procédé par lequel un mot ou un groupe de mots rappelle un autre mot ou groupe de mots précédemment énoncé (l'antécédent). L'anaphore peut aussi être elliptique (voir plus bas). Exemple: Michel n'a pas son manuel. Je lui ai prêté le mien.

Le mien, se substitue ici au mot *manuel*, qui est l'antécédent. Par le mien, on fait référence à *manuel*.

j.- Antithèse:

L'antithèse (ou alliance d'idées), est une figure de style qui consiste à opposer très fortement deux termes ou deux ensembles de termes contraires. Cette figure de style oppose des idées. L'antithèse est aussi, selon le Gradus, un moyen de mettre en relief une idée principale en présentant une idée inverse

---

[1]Juxtaposition. Placer des choses l'un à côté de l'autre. L'acte ou une instance de placer deux ou plusieurs choses côte à côte souvent pour comparer ou contraster ou pour créer un effet intéressant une juxtaposition inhabituelle de couleurs aussi: l'état d'être ainsi placé des formes contrastées placées en juxtaposition l'une à l'autre.

[2]Charles de Gaulle, Discours à l'Hôtel de ville de Paris le 25 août 1944.

que l'on écarte ou que l'on nie. Exemple: Être ou ne pas être (Shakespeare, Hamlet, III, 1).

Ce vers célébrissime de Hamlet est l'exemple le plus simple d'antithèse: la proposition « être » s'oppose à la proposition « ne pas être ».
La symétrie entre les deux propositions contraires (Être / ne pas être) renforce l'effet de contraste.

k.- Antiphrase:

L'antiphrase est une figure de style par laquelle on laisse entendre le contraire de ce que l'on veut vraiment dire ou écrire. On emploie un mot ou une proposition dans un sens contraire à son véritable sens. Exemple: Nous nous étions réunis pour choisir le cadeau d'anniversaire que nous allions offrir à Sylvie.

Tous étaient prêts à donner 30 dollars, sauf Jean, qui ne voulait pas céder plus de 5 dollars. « Quelle générosité! », lui dit Nicolas. Nicolas ne pense pas que Jean soit généreux. Au contraire! Il ironise sur son avarice.[1]

L'antiphrase est la figure par excellence de l'ironie. Elle permet de mettre facilement en évidence le ridicule d'une situation. Ainsi, on peut dire: "Ne vous gênez pas à quelqu'un qui fait quelque chose de dérangeant, ou délicieux, pour se moquer d'un repas visiblement dégoûtant.''

Certains ne comprennent pas la différence entre antiphrase et ironie. L'antiphrase est une figure de style, une tournure de phrase qui produit un effet littéraire. L'ironie est un concept qui ne

---

[1]Avarice. Attachement excessif à l'argent, incapacité à dépenser de l'argent, volonté d'acquérir toujours davantage de richesses.

s'applique pas uniquement à une phrase, mais à l'être des choses. On peut dire qu'une chose est ironique, comme dire qu'une chose est triste, ou bleue, ou compliquée, etc.

l.- Assonance:

En général, on parle d'allitération pour la répétition d'une consonne, et d'assonance pour la répétition d'une voyelle. Exemple: Tout m'afflige et me nuit et conspire à me nuire. Racine, Phèdre, I, 3

m.- Asyndète:

L'asyndète est une figure de style par laquelle on juxtapose des éléments tout en supprimant volontairement les mots de coordination entre ces éléments. On omet d'inscrire la coordination entre plusieurs propositions d'une même phrase ou entre plusieurs phrases. Elle se traduit souvent par l'emploi de la virgule.

L'asyndète s'oppose à la polysyndète. Elle est une forme de parataxe.[1] Exemple: Ménalque se jette hors de la portière, traverse la cour, monte l'escalier, parcourt l'antichambre, la chambre, le cabinet, tout lui est familier, rien ne lui est nouveau, il s'assit, il se repose, il est chez soi.

Le maître arrive, celui-ci se lève pour le recevoir. Il le traite fort civilement, le prie de s'asseoir, et croit avoir fait les honneurs de sa

---

[1]La parataxe (du grec ancien παράταξις, parátaxis, coordination) est un mode de construction par juxtaposition de phrases ou de mots dans lequel aucun mot de liaison n'explicite les rapports syntaxiques de subordination ou de coordination qu'entretiennent les phrases ou les mots.

chambre. Il parle, il rêve, il reprend la parole. Le maître de la maison s'ennuie, et demeure étonné.[1]

Dans cet extrait, La Bruyère multiplie les propositions: se jette hors de la portière, traverse la cour, monte l'escalier, en ne les liant que par des virgules. Il n'emploie aucun terme de liaison. Il aurait en effet pu écrire: Ménalque se jette hors de la portière. Il traverse ensuite la cour pour monter l'escalier et parcourt l'antichambre …

L'asyndète est une ellipse, c'est-à-dire un procédé par lequel on retranche des mots d'une phrase sans que le sens de cette phrase en soit affecté.

n.- Aposiopèse:

L'aposiopèse est une figure de style qui consiste à interrompre brusquement une phrase ou un vers qui reste inachevé, traduisant une hésitation, une émotion, une menace. Elle produit un silence, matérialisé par des points de suspension. L'énoncé continue ensuite en digression (déviation temporaire du sujet principal. Cette digression se fait volotairement). Exemple: Lisette Ah! Tirez-moi d'inquiétude.

En un mot, qui êtes-vous? Arlequin Je suis… N'avez-vous jamais vu de fausse monnaie? Savez-

---

[1] La Bruyère. Jean de La Bruyère (1645-1696) était un homme de lettres et moraliste français de la période classique. Son seul ouvrage, "Les Caractères" (1688), capte le profil psychologique, social et moral de la société française de son temps. Jean de La Bruyère est né le 15/16 août 1645 dans une famille bourgeoise parisienne.

vous ce que c'est qu'un once d'or faux? Eh bien, il ressemble assez à cela.[1]

o.- Antanaclase:

L'antanaclase (ou la diaphore, synonyme) est une figure de style qui consiste à utiliser deux fois le même mot dans une phrase en lui donnant deux sens différents. Cette figure joue sur la polysémie d'un mot, c'est-à-dire sur le fait qu'un mot dispose de plusieurs sens.

C'est une figure de style voisine de la syllepse et de la paronomase. Exemple: Le cœur a ses raisons que la raison même ne connaît pas (Pascal, Pensées, IV, 277). La première occurence de « raison » renvoie aux motivations, alors que la seconde renvoie plutôt à la raison comme faculté de l'esprit humain.

p.- Antonomase:

L'antonomase est une figure qui consiste à faire d'un nom commun ou d'une périphrase un nom propre ou, à l'inverse, on fait d'un nom propre un nom commun. L'antonomase est donc un type de métonymie.

Exemple: On parle souvent d'un apollon pour parler d'un bel homme, ou d'un homme qui prend soin de son apparence. D'un nom propre, on est passé à un nom commun. En France, il est courant d'utiliser la locution « le général » pour parler du général de Gaulle.

D'un nom commun, on est passé à un nom propre. Le Hun Attila fut surnommé « le fléau de

---

[1] Marivaux, Le Jeu de l'amour et du hasard, III, 6 Arlequin, déguisé en son maître dans la pièce de Marivaux, hésite à avouer directement sa véritable identité.

Dieu ».[1] Une périphrase remplace le nom propre Attila.

iii.- Les figures de Style
en C (Calembour, chiasme, et comparaison):

a.- Le Calembour:
Le calembour est un jeu de mot qui repose sur l'équivoque que provoque l'emploi des mots à double sens, ou des termes dont la prononciation est semblable ou identique, mais dont le sens diffère.

L'effet comique vient de la double interprétation que l'on peut faire de ces phrases. Exemple: "Chassez le naturiste, il revient au bungalow."[2]

b.- Chiasme:
Le chiasme (se prononce kiasme) est une figure de style qui consiste à disposer au moins de deux éléments, par exemple: l'adjectif + le nom - rude journée, en regard avec au moins deux autres éléments correspondants: Le nom + l'adjectif - travail fructueux.

On obtient ainsi une phrase formée sur le modèle AB/BA: à rude journée, travail

---

[1]Attila. Selon l'historiographie romaine il régna de 434 à 453 sur l'Empire hunnique (une grande partie de l'Europe centrale et de l'Asie centrale) dont il se fit désigner Europæ Orbator (empereur d'Europe). Attila naît en 395. Il est fils du roi d'une tribu Huns, Moundzouk, qui meurt à la guerre en 408.

[2] Jean-Paul Gousset Ce célèbre calembour du journaliste du Canard enchaîné détourne le proverbe « Chassez le naturel, il revient au galop » à l'aide de paronymes (naturiste pour naturel; bungalow pour galop).

fructueux. Les deux parties d'un chiasme sont souvent séparées par un conjonction (mais, ou, et...), par un point virgule ou une virgule:
"Un roi chantait en bas, en
haut mourait un citoyen."[1]

C'est donc un chiasme multiple sous forme ABC / CBA. Le chiasme donne ici de l'harmonie à l'expression: la sonorité de la phrase devient agréable. Il donne du rythme dans une structure du texte resserrée.

En outre, le chiasme permet de mettre en relief une ressemblance ou une opposition. Attention: une phrase formée sur le modèle AB/AB n'est pas un chiasme mais un parallélisme: « Je meurs si (A) je vous perds (B) ; mais je meurs si (A) j'attends (B).- (Racine, Adromaque).

c.- Comparaison:

La comparaison est un procédé par lequel on rapproche un terme ou un ensemble de termes, par exemple: "La terre, d'un terme ou d'un ensemble de termes différents, le feu.'' Deux entités sont mises sur un même plan: "La terre est rouge comme le feu.''

Le premier terme ou ensemble de termes est appelé le comparé (ou thème). Dans cet exemple, c'est « la terre ». Le deuxième terme ou ensemble de termes est appelé le comparant (ou phore).[2] Dans cet exemple, c'est « le feu ».

---

[1] Hugo, La légende des siècles, Booz endormi- Ce vers de Hugo est un chiasme formé comme suit : ABC = nom (roi) + verbe (chantait) + adverbe (en bas) / CBA = adverbe (en haut) + verbe (mourait) + nom (citoyen).

[2] Du grec ancien φορός, phoros (porteur). Nom commun Modifier. Singulier, Pluriel. phore, phores ·

La comparaison opère à l'aide d'un outil de comparaison. Dans l'exemple précédent, l'outil de comparaison est « comme ». Cet outil peut être aussi une conjonction ou un adverbe: comme, ainsi que, de même que, plus que, moins que, etc.

Il peut être aussi un adjectif comparatif: tel, semblable, pareil à, etc.; ou un verbe: paraître, avoir l'air de, sembler, ressembler, etc.

La comparaison est une figure de style lorsqu'on rapproche des éléments au départ dissemblables, par analogie. On parle alors de comparaison figurative. Exemple: "Un petit baiser, comme une folle arraignée, te courra par le cou…"

Rimbaud[1] compare dans ces vers: "Un petit baiser dans le cou" à un élément qui lui semble au départ complètement différent et étranger: "Une folle arraignée." Le poète rapproche deux réalités dissemblables qui, après l'effort du lecteur, semblent effectivement se rapprocher: "Les petits baisers multipliés dans le cou courent et chatouillent comme le ferait une petite arraignée."

iii.- Les figures de Style
en E (euphémisme):

a.- L'euphémisme:

\fɔʁ\. phore \fɔʁ\ masculine- adénophore · aérophore · androgynophore · androphore · antépiphore · anthophore · antliophore · aplacophore ..

[1] Rimbaud, Rêvé pour l'hiver. **Arthur Rimbaud est le poète par excellence. Jean Nicolas Arthur Rimbaud est né le 20 octobre 1854 à Charleville-Mézières dans les Ardennes. … Le jeune Arthur est un élève brillant, il remporte des prix de littérature dès son adolescence.**

L'euphérisme est une figure de style par laquelle on atténue l'expression d'une idée pour en masquer le caractère déplaisant, brutal, triste, vulgaire, douloureux, etc. On énonce indirectement cette idée odieuse (par exemple, l'idée de la mort) pour atténuer son effet (la peur et la tristesse que produit la mort).

Des exemples: "Les parfums ne font pas frissonner sa narine; (2). Il dort dans le soleil, la main sur sa poitrine, tranquille; (3). Il a deux trous rouges au côté droit.[1]

Ces célèbres vers qui concluent le Dormeur du Val sont euphémiques. Rimbaud ne dit pas explicitement que le soldat est mort. Il utilise pour cela une métonymie en énonçant l'effet à la place de la cause: "Les deux trous rouges au côté droit, disent bien sûr qu'un soldat ennemi lui a tiré dessus et l'a tué. Évoquer directement la mort aurait juré avec le ton du poème, dans lequel le lecteur est plongé dans une atmosphère de quiétude et de sérénité.

En général, l'euphémisme est employé pour parler de la maladie, de la mort ou de la sexualité.

iv.- Les figures de Style
en G (Gradation):

a.- La gradation:

La gradation est une figure de style qui consiste à ordonner les termes d'une phrase qui évoquent une idée similaire selon une progression ascendante ou descendante. En d'autres termes, une même idée peut être exprimée avec plus ou moins de force grâce à une énumération

---

[1] Rimbaud, dans "Le dormeur du val."

de termes qui peuvent gagner ou perdre en intensité, en nombre, en taille, etc.

Les termes qui se suivent dans une gradation progressent par le sens. Exemple: C'est un roc ! c'est un pic ! c'est un cap ! Que dis-je, c'est un cap? … C'est une péninsule![1]

Cyrano de Bergerac parle de son gros nez par des métaphores désignant un élément toujours plus important en dimension. On parlera souvent de gradation ascendante pour désigner une gradation qui gagne en intensité.

v.- Les figures de Style
en H (hypallage et hyperbole):

a.- L'hypallage:

L'hypallage est une figure de style par laquelle on associe un terme d'une phrase à un terme différent de celui qui aurait convenu selon le sens (Par exemple: "endeuillé - associé à maison," à la place de "famille." La famille se trouvait dans la maison endeuillée. On associe des termes qui paraissent à priori hétérogènes, mais dont le lien est finalement logique.

---

[1] Poète et libre-penseur, Hercule Savinien Cyranno, dit Cyrano de Bergerac, né est à Paris le 6 mars 1619. Il est surtout connu pour sa comédie *Le Pédant joué*, son Histoire comique des États et Empires de la Lune, première partie de l'Autre Monde, et particulièrement pour avoir inspiré à Edmond Rostand le personnage central de sa comédie ...
Rostand, Cyrano de Bergerac. Cyrano de Bergerac (1897) d'Edmond Rostand. Edmond Rostand décrivait le panache de la sorte : « Le panache, n'est pas la grandeur mais quelque chose qui s'ajoute à la grandeur, et qui bouge au-dessus d'elle. C'est quelque chose de voltigeant, d'excessif - et d'un peu frisé [...], le panache c'est l'esprit de bravoure.

En d'autres termes, l'hypallage est comme l'échange d'un mot entre deux autres mots. L'hypallage concerne surtout les adjectifs: "Et maintenant il revoyait la chambre veuve."[1]

Le héros du conte de Villiers de l'Isle-Adam associe chaque objet de son intimité au souvenir de la mort de sa femme. Comprendre une hypallage exige souvent d'en connaître le contexte.

b.- Hyperbole:

Une hyperbole est une figure de style qui utilise l'exagération pour mettre un élément en relief, pour frapper les esprits ou pour ironiser quelqu'un ou quelque chose. Le dictionnaire Littré dit que dans l'hyperbole, on augmente ou on diminue excessivement la vérité des choses pour qu'elle produise plus d'impression.

En d'autres termes, dans la clarté du français de La Bruyère:[2] "L'hyperbole exprime au-delà de la vérité pour ramener l'esprit à la mieux connaître. Exemple: "Elle me confia son sac. Il pesait au moins une tonne!"

On comprend aisément ce que l'on souhaite exprimer ici : "Le sac était très lourd." L'évaluation du poids du sac est très exagérée.

---

[1]Villiers de L'Isle-Adam, Contes cruels, Vera. **Contes cruels**, d'Auguste de Villiers de L'Isle-Adam **est un recueil de** nouvelles **publiées dans divers journaux et réunies pour la première fois sous ce titre en** 1883.

[2]Jean de La Bruyère, né à Paris le 16 août 1645 [1] et mort à Versailles le 11 mai 1696 [2], est un moraliste français. La Bruyère est célèbre pour une œuvre unique: "Les caractères ou les Mœurs de ce siècle (1688).

L'hyperbole permet d'exprimer une idée qui n'aurait pas été aussi frappante ni aussi claire si l'on avait simplement dit : « Elle me confia son sac. Il était lourd et pesait au moins 10 kg ! » Une tonne est l'équivalent de 1.000 kilos.

L'hyperbole peut en outre ajouter un effet humoristique à la figure : "On imagine la personne se ployer sous le poids du sac!"

vi.- Les figures de Style
en L (Litote):

a.- La litote:

La litote est une figure de style qui consiste à dire moins pour faire entendre beaucoup plus. En d'autres termes, on dit moins pour suggérer davantage.

Par métonymie, on désigne la litote comme une expression utilisant ce procédé. La litote utilise souvent la négation. Exemple: Nous étions perdus dans la forêt. L'un de nos compagnons nous suggéra de choisir une direction, de la suivre et de ne pas en changer. Ce n'était pas idiot. En à peine une heure, nous étions sortis de la forêt.

La litote se trouve ici à "Ce n'était pas idiot." La suggestion du compagnon était en fait intelligente. Plus, encore, on devine que cette suggestion qui pouvait être accueillie avec scepticisme de prime abord était en fait intelligente.

Bref, la litote atténue l'expression d'un sentiment ou d'un jugement. Mais, cette atténuation est fausse ou simulée. Par un effet de balancier, la phrase est comme soulignée. Elle devient plus forte et a plus de poids. La phrase implicite met mieux les sentiments en évidence que la phrase explicite.[1]

La litote est donc une figure de contraste entre les idées.

vi.- Les figures de Style
en M (Métaphore, métonymie):

a.- Métaphore:

La métaphore est une figure de style qui consiste à désigner un terme, un ensemble de termes ou une idée. Par exemple: "Le soleil couchant - par un autre terme ou un autre ensemble de termes qui signifie normalement autre chose, comme « L'or du soir ». Ainsi, comme dans le célèbre poème de Victor Hugo, on parle du soleil couchant comme *l'or du soir*:[2]

"Je ne regarderai ni l'or du soir qui tombe, ni les voiles au loin descendant vers Harfleur. Et quand

---

[1] Ne pas employer l'un pour l'autre ces deux mots de sens opposés. *Explicite* = qui est énoncé formellement, complètement; clairement exprimé. *Le contrat est explicite sur ce point.* *Implicite* = qui est contenu dans un propos, un discours sans y être dit ; qui est la conséquence nécessaire de qqch. *Vous ne m'avez peut-être pas fait cette promesse, mais elle était implicite dans notre conversation. La liberté est la conséquence implicite de la responsabilité morale.*

[2] **Victor Marie Hugo, né le 26 février 1802 et mort le 22 mai 1885 (à 83 ans) à Paris, en France, est un poète, dramaturge, écrivain et homme politique français du XIX**e **siècle. Demain, dès l'aube, à l'heure où blanchit la campagne…, ou plus simplement Demain, dès l'aube…, est l'un des plus célèbres poèmes de Victor Hugo, publié en 1856 dans le recueil "Les Contemplations."**

j'arriverai, je mettrai sur ta tombe un bouquet de houx vert et de bruyère en fleur.''

b.- Métonymie:

La métonymie est une figure de style par laquelle on remplace un mot par un autre mot avec lequel il a un lien logique, comme « le fer ». Ainsi, on peut dire: ces guerriers ont croisé le fer, pour dire qu'ils ont croisé l'épée!

On désigne quelque chose par un autre élément du même ensemble qui a une relation logique avec cette chose. Exemple: J'ai dégusté hier soir un onctueux Bordeaux!

On comprend dans cet exemple que l'on a pas bû la ville de Bordeaux, mais un vin issu de la région de Bordeaux. Il y a un lien logique entre ces deux éléments. On parle du lieu à la place de la chose.

La métonymie sert de raccourci pour la pensée. Il serait fastidieux, voire maladroit, pour un Français ou quiconque s'y connaît en vin de dire: « J'ai dégusté hier soir un onctueux vin de Bordeaux! ».

Lorsque l'on utilise un nom propre pour le substituer à un nom commun, on parle alors d'antonomase, un ''tartuffe[1] pour un hypocrite, un roquefort pour un fromage de Roquefort, etc.''

---

[1]Tartuffe. Molière, qui écrit *Tartuffe*, a emprunté ce mot de l'italien; *Tartufo* qui se trouve dans le Malmantile de Lippi avec le sens d'homme à esprit méchant. Le Malmantile circulait manuscrit en France avant le Tartufe (voy. Génin, Récréat. t. I, p. 292). *Tartufo* est la contraction de *tartufolo*, une truffe (Personnage vicieux se cachant sous le couvert de la Morale pour tromper les gens).

vii.- Les figures de Style
en O (Oxymore):

a.- Un oxymore (synonyme:
alliance de mots):
Un oxymore est une figure de style qui
consiste à allier deux termes qui semblent se
contredire. On rapproche de manière paradoxale des
termes qui peuvent paraître contraires.

En d'autres termes, dans l'oxymore, un même
objet a des qualités contradictoires. Mais attention,
cette alliance de mots contraires n'est pas
incompatible, elle crée un sens.

Dernière chose à savoir: les termes
contradictoires d'un oxymore doivent toujours
appartenir à la même entité de mots (au
même syntagme, cela ne peut pas être deux phrases
séparées l'une de l'autre). Exemple: Le
dramaturge Corneille nous a donné le plus célèbre
exemple d'oxymore: Cette obscure clarté qui tombe
des étoiles. Enfin avec le flux nous fait voir trente
voiles (Le Cid, iv, 3.)[1]

viii.- Les figures de Style
en P (Paradoxe, Parataxe, Paronomase,
Periphrase, Personnification, Polysyndète,
Prétérition, Prosopopée):

a.- Paradoxe:

---

[1]**Pierre Corneille** (1606-1684), dramaturge et poète du
17e siècle. Après des études de droit, **Pierre Corneille** mène une
carrière d'avocat tout en écrivant d'abord des comédies, puis des
tragédies. En 1637, Le Cid, **est** un triomphe, malgré les critiques
des théoriciens.

Le paradoxe est un procédé par lequel on énonce une idée contraire à l'opinion commune. En effet, ce terme vient du grec: para: « contre et doxa - opinion » Exemple: L'homme n'est ni ange, ni bête, et le malheur veut que qui veut faire l'ange fait la bête (Pascal, Pensées, 572).

Ce célèbre aphorisme,[1] qui associe dans une antithèse les termes « ange et bête », est un paradoxe. On pense spontanément que celui qui fait l'ange, c'est-à-dire celui qui fait l'effort de bien se comporter, est une personne bonne.

Cependant, Pascal nous dit que lorsque l'on fait l'ange, on finit toujours par développer des comportements mauvais. En réalité, seul Dieu est parfait. L'homme n'est qu'un pécheur moyen, ni complètement bon, ni complètement mauvais.

Un paradoxe est une figure de style dans la mesure où des idées ou des mots ordinairement opposés sont rassemblés d'une manière originale. Ces associations surprenantes frappent l'esprit.

b.- Parataxe:

La parataxe est une figure de style par laquelle on juxtapose des propositions sans marquer le rapport de dépendance qui les unit. Aucun mot de liaison (comme les conjonctions de subordination et adverbes de temps: lorsque, que, quand, si, etc., les prépositions, les verbes êtres, paraître, etc.), ne

---

[1] **Aphorisme. Phrase, sentence qui résume en quelques mots une vérité fondamentale. ... Énoncé succinct d'une vérité banale (Exemple : Pas de nouvelles, bonnes nouvelles).**

vient signaler le rapport entre les phrases: ce sont des textes sans « que »!

L'asyndète est une forme de parataxe, par laquelle on omet plus spécifiquement les mots de coordination. Exemple: "L'orage éclatait - La pluie tombait en rayons blancs - Les carreaux pleuraient comme des yeux- De petites gouttes jaillissaient par les fentes des croisées – Dehors, le cheval courbait la tête sous l'averse."[1]

Dans cet extrait, il y a un enchaînement logique des différentes phrases. La deuxième est une conséquence logique de la première, etc. Mais il n'est composé que de propositions principales car, il est dépourvu de coordonnants et de subordonnants.

c.- Paronomase:

La paronomase est une figure de style par laquelle on rapproche deux mots dont le son ou l'orthographe sont semblables, mais dont le sens est différent. Cette figure s'appuie donc sur l'homophonie.

La paronomase fait donc naître des allitérations ou des assonances. Exemple: "En vivant et en voyant les hommes, il faut que le cœur se brise ou se bronze."[2]

Chamfort rapproche les termes "brise et bronze" dont la sonorité est semblable. La mélodie

---

[1]Pierre-Jules Renard, dit Jules Renard, né à Châlons-du-Maine (Mayenne) le 22 février 1864 et mort le 22 mai 1910 (à 46 ans) dans le 8e arrondissement de Paris, est un écrivain et auteur dramaturge français. ... compte d'auteur en 1886) et de nouvelles (Crime de village en 1887 dans la Revue de Paris de Léo d'Orfer).

[2]Sébastien-Roch Nicolas de Chamfort, né à Clermont-Ferrand le 6 avril 1741 et mort à Paris le 13 avril 1794 est un poète et un moraliste français connu sous le nom de Chamfort.

que crée cette paronomase permet de faire de cette phrase une maxime, c'est-à-dire une formule qui résume un principe moral et facile à mémoriser.

La paronomase souligne en outre la contribution entre les termes "brise et bronze." Elle met en exergue ce terrible dilemme pour certains hommes supérieurs qui doivent s'affermir ou se suicider devant une société impitoyable.

La paronomase enfin, se construit avec des paronymes, mots dont la prononciation et la forme sont proches, mais dont le sens diffère. Citons: "éruption et irruption).[1]

d.- Périphrase:

La périphrase est une figure de style qui consiste à désigner une notion en plusieurs mots qui la décrivent au lieu d'en utiliser un seul. On utilise plusieurs mots alors qu'un seul suffirait. Exemple: La Venise du Nord pour parler de Bruges.

En effet, à l'image de Venise, Bruges est une ville où l'on trouve de nombreux canaux. **En référence aux canaux qui parcourent la ville de Bruges, en Belgique, et qui rappellent ceux de Venise, en Italie.**

---

[1] *Éruption* vient du latin *erumpere*, qui signifie « faire sortir violemment »... Au figuré, il a le sens d'explosion soudaine d'une émotion, ainsi que plusieurs autres choses qui ont en commun l'idée de sortie soudaine. Cette idée de « sortie » est liée à l'origine latine du mot. Le *e* initial de *erumpere* étant une forme de l'élément *ex-* qui signifie « hors de, extérieur ».

Irruption vient du latin *irrumpere*, qui signifie « se précipiter dans », et désigne la pénétration brusque et soudaine --- d'entrée soudaine. Cette idée d'« entrée » est liée à l'origine latine du mot, le *ir-* initial de *irrumpere* étant une forme de l'élément *in-* qui signifie « dans, intérieur ».

e.- Personnification:

La personnification est une figure de style par laquelle on prête des qualités humaines à une chose, une idée ou un animal. La personnification est le produit d'une comparaison ou d'une métaphore.

L'existence d'une personnification par métonymie est contestée. Exemple: La mer perfide hululait doucement. Ses molles lèvres vertes baisaient sans relâche à féroces baisers, la dure mâchoire des roches.

Il essaya de se dresser: ses jambes, des algues! Ses bras, des fumées d'embruns! Il ne commandait plus qu'à ses paupières et, elles étaient ouvertes sur la désolation du ciel! Il ferma les yeux. Le désespoir se mit à lui manger le foie.[1]

Cet exemple contient trois personnifications: La mer, à qui Giono attribue un défaut humain "perfide," le comportement d'un être humain par des verbes, hululait peut être aussi une animalisation, car on l'emploie surtout pour les rapaces nocturnes, et baisaient, ainsi que des « molles lèvres vertes ». Les roches, qui ont une « dure mâchoire ». Le désespoir, qui mange le foie d'Ulysse.

f.- Polysyndète:

---

[1] Jean Giono est un écrivain et scénariste français dont les ouvrages ont souvent pour cadre le monde rural provençal. ... Giono a publié des poèmes dans des revues et écrit en 1927 son roman fondateur, "Naissance de L'Odyssée."

L'Odyssée est le célèbre poème dans lequel Homère conte le périple d'Ulysse (en grec "Odysseus"). Ce héros vécut de grandes aventures, et participa notamment à la prise de Troie. Depuis, on parle d' une odyssée" pour qualifier les périples ou les longs voyages qu'une personne vit ou entreprit.

La polysyndète est une figure de style par laquelle on multiplie volontairement les mots de liaison, notamment les conjonctions (et, ni, mais, ou, enfin…) ou les adverbes de liaison (ainsi, alors, certes, en effet…) alors que la grammaire ne l'exige pas.

La polysyndète s'oppose à l'asyndète.

Exemple: Je fais souvent ce rêve étrange et pénétrant d'une femme inconnue, et que j'aime, et qui m'aime, et qui n'est, chaque fois, ni tout à fait la même, ni tout à fait une autre, et elle m'aime et me comprend.[1]

Mon rêve familier Verlaine multiplie la conjonction « et », ce qui donne une impression de bercement.

f.- Prétérition:

Une prétérition est une figure de style par laquelle on feint de ne pas vouloir parler d'un sujet, pour en parler quand même. Le locuteur dit ce qu'il ne prétend passer sous silence. Exemple: Je ne dirai pas qu'il a écrit douze livres ni qu'il a été professeur dans les plus grandes universités, Stanford et Oxford pour ne pas les nommer…[2]

Dans cet exemple, la prétérition a valeur de résumé: le locuteur ne s'étendra pas sur cet élément, même si l'on comprend qu'il est important.

g.- Prosopopée:

---

[1] Paul Verlaine est un écrivain et poète français du XIX e siècle, né à Metz (Moselle) le 30 mars 1844 et mort à Paris le 8 janvier 1896 (à 51 ans). Il s'essaie à la poésie et publie son premier recueil, Poèmes saturniens.

[2] Exemple cité par le Gradus - dictionnaire de prosodie grecque ou latine et des phrases poétiques utilisées comme aide à la rédaction de vers en grec ou en latin…

La prosopopée est un procédé qui consiste à invoquer et faire discourir un être qui est absent, mort, imaginaire, symbolique, inanimé ou une abstraction. Cet être agit, parle, répond; il joue le rôle de confident, témoin, vengeur, juge, garant, etc.

Cette figure recourt souvent à la personification lorsqu'elle prête des qualités humaines (la parole, les émotions, etc.) à des choses inanimées.

En outre, la prosopopée à une fonction allégorique: "l'être inanimé invoqué représente une idée abstraite." Exemple: Je suis belle, ô mortels! comme un rêve de pierre. Et mon sein, où chacun s'est meurtri tour à tour, est fait pour inspirer au poète un amour éternel et muet ainsi que la matière....

Je trône dans l'azur comme un sphinx incompris. J'unis un coeur de neige à la blancheur des cygnes. Je hais le mouvement qui déplace les lignes. Et jamais je ne pleure et jamais je ne ris.....

Les poètes, devant mes grandes attitudes, que j'ai l'air d'emprunter aux plus fiers monuments, consumeront leurs jours en d'austères études, car j'ai, pour fasciner ces dociles amants, de purs miroirs qui font toutes choses plus belles: Mes yeux, mes larges yeux aux clartés éternelles![1]

---

[1]Né en 1821, Charles Baudelaire n'a que six ans lorsque son père meurutt. Sa mère se remaria un an plus tard avec le général Aupick. Il refuse cette union et sera toujours en opposition avec ce militaire aux valeurs et aspirations très différentes des siennes. Il entre au lycée Louis le Grand à Paris. Baudelaire se fait remarquer par son caractère rebelle. Il commence à fréquenter le Quartier latin. En 1839, il est renvoyé de Louis le Grand mais obtient néanmoins son baccalauréat. Il choisit délibérément une vie de bohème. Sa famille, qui n'apprécie guère la vie dissolue du jeune

La Beauté Baudelaire fait ici parler une abstraction, la beauté (ce qui fait aussi du poème une allégorie).

ix.- Les figures de Style
en S (Syllepse, Synecdoque):

a.- Syllepse:
La syllepse est une figure de style qui consiste à employer un même mot à la fois au sens propre et au sens figuré. La syllepse joue donc sur la polysémie d'un mot, c'est-à-dire sur le fait qu'un mot dispose de plusieurs sens. Exemple: Sais-tu pourquoi les sauvages sont tout nus? C'est parce que Christophe Colomb les a découverts.[1]

Cette devinette joue sur la polysémie du verbe « découvrir »: ôter les vêtements de quelqu'un, et découvrir de nouvelles terres. Cet exemple est évidemment empreint d'humour. La syllepse permet de créer des jeux de mots.

b.- Synecdoque:

---

homme, le pousse à embarquer en 1841 à bord d'un paquebot pour les Indes. Ce voyage devient une source d'inspiration pour Charles.

[1]Victor Hugo est un poète, dramaturge et prosateur romantique français, né le 26 février 1802 à Besançon et mort le 22 mai 1885 à Paris. Il est considéré comme l'un des plus importants écrivains de langue française. Il est aussi une personnalité politique et un intellectuel engagé qui a eu un rôle idéologique majeur et occupe une place marquante dans l'histoire des lettres françaises au XIXᵉ siècle, dans des genres et des domaines d'une remarquable variété

La synecdoque est une métonymie dans laquelle une partie d'un élément sert à désigner le tout ou le tout pour désigner une partie. Exemple: "Je ne regarderai ni l'or du soir qui tombe, ni les voiles au loin descendant vers Harfleur.''

ix.- Les figures de Style
en Z (Zeugme ou Zeugma):

a.- Zeugme ou zeugma,
ou attelage

Le Zeugme, développé par Marcel Proust,[1] est une figure de style qui consiste à adjoindre à un terme: un verbe, une préposition, deux compléments de nature différente, par la syntaxe ou par le sens. Ces deux compléments sont coordonnées ou juxtaposés.

Il y a comme un élément central entre les deux. Par exemple le verbe *meubler*, auquel se rattachent plusieurs autres éléments dissemblables: "Une chambre et la conversation. Exemple: [....] ces cadeaux qui meublent une chambre, et la conversation, Mais, auxquels la réalité actuelle ne correspond pas.

Proust associe à « qui meublent » deux compléments de nature différente: un complément direct concret: « meubler une chambre » une

---

[1]Né à Paris, le 10 juillet 1871 dans le quartier d'Auteuil à Paris, d'une famille aisée, Marcel Proust grandit avec des troubles respiratoires. Très jeune, il côtoie écrivains et autres artistes dans les salons aristocratiques, ce qui éveille en lui un grand intérêt pour l'écriture. En 1894, il publie un recueil de poèmes, "Les Plaisirs et les Jours". C'est en 1907 que le jeune écrivain commence la rédaction de son œuvre romanesque. Le premier tome, intitulé "Du côté de chez Swann," est publié en 1913.

expression idiomatique abstraite: « meubler une conversation ».

Le verbe meubler est employé dans deux sens différents. On le voit, le zeugme permet d'éviter une répétition (celle du verbe « meubler »). Le zeugme est donc une forme d'ellipse.[1]

---

[1]Ellipse. En narratologie (étude du récit), une **ellipse** narrative (ou **ellipse** temporelle) est un procédé qui consiste à omettre certains éléments logiquement nécessaires à l'intelligence du texte. Il s'agit en fait de passer sous silence certains événements afin d'accélérer la narration (récit littéraire).

Chapitre 14
COMMENT GAGNER DES AMES
A CHRIST

D epuis l'ascension du Christ jointe au début de la prédication du Message des trois anges (Ap.14 :6-12), on a admis que tous les croyants sont part entière du mandat de la grande commission de Matthieu 28 :18-20. "L'oeuvre de Dieu sur cette terre ne sera pas achevée à moins que les hommes et les femmes qui composent nos Églises ne se mettent au travail et unissent leurs efforts à ceux des prédicateurs et des membres officiants….

Nous nous efforçons de mobiliser le plus grand nombre possible de membres d'Église pour qu'ils offrent leur concours comme instructeurs bibliques….

La tâche d'un instructeur biblique laïque consiste essentiellement à donner des études bibliques.[1] Il est évident que ce ministère exige la connaissance générale de la doctrine et le maniement habile de toute la Bible, mais c'est le travail principal du croyant.

Chaque membre doit commencer un jour le travail avant de pouvoir tendre vers la perfection. Tous les membres d'Église doivent ainsi prendre la résolution de donner des études bibliques.

---

[1] Une étude biblique est une rencontre personnelle et face à face avec un ou plusieurs personnes pour poser un problème et discuter de la solution, bible en main.

Le moment est venu de nous lancer dans le travail missionnaire porte à porte de façon systématique. Faisons preuve de sagesse, abordons tout d'abord les études à notre portée et une à une nous arriverons définitivement à percer les révélations contenues dans les points les plus difficiles.

ii.- Des suggestions utiles pour le travail missionnaire

Voici donc des suggestions utiles à suivre pour débuter et s'engager dans le travail missionnaire sous toutes ses formes. En fait, toutes les méthodes sont bonnes en tenant compte du contexte d'application de chacune. Toutefois, le prédicateur jeune ou vieux, expérimenté ou débutant doit:

1. **Chercher à connaitre au mieux la Bible et les principales doctrines de base de la foi chrétienne.** Il peut se révéler parfois nécessaaire de connaître ce que les autres croient. Mais il est beaucoup plus important de connaître les vérités bibliques de base de l'Église, telles qu'elles sont enseignées à travers toute la Bible et comprises par tout le corps.

2. **Connaitre au mieux possible la nature humaine.** Il est important de s'enquérir des intérêts de la personne avec laquelle nous étudions,[1] de savoir quelles sont ses difficultés et ce qu'elle attend de l'étude de la Bible. Ceci

---

[1] Il faut beaucoup de patience en donnant des études bibliques. Tous les individus ne réagissent pas de la même manière. Quelque soient les arguments dont on dispose, il faut toujours savoir que c'est le Saint-Esprit qui convainc les coeurs. Priez, priez et toujours prier avec et pour les âmes.

permettra d'adapter les leçons bibliques à la vie quotidienne de l'étudiant, et de souligner les notions qui s'adressent particulièrement à son cas.

3. **Donner toujours des devoirs de maisons à l'étudiant.** On devra lui laisser des passages à lire et à méditer comme des devoirs de maison donnés à des élèves. Cela va développer son propre sens de l'étude et lui permettre de réfléchir un peu plus et trouver des questions à poser.

4. **Agir avec le sens de responsabilités.** Soyez ponctuels aux rendez-vous. Ne ratez aucun des rendez-vous fixés avec les personnes intéressées pour l'étude des Écritures. La **responsabilité est** le **devoir** de répondre de ses actes, en dépit de toutes les circonstances heureuses ou malheureuses qui peuvent se présenter.

5. **Faire preuve de maturité chrétienne.** Soyez prudents, dans vos échanges avec les intéressés. Attention à ce que vous dites au sujet d'autres personnes ou autres dénominations.

6. **Ne pas rester chez les gens plus de temps qu'il ne faut.** Gardez à l'esprit le fait que votre témoignage personnel et votre attitude sont des éléments-clés en ce qui concerne l'acceptation ou le rejet du message que vous présentez.

Dans le mot **maturité**, nous trouvons le terme *mature* ou *mûr*. **La maturité** c'est l'état de ce qui est mûr. ... Parvenir à **la maturité spirituelle**, consiste à devenir un homme **spirituel** accompli selon la stature parfaite du Christ, à la ressemblance de Dieu, notre Père.

Paul[1] dans ses épitres aux Romains et aux Corinthiens a fait ces recommandations lorsqu'il dit:

a. **Rom. 15:1, 2.** Nous qui sommes forts, nous devons supporter les faiblesses de ceux qui ne le sont pas, et ne pas nous complaire en nous-mêmes. Que chacun de nous complaise au prochain pour ce qui est bien en vue de l'édification....

b. **1Cor.9 : 22, 23.** J'ai été faible avec les faibles, afin de gagner les faibles. Je me suis fait tout à tous, afin d'en sauver de toute manière quelques-uns. Je fais tout à cause de l'évangile, afin d'y avoir part.

Poursuivons la suite de notre étude sur les suggestions utiles pour notre engagement dans la vie missionnaire. Le travail du Christ est l'œuvre la plus importante que nous devons entreprendre. Tous ceux qui sont mis en connaissance de cette bonne nouvelle et qui l'acceptent, seront sauvés. Ceux qui refusent seront condamnés (Mc.16 :15, 16). En accomplissant notre tâche, nous ne serons responsables du sort de personne. Mais, le cas échéant, leur sang nous sera redemandé (Ezé.3 :18, 20).

7. **Faites du Christ le thème central de vos études ou messages.** Dans toutes nos interventions, Christ doit être le nom le plus important à mettre en honneur. Personne n'a rien

---

[1]**Paul de Tarse** portant aussi son nom juif de Saul, de l'Hébreu: שאול. Le **Nouveau Testament** le présente comme un persécuteur des disciples de **Jésus** jusqu'à sa rencontre mystique avec le Christ, vers 32-36. Il est devenu l'apotre des paiens et un évangéliste sans sans égal pour la cause du Chri

fait et ne peut rien faire pour nous sortir du cahos. Marchons et racontons ce fait dans nos études bibliques et nos messages à présenter.

8. **Souvenez-vous que vous prêchez Jésus** - Jésus crucifié et ressuscité qui est monté au ciel avec la ferme promesse de revenir nous chercher. Nous ne prêchons pas notre personne ou notre Église. Nous ne faisons que répandre la bonne nouvelle du salut de Dieu en Jésus-Christ.

Comme quoi, notre travail consiste à exalter Christ d'une manière ou d'une autre. Dans toutes nos expériences et nos témoignages, nous devons chercher à hisser le drapeau du Prince Emmanuel. C'est la Bible,[1] la parole écrite que vous nous présentons.

iv.- Attitude à éviter en tant que Pêcheurs d'âmes

Pendant l'étude ou toute autre rencontre avec (le) ou les intéréssés, il faut chercher à tout prix à éviter lcertaines habitudes qui peuvent vous porter à rater le centre d'intérêt. Il ne faut jamais perdre de vue que vous êtes venus à la recherche d'âmes pour le Seigneur et, rien d'autres.

Le grand ennemi peut tout jouer pour vous porter à passer à côté et perdre votre objectif. Etant, à l'avance avertis de ses trucs, mettons-nous sur nos gardes pour lui résister en face et, arriver à ne pas manquer le but. Evitons donc les attitudes suivantes :

---

[1] **La Bible – Les deux Testaments, l'Ancien et le Nouveau Testament. Il faut se méfier de tout évangile qui n'embrasse pas la vérité de l'évangile du Christ de la Génèse à l'Apocalypse.**

a. **La dissimulation.**[1] Soyez vous-mêmes. Ne vous efforcez pas d'imiter quelqu'un d'autre. Parlez avec votre naturel. Une étude biblique n'est pas une tragi-comédie.[2] Le plus important pendant l'étude est de prier dans vos cœurs alors même que vous exposez les faits.

b. **La confusion mentale.** Évitez d'employer des mots difficiles à comprendre, ainsi que des expressions rares et compliquées. Le message doit être présenté avec clarté et structuré de manière que les notions découlent naturellement les unes des autres. Il faut lire, relire et chercher à bien assimiler les textes ou passages qui vont être cités à l'appui. Tenez compte des contextes (ce qui est dit avant et après).

c. **La condamnation d'autres croyances religieuses.** Ne tombez pas dans le piège de la critique d'autres croyances ou dénominations religieuses.

---

[1]Action de dissimuler, de cacher ce qui existe; chose que l'on dissimule, ce qu'on est vraiment. Action de cacher ses pensées, ses intentions réelles; caractère de quelqu'un qui agit avec hypocrisie: Visage où on lit la dissimulation.

[2]Tragicomédie. La tragicomédie est un genre littéraire qui mêle des aspects à la fois tragiques et comiques. Le plus souvent vu dans la littérature dramatique, le terme peut décrire soit une pièce tragique qui contient suffisamment d'éléments comiques pour alléger l'ambiance générale, soit une pièce sérieuse avec une fin heureuse.

Prêchez le Christ de la Bible. La majorité des gens prêchent et font preuve qu'ils ne comprennent pas. Contentez-vous d'exalter le Christ et présenter son message, tel qu'il est écrit à travers les pages sacrées pour porter nos auditeurs à comprendre, et le Saint-Esprit predra la suite.

Il n'est pas logique de juger une dénomination religieuse quelconque à partir de la vie pratique de ses membres. Cette vie pratique, nous l'ignorons, peut ne pas être un bon témoignage. La personne que nous connaissons, quelque soit sa position, son apparence ou ce qu'elle prétend être, peut ne pas être vraiment un représentant authentique de l'Église.[1]
Une communauté doit-être examinée sur la base de ses croyances, ce qu'elle enseigne, ce qu'elle pratique en regard avec la doctrine biblique. D'ailleurs, la Bible elle-même, édicte les normes de croyances fondamentales de la vraie doctrine (Esaie 8 :20; Ap.14 :12). L'Église est donc un hopital qui reçoit des malades de toutes catégories, en quête de guérison. Le Seigneur ne permettra pas aux âmes sincères, là où elles peuvent se trouver aujourd'hui, si elles sont vraiment sincères, d'être perdues.

---

[1] **Le mot « église » vient du latin ecclesia, simple transcription du grec ἐκκλησία qui, comme εὐχαριστία, ἀπόστολος, n'a pas été traduit par les chrétiens de langue latine afin de lui garder sa signification primitive.**

d. Des **discussions trop longues.** En engageant des discussions animées avec des personnes intéressées, il est probable que nous aurions le dessus, mais nous perdrons leur amitié. Si c'est l'étudiant qui tient la barre et pose certains problèmes, répondez-lui avec amabilité en faisant tout ce qui est possible pour cesser le feu et continuer l'étude déjà commencée. Toute nouvelle tendance pourra faire partie d'une nouvelle étude, spécialement fixée. Rien ne presse!

e. **Les points de controverses.** Abordez avec prudence les points controversés et attendez le moment opportun pour traiter des sujets qui vont à l'encontre de ce que vos interlocuteurs ont cru jusqu'ici. Il est préférable, certaines fois de laisser aimablement une étude que de la changer en en dispute ou en bagarre.[1]

f. **Le manque de préparation.** Vous êtes l'instructeur et vous devez connaître plus à fond possible l'étude que vous présentez. Si un point ne vous semble pas clair, faites des recherches et efforcez-vous de le comprendre avant de le présenter à vos auditeurs.

---

[1]**Discussion, pas dispute. Discussion ou débat plus ou moins âpre et non-violent entre plusieurs adversaires ou plusieurs partis – Dispute: *Dispute*: Débat qui tient à un malentendu sur les définitions des choses. Peut se changer en bagarre, violent. C'est à éviter.**

Nous sommes, par la grâce de Dieu, riches en ouvrages de références et, en hommes. Dans chaque communauté, place, ville ou pays, il y a des dirigeants-pasteurs- anciens d'Église, tous des leaders-serviteurs[1] qui sont capables de servir comme formateurs de formateurs et guider les pas de ceux qui sont à la recherche de la vérité.

La mission dont nous sommes chargés en tant qu'Église ne consiste pas seulement à prêcher l'évangile ou à témoigner pour Jésus, le Christ. Il s'agit de persuader ceux que nous contactons afin qu'ils deviennent des disciples du Christ.[2]

Ainsi, que la tâche de l'instructeur biblique ne se termine pas seulement avec la présentation de l'étude biblique. Il a pour responsabilité de conduire les âmes, par une série de démarches progressives, à l'ultime décision qui est de remettre leur vie à Christ.

B.- Huit démarches progressives vers la décision pour Christ

---

[1] Le leader-seviteur. Le leader est un intendant (stewardship) des ressources de l'organisation et son rôle est de développer ces ressources. Robert Greenleaf, dans son essai de 1970, «Le Serviteur en tant que leader», décrit les leaders serviteurs comme des individus ayant une propension naturelle à servir.

[2] Luc 14: 22, 23. Le serviteur dit: Maître, ce que tu as ordonné a été fait, et il y a encore de la place. Et le maître dit au serviteur: Va dans les chemins et le long des haies, et ceux que tu trouveras, contrains-les d'entrer, afin que ma maison soit remplie.

Les démarches suivantes sont progressives, ascendantes et, avec beaucoup de prières, conduiront les étudiants sincères de la Bible à la vérité. Rappelons-nous que le dernier message de miséricorde de Dieu au monde, est celui des trois anges (Ap.14 :6-12).[1] Voici des points importants qu'il ne nous faut pas négliger dans cette tâche :

1. **Présenter une étude complète dans tous ses détails.** Tous les points en rapport avec le thème doivent être traités afin que le message soit bien clair dans l'esprit de la personne intéressée. Elle saura ainsi précisément ce que le Seigneur lui demande de faire.

2. **Présenter le message avec conviction.** L'étude ne devrait pas être une simple exposition de connaissances, mais la communication d'une expérience personnelle avec Dieu. Le message que vous présentez doit faire d'abord, son influence sur votre propre vie. C'est là le point de départ de la conviction.[2]

---

[1]**Principaux piliers de la vraie foi chrétienne: (1). Le Sabbat du 7e. Jour; (2). Notre appurtenance à Dieu (Ps.24:1-10); (3). Notre corps en tant que Temple du Saint-Esprit (1Cor.6: 19,20); (4). Le témoignage de Jésus ou l'Esprit de prophétie (Ap.19:10); (5). Condamnation du spiritisme dans toutes ses branches (Eccl.9:5).**

[2]**Conviction. État d'esprit de quelqu'un qui croit fermement à la vérité de ce qu'il pense. Il en a la certitude: J'ai la conviction que le conflit aura une fin. Principe, idée qui a un caractère fondamental pour quelqu'un (surtout pluriel) : Avoir des convictions doctrinales bien arrêtées.**

3. **Encourager progressivement les interlocuteurs à la décision pour Christ.** Au début, les décisions seront du genre: accepter que la Bible est inspirée par Dieu, prendre la résolution de prier, de chanter des cantiques spirituels et de lire la Bible, etc…

4. **Vers des décisions plus grandes.** Si nous habituons la personne intéressée à prendre ces décisions, il lui sera possible de prendre des décisions plus grandes à l'avenir. Nous la préparons ainsi à accepter les études controversées, les sujets qui impliquent des changements importants à faire dans sa vie. Christ est ma vie, dit Paul, et la mort m'est un gain (Phi.1:21).

5. **Aider l'étudiant à comprendre la différence entre l'amour de Christ et l'amour pour Christ.** Il faut que la personne intéressée soit émue par l'amour de Jésus en acceptant de suivre ses traces. Je crois toujours que nous devons associer l'amour de Christ pour nous et notre amour pour Christ.[1]

iv.- Déclarations de Paul et de Pierre sur la maturité chrétienne

La maturité spirituelle, c'est devenir de plus en plus semblables à Jésus-Christ. Chaque chrétien, une fois sauvé,[2] entame un processus de croissance spirituelle dont l'objectif est de parvenir à la

---

[1]Voir notes en Appendice 13, sur l'amour de Christ et l'amour pour Christ.

[2] Sauver – une action ligne (Parfait en Grec), être sauvé par rapport au passé; rester sauvé aujourd'hui et, définitivement sauvé ou glorifié au retour de Jésus.

maturité. L'apôtre Paul décrit ce processus comme un cheminement continu, qui dure tout la vie.

1. **Philip. 3:12-14.** Concernant la pleine connaissance de Christ, il dit à ses lecteurs : « Ce n'est pas que j'aie déjà remporté le prix ou que j'aie déjà atteint la perfection, mais je cours pour tâcher de m'en emparer, puisque de moi aussi, Jésus-Christ s'est emparé. Frères et sœurs, je n'estime pas m'en être moi-même déjà emparé, mais je fais une chose : oubliant ce qui est derrière et me portant vers ce qui est devant, je cours vers le but pour remporter le prix de l'appel céleste de Dieu en Jésus-Christ. »

Tout comme Paul, nous devons toujours avancer vers une connaissance approfondie de Dieu en Christ.
La maturité chrétienne requiert une redéfinition radicale de nos priorités: "Nous ne devons plus chercher à nous plaire à nous-mêmes, mais à plaire à Dieu et à apprendre à lui obéir.''
La clé de la maturité est la cohérence et la persévérance pour faire ce dont nous savons que cela nous rapprochera de Dieu. Ces pratiques s'appellent les disciplines spirituelles, notamment la lecture et l'étude de la Bible, la prière, la communion fraternelle et le service.
Même si ces choses requièrent beaucoup d'efforts, aucune d'elles n'est possible sans l'aide du Saint-Esprit, qui demeure en nous.

2. **Gal.5 :16. Paul, de même,** nous exhorte à marcher selon l'Esprit. Le terme grec employé

ici signifie « marcher avec une destination en vue ». Plus tard dans le même chapitre, Paul nous exhorte encore à « marcher] selon l'Esprit », mais cette fois, le terme traduit par « marcher » implique l'idée d'avancer « pas à pas, un pas à la fois ».

3. Gal.5 :22, 23. C'est apprendre à marcher selon les instructions d'un autre : le Saint-Esprit. Être rempli de l'Esprit veut dire marcher sous la gouvernance de l'Esprit.[1] Plus nous nous soumettons à lui, plus nous produirons de fruits de l'Esprit dans nos vies. C'est la caractéristique de la maturité spirituelle.

En devenant chrétiens, nous recevons tout ce dont nous avons besoin pour parvenir à la maturité spirituelle.

4. 2 Pierre 1:3. Pierre dit : « Sa divine puissance nous a donné tout ce qui est nécessaire à la vie et à la piété en nous faisant connaître celui qui nous a appelés par sa [propre] gloire et par sa force. »

Dieu est notre seule ressource et nous ne grandissons que par sa grâce. Mais, nous avons la responsabilité de lui obéir. Là encore, Pierre nous donne des conseils utiles:

---

[1]Mais le fruit de l'Esprit, c'est l'amour, la joie, la paix, la patience, la bonté, la bénignité, la fidélité, Martin Bible Mais le fruit de l'Esprit est la charité, la joie, la paix, ... Le fruit de l'Esprit, c'est ce qui découle de la présence de l'Esprit Saint dans la vie du croyant.

5. **2 Pierre 1 :5-8.** Pour cette raison même, faites tous vos efforts afin d'ajouter à votre foi la qualité morale, à la qualité morale la connaissance, à la connaissance la maîtrise de soi, à la maîtrise de soi la persévérance, à la persévérance la piété, à la piété l'amitié fraternelle, à l'amitié fraternelle l'amour. En effet, si ces qualités sont en vous et se développent, elles ne vous laissent pas inactifs ni stériles pour la connaissance de notre Seigneur Jésus-Christ. »

Être actif et porter du fruit dans la connaissance du Seigneur Jésus est l'essence même de la maturité spirituelle. Parvenu à la maturité, l'étudiant ne va réculer devant aucune décision à prendre.

v.-Savoir répondre aux Objections

Le prédicateur doit savoir répondre aux objections de ses étudiants. La plupart du temps, les objections ne représentent que les alibis avancés par plusieurs pour ne pas accepter. Nous ne pouvons ignorer que certains de nos auditeurs peuvent aussi faire face à de sérieux problèmes. Il nous faut chercher, d'une manière ou d'une autre, à aider l'intéressé à résoudre les problèmes qui font obstacle à ses décisions. C'est ce qu'on entend par « Faire face aux objections.''

Certains intéressés ont des difficultés avec l'observation du sabbat, la viande de porc, le tabac et l'alcool, et d'autres obstacles auxquels ils se heurtent dans leur famille. Nous devons être disposés à contribuer à l'élimination de ces empêchements à leur décision pour Christ.

D'autres sujets présentent des nœuds-gordiens presqu'indétachables. Ce sont par exemple : « Les questions de relation sociale, mariages, engagements secrets et illicites, satanisme, etc….'' Il faut les aborder avec méditations et prière. Le ciel dispose déjà de la solution pour tous les cas.''

vi.- Savoir confronter l'intéressé avec la vérité

Il faut lui montrer qu'il est indispensable de prendre une décision quant au message des trois anges (Ap.14 :6-12). Vous lui présenterez des alternatives comme l'obéissance et la désobéissance; la vie ou la mort; le salut ou la perdition.

Esaie, le prince des prophètes a longtemps déjà émis les conséquences pour le obéissants et les désobéissants. Il dit : « Si vous avez de la bonne volonté et si vous êtes dociles, Vous mangerez les meilleures productions du pays; Mais si vous résistez et si vous êtes rebelles, Vous serez dévorés par le glaive, Car la bouche de l'Eternel a parlé (Esaie 1:19, 20).[1]

vii.- Rendez votre témoignage personnel

Il est stimulant pour celui qui est sur le point de se donner à Christ d'entendre comment Dieu a dirigé d'autres personnes vers leur rencontre avec Jésus.

---

[1] **Isaïe** ou **Ésaïe** (יְשַׁעְיָהוּ en hébreu, *Yeshayahu*) est un **prophète** de l'**Ancien Testament** (ou **Tanakh** selon la tradition **hébraïque**), qui aurait vécu sous le règne d'**Ézéchias** (Hizkiya) puisqu'il est fait mention de « la quatorzième année du roi Ézéchias ».

Un témoignage personnel est extrêmement encourageant. Comment Jésus vous a délivré de vos propres entraves et ce que vous ressentez maintenant depuis que vous avez donné votre vie à Jésus.

La Bible et surtout le Nouveau Testament fourmille de témoignages personnels de gens qui ont fait la rencontre de Jésus. Parmi tant d'autres, mentionnons celui de Jean 5 :1-47, nous présentant un aveugle guéri à la piscine de Béthesda.

Cet homme était devenu "fou pour Christ." Aucun argument et personne ne pouvait vraiment le détournen du Christ. Sa dernière déclaration aux Pharisiens[1] nous donne en quelque sorte, la transformation qui doit se produire pour Christ dans la vie de chacun de nous :

« Les pharisiens appelèrent une seconde fois l'homme qui avait été aveugle, et ils lui dirent: Donne gloire à Dieu; nous savons que cet homme est un pécheur. Il répondit: S'il est un pécheur, je ne sais; je sais une chose, c'est que j'étais aveugle et que maintenant je vois (Jean 5:24, 25)."

vii.- Invitez l'intéressé à l'Église, et accompagnez-le

Il faut familiariser l'intéressé avec l'assemblée fraternelle du peuple de Dieu. La première fois qu'il visite l'église, il est important que l'instructeur biblique aille le chercher chez lui, le conduise ou l'accompagne à L'Église, et le présente à d'autres frères et sœurs, même s'il n'a pas encore donné son "oui."

---

[1]Pharisien – Voir notes et commentaires en Appendice 3.

Une bonne fraternité est comme le ciment qui unit deux cœurs. C'est une méthode d'évangélisation très puissante qui entraine pas mal d'amis à suivre les pas de leurs amis. L'évangélisation par l'amitié est une méthode qui doit gagner du terrain, ici et là, à travers le champ mondial.

Cette stratégie est vraiment bonne et capable de rassembler autour d'une même table, des gens jadis éloignés. Nous sommes frères,[1] c'est la grande vérité apportée par la mort du Christ et qui constitue l'essentiel même de son message pour nous.

Quand il s'agit pour l'intéressé de prendre des décisions, l'instructeur biblique devrait avoir à l'esprit l'exemple de Jésus: "La méthode du Christ pour sauver les âmes est la seule qui réussisse. Il se mêlait aux hommes pour leur faire du bien, leur témoignait sa sympathie, les soulageait dans leur misère et gagnait leur confiance. Puis il leur dit: "Suivez-moi."[2] "

viii.- Des principes fodamentaux
(Dégagés de la Méthode du Christ)

Nous tirons de cette déclaration les principes fondamentaux suivants:

1. Entrons en contact avec nos semblables dans le but de leur faire du bien. Nous devons être convaincus que ceux avec qui nous étudions la Parole de Dieu seront abondamment bénis en acceptant ces

---

[1]Frère – De frater, fraternitatem, de fraternus, fraternel, http://www.littre.org/definition/fraternité [archive]). Le Gaffiot traduit « fraternitas » comme le lien de parenté entre frères. [Le lien de parenté entre sœurs se définit par le nom féminin sororité (du latin).

[2]Ellen G. White, le Ministère de la guérison, Edition Signes Des Temps, Dammarie- les lys, France 1977, 118.

messages. Nous ne recherchons pas des avantages personnels, mais le bien des âmes.

2. Faisons preuve de sympathie envers nos semblables, quelles que soient leur classe sociale, culture, instruction, apparence extérieure, etc.

3. Secourons autrui dans toute la mesure du possible. C'est une question de religion pratique.

4. Gagnons la confiance de nos semblables. A nous d'agir avec sincérité et désintéressement envers tous ceux avec lesquels nous entrons en contact.

Une telle attitude inspirera et encouragera les intéressés à s'engager sur le chemin que nous sommes en train de leur indiquer.

C.- Conclusion :

Enfin, chers lecteurs, comme un défi lancé, nous vous suggérons de mettre en pratique ces huit conseils et vous verrez des choses étonnantes se produire dans votre ministère. Car rien et absolument rien ne nous est plus réconfortant en faisant de cela notre objectif primordial tout en cherchant à gagner des âmes pour Christ.

Terminons ce chapitre avec ces deux citations inspirées de Ellen G. White:[1]

« Depuis son ascension, le Christ, en tant que Chef suprême de l'Église, a poursuivi son œuvre dans le monde par le moyen de messagers qui parlent de sa part aux humains et leur accordent le secours de leur ministère. Ces messagers, appelés par Dieu à prêcher et à enseigner pour l'édification de son Église, ont une lourde responsabilité….

---

[1] **White. Gospel Workers (Anglais), 13 et, Le Ministère évangélique, 9.**

Ambassadeurs du Christ,[1] qui leur donne la puissance et la sagesse nécessaires à l'accomplissement de leur tâche, ils doivent presser les hommes de se réconcilier avec Dieu……

Oeuvrer pour Dieu et le salut des âmes est l'appel le plus élevé et le plus noble que les hommes ont reçu, ou qu'ils puissent recevoir. Les pertes et les profits dans cette activité sont de la plus grande importance, car leur issue n'est pas la fin de cette vie, mais la vie éternelle…''

Nous sommes tous des ambassadeurs plénipotentiaires du Christ pour l'expansion de bonne nouvelle.

---

[1]Ambassadeur - Du latin plenus, plein, et de potentia, pouvoir, puissance. Représentant(e) permanent(e) d'un État auprès d'un État étranger, accrédité(e) auprès du chef d'État et dirigeant la mission diplomatique. Représentant(e) personnel(le) du chef de l'État pour un temps limité ou une mission donnée, dans plusieurs pays (ambassadeur itinérant).

Un ambassadeur plénipotentiaire est une personnalité qui représente un Etat auprès d'un autre Etat et qui est investi des pleins pouvoirs pour accomplir une mission ou conduire une négociation.

Chapitre 15
RÉSUMÉ, RECOMMANDATIONS
ET CONCLUSION

Nous parvenons à la fin de notre ouvrage sur *"Comment Préparer et Présenter un Sermon Biblique."* Ce travail est le fruit de nos trouvailles et de nos recherches personnelles. Nous ne prétendons pas avoir fait un travail parfait. Nous avons consulté des sources diverses et profité des conseils des plusieurs auteurs et hommes qui se connaissent en la matière pour parvenir à cette présente compulation.

Nous recommandons à tous nos laïcs et lecteurs de faire de ce document un guide, un ouvrage d'orientation et de recherche. Il ne répond pas, bien sûr, à toutes les questions, ni ne présente pas toutes le méthodes et techniques d'approches évangéliques, cependant il touche de grandes avenues pratiques de l'évangélisation personnelle et publique.

Dans ce dernier chapitre, nous tenons à faire le résumé de ce que nous venons d'étudier, et présenter des recommandations utiles juste avant de faire la conclusion. de l'ensemble du travail. Que cet ouvrage soit pour tous un ouvrage de référence pour nous guider et nous orienter dans nos actions missionnaires et évangélistiques :

ii.- Résumé :
Soulignons treize points qui constituent l'essentiel de l'enseignement pratique dispensé dans cet ouvrage.

On pourra encore, arriver à déceler beaucoup d'autres. Mais, ces différents points que nous avons touchés, soutiennent plusieurs aspects dans notre façon de voir et de comprendre la responsabilité de chaque laic engagé, prédicateur, évangéliste et pasteur pour bien nourrir son troupeau. Voyons en fait, de quoi il s'agit :

a. Le prédicateur doit maintenir un esprit de dévouement et de consécration à Dieu et à sa cause.

b. Il doit nommer un comité d'évangélisation pour faire des plans bien définis destinés à gagner des âmes à Christ.

c. Il doit fixer des objectifs de baptêmes avec foi et détermination.[1] Commencer les activités missionnaires et les plans d'évangélisation dès le mois de Janvier de chaque année.

d. Il doit organiser, au moins, trois campagnes ou mouvements d'évangélisation par année.

e. Il doit encourager tout le monde à participer aux différents mouvements de la prédication de l'évangile du Christ.

f. Il doit organiser plusieurs classes d'études de la Bible (au moins deux) : « Une classe pour les études de base, simple avec les enfants et les candidats aux baptêmes et, une classe avancée pour les anciens membres.''

g. Il doit organiser et soutenir le club des prédicateurs laiques ; de facteurs missionnaires ; des unités d'évangélisation, en action.

---

[1] Que chaque membre d'Eglise se rappelle ce Slogan missionnaire: "Chaque âme, une âme.'' Si chacun travaille en consequence, l'oeuvre de Dieu aura toujours des soldats laics dans son sein.''

h. Il doit s'efforcer de commencer l'oeuvre dans de nouvelles régions et de nouveaux villages.

i. Il pourra aussi, suivant les possibilités, organiser régulièrement le festival de baptême, dit « Festival des Laics en Marche.''

j. Il fera de son mieux pour préparer et baptiser les adolescents et jeunes de l'Église, chaque fois que l'occasion se présente.

k. Il encouragera chaque membre ou croyant à gagner au moins une âme par année.

l. Il s'efforcera de maintenir un programme missionnaire constant dans les foyers et dans l'Église.

m. Enfin, sa tâche primordiale sera de promouvoir l'évangélisation et la moisson des âmes dans toutes les assemblées régulières de l'Église.

B.- Recommandations:

Les recommandations suivantes sont faites à tous ceux qui s'engagent dans le ministère de la parole public ou privé. Ce sont des conseils utiles pour nous permettre de corriger certaines erreurs et de faire mieux dans la tâche à terminer:

a. Il est recommandé au prédicateur de faire attention à son comportement en chaire.

b. Il lui est recommandé d'éviter autant que possible l'emploi du pronom personnel : « Je, me, moi ». L'abus de ce pronom peut donner l'impression que le prédicateur souffre du complexe de supériorité, ce qui anéantit l'effet de son message en provoquant le ressentiment des auditeurs.

c. Il est recommandé au prédicateur, lorsqu'il se lève pour parler aux fidèles, de se souvenir des

paroles que Corneille adressait à Pierre :
Maintenant donc, nous sommes tous devant Dieu
pour entendre ce que le Seigneur t'a ordonné de
nous dire (Actes 10:33).

d. Il lui est recommandé de faire usage de mots qui
doivent avoir de la force et pour cela, il est
nécessaire d'employer des mots justes pour
exprimer exactement ce qu'il a dans son esprit.

e. Il est recommandé de même au prédicateur
d'apprendre à peindre les images par les mots.
D'essayer de décrire une scène comme on la voit
mentalement, à l'aide d'un petit nombre de mots
bien choisis, qui suggèrent la même image dans
l'esprit de l'auditeur. Ceci nécessite une étude
approfondie et beaucoup de pratique.

f. Il est recommandé au prédicateur d'essayer
d'ajouter chaque jour d'ajouter un nouveau mot à
votre vocabulaire. De chercher la signification
exacte et la prononciation correcte de ce mot.[1]
Etudiez les synonymes[2] et les antonymes et
apprenez ainsi la signification précise, la valeur
et la manière d'employer les mots.

g. Il est recommandé au prédicateur de lire, autant
que possible, les sermons de prédicateurs
célèbres et souligner les mots qui lui semblent
être en particulier descriptifs et vigoureux.
Cherchez la signification des mots qu'il ne
comprenne pas, dans le dictionnaire qui doit
toujours être prêt sur la table.

h. Il lui est recommande d'éviter la répétition de
certaines phrases comme : ''Chers amis, écoutez

---

[1]En écrivant le mot dix fois et employer dix fois dans la
conversation, le mot deviendra le sien pour toujours!

[2] Synonymes, homonymes et antonymes.

maintenant, Je suis ici pour vous dire, comme je vous ai déjà dit., etc..''

Heureux est celui qui, à la fin de son sermon peut dire: «Je leur ai donné les paroles que tu m'as données (Jean 17:8).

i. **Il est recommandé au prédicateur de faire attention à sa voix**. La voix humaine contrôlée par Dieu est un instrument merveilleux à son service.

j. **Il lui est recommandé de** prendre la résolution, par la grâce de Dieu, d'éviter tous les défauts et les faiblesses liés à la communication, de ne pas s'en rendre coupable afin que ses auditeurs ne le rangent pas dans l'une de ces catégories.

k. **Il lui est aussi recommandé de** lire à haute voix aux autres, en faisant attention à la ponctuation et aux mots qui doivent être accentués. C'est un excellent exercice pour combattre les tics.[1]

l. **Il lui est recommandé de** lire de la poésie cela aidera aussi bien à cet égard. Quelques prédicateurs auront profit à consulter un spécialiste de la voix qui leur donnera quelques instructions sur la façon de surveiller le volume de leur voix et comment contrôler leur rithme.

m. **Il lui est recommandé de faire agir son diaphragme.** Beaucoup de prédicateurs parlent de la gorge au lieu de faire agir leur diaphragme. Une voix faible peut être fortifiée par des

---

[1]Tics. Vieilles coutumes de faire et dire, de prononcer certains mots ou expressions. **Tic de langage**. ... En linguistique, un **tic** de **langage** se dit de certaines habitudes de langage machinales ou inconscientes, parfois voulues et plus ou moins ridicules, que l'on a contractées généralement sans s'en apercevoir.

exercice appropriés. Toute chose qui nous aidera dans notre ministère pour le Seigneur est digne de notre attention.[1]

Charles Spurgeon a dit que: « Si je puis être une trompe faite d'une corne de bélier, c'est bien. Mais, si je deviens une trompette d'argent, c'est beaucoup mieux ».[2]

Quant à la question de lire les Ecritures en public et de prier en public, elle demande une voix forte et claire afin que tout le monde entende bien. La voix joue un rôle vraiment important dans le ministère du Seigneur et de sa Parole.

n. **Il est recommandé au prédicateur de ne pas oublier son auditoire.** Cela peut paraître secondaire, mais c'est au contraire très important. Les auditeurs regardent directement celui qui parle, et le moins que le prédicateur puisse faire c'est ce qui leur rend la même politesse en les regardant également. Ceci est bien vrai, en particulier quand on s'adresse aux enfants ; si le prédicateur ne regarde pas son auditoire; il n'aura pas d'auditoire pour le suivre et l'écouter.

o. **Il est recommandé au prédicateur de regarder le visage de ses auditeurs.** Les sentiments des auditeurs se lisent sur leur visage, et si nous ne les regardons pas nous n'aurons aucun moyen de savoir s'ils sont touchés ou non.

---

[1] **Diaphragme. Muscle très large et mince qui sépare le thorax de l'abdomen. (Sa contraction provoque l'augmentation de volume de la cage thoracique et, par suite, l'inspiration.)**

[2] **Charles Spurgeon, La plus grande bataille (London: Presse universitaire de Londres, 1890), 324.**

- **Expérience :** Il y avait un prédicateur qui disait à son auditoire: « Si vous voyez quelqu'un qui s'endort dans l'auditoire, venez à la chaire pour me réveiller »

Parlons face à face à l'auditoire, Spurgeon disait que quelquefois il pouvait voir la lumière du salut briller sur le visage d'une personne pendant qu'il prêchait l'évangile.

p. **Il est recommandé au prédicateur de surveiller son theme en développement.** Le monde, le diable et la chair se ligueront contre le prédicateur pour le distraire du thème de son message pour le pousser à se consacrer à des sujets secondaires. Le diable aime beaucoup voir un prédicateur s'occuper d'un sujet familier et instituer sur ce qui n'a guère d'importance, au lieu de mettre l'accent sur ce qui est essential.

q. **Il est recommandé au** prédicateur de ne pas se laisser distraire d'aucune manière. La raison même de son ministère est de gagner les âmes à Christ par la prédication de l'évangile, et d'édifier le peuple de Dieu par l'exposé de tout le conseil de Dieu.

r. **Il est recommandé au prédicateur de souligner que** toutes les méthodes humaines modernes qui n'ont pas la bénédiction du Saint-Esprit ne procèdent que d'une foule de recherches vaines.

s. **Il lui est recommande de** chercher la réalité divine. De beaucoup insister sur la responsabilité personnelle de l'auditeur, et sur les conséquences sérieuses et dangereuses d'un refus du Sauveur. Cela doit être fait avec des larmes aux yeux, de la tristesse au cœur et, en même temps, avec une fidélité sincère.

t. **Il est recommandé au prédicateur de surveiller et contrôler le temps dont il dispose pour son message. B**eaucoup de prédicateurs gagnent et tiennent en éveil l'intérêt de leur auditoire jusqu'à un certain point, et ils le perdent alors parce qu'ils continuent à parler trop longtemps après que leur message ait été donné. Garde-toi toi-même de ce défaut.

Quand vous avez terminé votre message, cessez de parler. Le conseil de Charles Spurgeon est très à propos. « Il vaut mieux laisser l'auditoire non rassasié plutôt que lassé ». Il est judicieux de savoir à quelle heure la réunion doit se terminer, et de s'arranger pour conclure à l'heure.

En règle générale, il est sage de commencer la réunion à l'heure fixée même si l'auditoire est réduit. C'est une marque de respect envers ceux qui sont venue à l'heure, et peut-être que ceux qui arrivent en retard seront incitée à être à l'heure la prochaine fois que vous prêcherez.

C.- Conclusion:

Le but de la prédication de l'évangile est de gagner les âmes à Christ. Le prédicateur doit prendre beaucoup de précautions et rechercher les signes d'intérêt et d'anxiété de la part de ceux qui sont presents et qui l'écoutent.

Aucune réunion d'évangélisation ne doit se conclure sans donner à tous ceux qui le désirent, l'occasion de recevoir après la réunion un éclaircissement au sujet d'un besoin spirituel, ou toute autre explication.

Si le prédicateur a vu l'anxiété de l'âme manifestée sur le visage d'une personne de l'auditoire, à l'issue de la réunion, il s'approchera d'elle avec tact et avec courtoisie et lui demandera si elle a le désir d'être sauvé.

Si la personne exprime ce désir, il la conduira dans une pièce à part, loin du bruit et du mouvement, et là ils parleront ensemble avec sagesse et fidélité. Il y a deux extrêmes à éviter:

a. Le premier, ne pas donner à ceux qui écoutent l'occasion de prendre une décision pour Christ, en manquant de lancer un appel direct en faveur de Jésus-Christ, à la fin du message.
b. Le second, provoquer une profession de foi qui n'est pas réelle et qui n'est pas donnée volontairement.

Heureux le prédicateur qui a dans son auditoire de nombreux membres de bonne volonté toujours prêts à chercher et à parler à ceux qui sont intéressés au message des trois anges, et qui savent approcher une personne sans lui donner la possibilité de s'énerver.

Les contacts brutaux et le manque de tact font peur à de nombreux visiteurs et intéressés. C'est dans de telles circonstances que nous avons besoin de la sagesse que Dieu seul peut donner, et qu'il est heureux de donner à ceux qui le cherchent dans la prière (Jas 1: 5, 27).

Le contraire de la brutalité est la douceur. La douceur est une qualité qui est pour celui qui la pratique, la possibilité de faire preuve de calme, de tranquillité et de patience quelle que soit la situation. Une personne douce est non violente. Elle est prévenante, elle est opposée à toutes les formes de sauvagerie et agit toujours pour faire du bien aux autres sans lui faire de mal.

Qui peut être le modèle par excellence de douceur dans la Bible, si ce n'est notre Seigneur et Sauveur Jésus-Christ, qui est "doux et humble de cœur (Mt 11, 29)?" Toutefois, il est aussi recommandé au prédicateur de prier pour que le ciel lui donne la possibilté de faire preuve de de douceur à l'image de Jésus, de Job, de Noé et de Moise.

iii.- Trois hommes patients de Dieu dans la Bible

Ces trois hommes, issus de générations différentes sont choisis pour nous servir de modèles en ce plein 21e Siècle, quand tout semble contre-balancé. L'humanité marche à la va-vite, sans atteindre pourtant, aucun des objectifs fixes. Disons quelques mots sur chacun d'eux:

1. Luc 17:26. Noé [1] a dû faire preuve de beaucoup de patience devant une population antédiluvienne sans foi ni loi. Pendant 120 ans, il a annoncé les mystères de Dieu et le déluge qui devait venir sur la terre.
2. Jacques 5: 11. L'apôtre Jacques, le frère du Seigneur nous parle de Job, [2] l'un des plus vieux patriarches de l'antiquité comme l'un des champions de la patience. «Vous avez entendu parler de la patience de Job…»

---

[1] Noé. Héros du deluge. Noé (hébreu : נֹחַ nōa'h ; arabe : نوح nûh : repos ou consolation) est un personage de la Bible. Selon le récit biblique, Noé a eu une femme et trois fils.

[2] Job. **Job**, de l'**hébreu** אִיּוֹב (*'iyyôv*), est un personnage de la **Bible** héros du **Livre de Job, l'un des plus vieux patriarche de l'antiquité**. Vrai modèle de patience, de courage et de fidélité avec Dieu.

3. Nombres 12: 3. Moïse.[1] Moïse était un homme très patient, plus que tout homme sur la face de la

terre.

---

[1] **Moise.** Moïse est un personnage biblique. On le décrit comme un prophète et comme le libérateur et chef du peuple hébreu. Dans la tradition juive, il est considéré comme le fondateur du judaïsme. Il est le personnage central des cinq premiers livres de la Bible (la Genèse, l'Exode, le Lévitique, le Livre des Nombres et le Deutéronome). Moïse est né le 7 adar (c'est le 6éme mois de calendrier juif) 2030. L'*exod* indique que Moïse est né à Goshen, en Égypte.

APPENDICES

Appendix 1 :

| Les premiers calendriers |

Le mot « calendrier » vient du latin, de calendae, les calendes romaines, premier jour du mois chez les Romains, de calare, en latin signifie appeler, qui était le début de la nouvelle Lune. C'était le jour où les pontifes annonçaient la date des fêtes mobiles du mois. Mais aussi celui où on payait ses dettes inscrites dans les calendarial-livres de compte.

D'ailleurs, l'expression « renvoyer aux calendes grecques, signifie repousser indéfiniment puisque les calendaria chez les Grecs n'existaient pas vraiment!

Le calendrier désigne tout système inventé par les hommes pour mesurer, diviser et organiser le temps sur de longues durées en accord avec les phénomènes astronomiques et le cycle des saisons. Il existe trois types de calendriers:

ii.-Le calendrier lunaire. Le calendrier musulman,[1] en vigueur de nos jours (voir aussi mois solaire). Nous

---

[1]Un musulman (en arabe : مسلم) est une personne qui considère le Coran comme un verbatim écrit de Dieu, révélé au travers du prophète Mahomet. ... Le mot « musulman » vient de l'arabe, signifiant « celui qui se soumet » à la volonté de Dieu.

avons un "reste" d'un tel calendrier avec des mois de 30 jours (durée d'un cycle de la lune).

Le mois commence dans ce type calendrier avec la nouvelle Lune et dure alternativement 29 ou 30 jours (la lunaison étant environ de 29,530588 jours). Dans ces premiers calendriers, rien n'est fixé à l'avance. C'est l'apparition du premier croissant de Lune au couchant qui annonce le début du nouveau mois. Les calendriers lunaires ne suivent pas le rythme des saisons.

Le calendrier lunaire a donc une durée environ égale à 354 jours pour une année, durée trop courte de 11 jours par rapport à l'année solaire. Un treizième mois a donc été ajouté tous les deux ou trois ans dans plusieurs civilisations antiques (Chinois et Grecs primitifs par exemple pour ne pas prendre de l'avance sur les saisons.

iii.- Le calendrier luni-solaire: le calendrier juif moderne; c'est un calendrier lunaire qui est ajusté avec l'année solaire à l'aide d'ajouts de mois intercalaires (tous les trois ans environ) afin dc suivre le rythme des saisons. Il s'agit d'avoir un début d'année qui soit toujours dans la même saison (impératif essentiellement agricole)

iv.- Le calendrier solaire: notre calendrier Grégorien (les premiers sont apparus par nécessité pour les activités agricoles afin de synchroniser les cultures avec les saisons chez les Maya et les Egyptiens) . Ce calendrier respecte le rythme des saisons, l'équinoxe du printemps doit être toujours à la même date (le 21 mars).

Il comporte 12 mois de 30 jours environ, vestige du calendrier lunaire (18 mois de 20 jours chez les Aztèques). Le plus ancien calendrier solaire est celui des Egyptiens.

Un calendrier est lunaire ou solaire selon que l'on privilégie l'approximation du mois ou de l'année. Dans le calendrier lunaire, la durée moyenne du mois doit être une bonne approximation de la lunaison a, soit 29,530589 jours. Dans le calendrier solaire, la durée moyenne de l'année doit être une bonne approximation de l'année tropicale, soit 365,242190 jours.

ii.- Appendix 2:

> Les Pharisiens – Origine et Doctrine

Les pharisiens sont l'un des partis juifs **en activité en** Judée **pendant la** période du Second Temple (**II**e siècle av. J.-C. - **I**er siècle**).**

Leur courant de pensée est appelé *pharisaïsme* ou *pharisianisme*. **De nombreux enseignements des pharisiens sont incorporés à** la tradition rabbinique. **Ils se distinguent notamment par le recours à la** Torah orale **pour fixer la** loi juive.

Les sources principales décrivant les pharisiens sont Flavius Josèphe, **le** Nouveau Testament, **les** sources rabbiniques **et peut-être certains** manuscrits de la mer Morte.

Selon la tradition rabbinique, les pharisiens sont les descendants des sages de la Grande **Assemblée. L'origine de leur courant de pensée remonterait à** Simon le Juste **(probablement le** grand **prêtre Simon II) et à Antigone de Sokho.**

Cependant, leur origine tout comme celle des sadducéens est obscure. Les Pharisiens émergent

en tant que groupe après la révolte des Maccabées[1] et l'accession au pouvoir de la dynastie Hasmonéenne[2] en Judée. Certaines hypothèses les font descendre d'autres groupes ayant joué un rôle dans la crise maccabéenne, notamment le groupe des Hassidéens, mais leur origine reste matière à spéculation.

Il est difficile de déterminer précisément la période où le mouvement s'est formé. Dans le premier ouvrage de Flavius Josèphe, la guerre des Juifs a la première mention des pharisiens est en lien avec le règne de la reine Salomé Alexandra (76 - 67 av. J.-C.).

Dans les Antiquités juives, Flavius Josèphe présente une division de la société juive en trois groupes : les pharisiens, les sadducéens et les esséniens. Cette notice intervient lors de la description du règne de Jonathan (152 - 142 av. J.-C.). Elle ne permet pas réellement de dater la formation du mouvement.

Contrairement à la Guerre des Juifs, les Antiquités juives décrivent une activité des pharisiens dès le règne de Jean Hyrcan (134 - 104 av. J.-C.). Cette différence peut s'expliquer soit par le recours de Josèphe à de nouvelles sources pour composer les *Antiquités juives*, soit par la volonté de

---

[1]Les Macabées ou Macchabées (מכבים ou מקבים, Makabim ou Makavim en hébreu) sont une famille juive qui mena la résistance contre la politique d'hellénisation pratiquée par les Séleucides au II e siècle av. ... et soutenue par une partie des élites juives hellénisées. Ils fondèrent la dynastie des Hasmonéens.

[2]Hasmonéens, parti de résistance organisé autour du grand prêtre "Mathatias." Il s'agit bien de la même famille, cf. l'arbre généalogique ci-dessous.

donner artificiellement aux pharisiens une importance plus grande dans les faits que Josèphe prétend décrire.

Les Pharisiens s'appuient sur la classe moyenne des villes. Les classes moyennes sont en pleine expansion économique depuis le début de la domination des Ptolémées. Cette nouvelle tranche de la population dispose d'un niveau de vie suffisant pour conduire une activité économique tout en se dégageant du temps pour l'exégèse de la Torah.[1]

Cette situation contribue à répandre l'étude au delà des cercles traditionnels en lien avec le culte du Temple de Jérusalem. Le développement économique rend aussi nécessaire le travail de Scribes ayant des connaissances en manière de législation, mais qui ne sont plus nécessairement des scribes attachés au Temple.

ii.- Conflits avec les autres groupes

Selon Josèphe, les controverses entre pharisiens, sadducéens et Esséniens reposent sur des principes de foi. Bien qu'ils mettent en avant les différences théologiques, il apparaît que les querelles entre Pharisiens et Sadducéens reposent d'abord sur des questions pratiques, sur la manière de se comporter dans la vie courante, c'est-à-dire sur la Halakha.[2]

---

[1]Torah est un ensemble de cinq livres sacrés du Judaïsme. C'est la première partie de la Bible hébraïque qui évoque le parcours du peuple juif, depuis la création du monde jusqu'à la mort de Moïse avant l'entrée en terre promise. C'est le livre sacré du judaïsme.

[2]Halacha - Ensemble des lois guidant les Juifs dans leurs rituels et leur vie quotidienne.

Face aux changements socio-économiques en Judée pendant la période du Second Temple, les pharisiens choisissent d'innover dans la pratique de la halakha pour rester en phase avec les nouvelles conditions de vie.

Ils adaptent les vieux codes aux situations nouvelles. Ils admettent la validité d'une approche évolutive de l'interprétation de la Loi. Celle-ci peut appliquée en conformité avec les standards des maîtres de chaque génération.

Ils s'appuient pour cela sur la « Loi orale » comme l'appelle la littérature rabbinique, ou sur la « tradition des pères » selon la terminologie de Flavius Josèphe. Ce concept de Torah orale, qui se développe à partir de la période Perse, est un élément distinctif de la pensée pharisienne.

Parmi les manuscrits de la mer Morte, le texte 4QMMT (*Miqsat Maaseh ha-Torah*) détaille par exemple des points de halakha sur lesquels la secte de la mer Morte et les pharisiens divergent. Ces points concernent notamment le pureté rituelle, les fêtes, la gestion du Temple et les prêtres.

Les pharisiens et les esséniens ont une approche différente de la Loi. Les Pharisiens acceptent que la Loi puisse s'adapter aux conditions de la vie réelle, alors que les Esséniens suivent une interprétation plus stricte et préfèrent s'astreindre à des pratiques difficiles, plutôt que de risquer une impureté rituelle.

iv.- Appendice 3:

| Prélude et Doxologie |

1. Formule de prière qui rend gloire à Dieu ; par ex. celles de l'A.T. (1Ch 29 : et suivant, etc.),

surtout des Psaumes (Ps 7:17 18:50 118:1-3 etc.), celle de l'Oraison dominicale dans certains manuscrits de Mt 6:13, et celles que saint Paul place parfois à la fin d'un développement ou d'une lettre (Ro 11:36 16:25-27, Eph 3:20,1Ti 1:17, cf. Jude 1:24 et suivant).

2. En un sens restreint, les liturgies ont désigné de ce mot deux formules particulières, dont le texte actuel n'est pas strictement biblique.

3. La *grande doxologie* est le *Gloria* (voir ce mot), c'est-à-dire le chant des anges (Lu 2:14), auquel furent ajoutées une dizaine de phrases, du IV e au VII e siècle (« Nous te louons, nous te bénissons, nous t'adorons, etc. »), et qui est encore aujourd'hui un chant de la messe, conservé comme chant de fête dans l'Église luthérienne.

4. La *petite doxologie,* phrase de louange adressée aux trois personnes de la Trinité, a été complétée au temps de l'hérésie Arienne ; elle est chantée aujourd'hui à la fin de tous les Psaumes ou hymnes dans l'Église romaine comme dans l'Église anglicane : elle joue un grand rôle dans les cultes qui suivent le Prayer-Book. Elle a été introduite dans la Liturgie réformée de l'Étoile (Ps et Cant., n° 28) : « Gloire soit au Père, au Fils, au Saint-Esprit, comme dès le commencement, aujourd'hui, toujours et dans tous les siècles des siècles ! Amen ! »

iv.- Appendice 4:

| Lazare |

[1]Lazare. De l'Hébreu (אלעזר, *El-azar* - Dieu a aide.) Lazare est un personnage de l'entourage de **Jésus,**

apparaissant dans le **Nouveau Testament**, et ainsi devenu protagoniste de légendes orientales et occidentales du début de l'ère chrétienne.

Il est essentiellement connu par un récit de l'**Évangile de Jean** 11, selon lequel Lazare, mort depuis quatre jours et mis dans un sépulcre, était sorti vivant de la tombe sur l'ordre et à la voix de Jésus.

v.- Appendice 5:

> **Mots d'éloges dans l'introduction du message du prédicateur**

L'**éloge** (masculin du **latin** *elogium*, avec l'influence du **grec** εὐλογία) est un **genre littéraire** hérité de l'**Antiquité**, où il est très présent, qui consiste à vanter les mérites d'un individu ou d'une institution.

Il s'agit d'un **discours** public ou donné comme tel, destiné à l'édification commune ; à cette fin, il recourt à l'exploitation des ressources du **discours épidictique** héritées de la **rhétorique** classique. Il existe plusieurs sortes d'éloges:

1. **Éloge panégyrique** : discours public célébrant les vertus d'une personne célèbre.
2. **Éloge dithyrambe** : poème élogieux, enthousiaste.
3. **Éloge paradoxal** : célébration d'une personne ou d'une chose insignifiante, inutile, nocive, socialement disqualifiée. Un **éloge paradoxal** est un texte écrit dans le but de louer un objet trivial, une personne ou un défaut habituellement blâmés par la société, à des fins comiques ou satiriques.

4. **Éloge funèbre** : éloge à la mémoire d'une personne disparue.
5. **Blason** : genre poétique, c'est l'éloge de la beauté corporelle et physique.

vi.- Appendice 6:

La persuasion

La persuasion est l'action ou le fait de persuader quelqu'un ou d'être persuadé de faire ou de croire quelque chose: "Monica avait besoin de beaucoup de persuasion avant de quitter" des synonymes: persuader, convaincre, contraindre, inciter, convaincre, ... plus

La persuasion est une croyance ou un ensemble de croyances, en particulier religieuses ou politiques: synonymes de «écrivains de toutes convictions politiques»: croyance, opinion, conviction, foi, certitude, certitude, vue

En affaires, la persuasion est un processus visant à changer l'attitude ou le comportement d'une personne (ou d'un groupe) envers un événement, une idée, un objet ou une autre personne, en utilisant des mots écrits, des mots parlés ou des outils visuels pour transmettre des informations, des sentiments et des sentiments. ou raisonnement, ou une combinaison de ceux-ci.

La persuasion est également un outil souvent utilisé dans la recherche de gains personnels, tels que des campagnes électorales, des arguments de vente ou des plaidoyers judiciaires.

La persuasion peut aussi être interprétée comme utilisant ses ressources personnelles ou de position pour changer les comportements ou les attitudes des gens.

La persuasion systématique est le processus par lequel des attitudes ou des croyances sont exploitées par des appels à la logique et à la raison.

La persuasion heuristique, d'autre part, est le processus par lequel les attitudes ou les croyances sont exploitées par des appels à l'habitude ou à l'émotion.

vii.- Appendice 7:

| Introduction du Sermon - notes complémentaires: |

L'introduction, c'est la partie du sermon qui conduit à la discussion. Son But: Ses avantages sont évidents. Notons que:

a. Elle réveille l'intérêt. Il est maladroit d'aborder brutalement le sujet. Il est plus logique et naturel de gagner premièrement l'attention de l'auditoire.
b. Elle prépare l'auditoire à une meilleure compréhension du message. Elle joue le rôle. d'une échelle par laquelle l'auditoire s'élève au niveau de réflexion le plus élevé.
c. Elle dispose favorablement l'auditoire. L'introduction, permet de créer une impression favorable chez celui qui écoute et de gagner sa confiance et sa bienveillance.

2.- Son Importance. L'introduction gagnera ou éloignera votre auditoire. Si elle ne peut le gagner voue serez comme ''celui qui parle en l'air (1Cor. 14:9) et votre sermon sera vain.''

3.- Autres conseils et suggestions pour l'introduction:

a. Elle doit être directe et conduire naturellement à la discussion.
b. Elle ne doit pas promettre plus
c. Elle doit être simple ; sans affectation, sans ostentation et sans formalisme.

    d. Elle doit être variée. L'emploi du même type d'introduction pour chaque sermon deviendrait monotone.

    e. Elle doit être courte, Venez-en au sujet aussi vite que possible.

4.- Les sources de l'introduction. Où peut-on trouver la matière et les illustrations pour cette partie du sermon un peu partout:

    a. Dans les mots du texte ou du livre dans lequel celui-ci est puisé, ou par une comparaison avec d'autres versets faisant allusion au même thème ou encore par une comparaison ou un contraste.

    b. On peut faire appel aux coutumes bibliques ou a une image qui illustre le texte.

    c. Parfois on se servira d'une simple anecdote ou petit événement dans les faits courants du jour ou de la semaine.

    d. On peut aussi saisir une manche dans les citations d'un poète, d'un cantique ou d'une question essentielle bien connus.

    e. Il faut toujours à varier ces premiers mots. La variété évite la monotonie.

viii.- Appendice 8:

> **Attitudes dans la prière:**
> **Debout, à genoux et debout**

Il y a, en effet, trois prières que l'on présente au cours du culte d'adoration. L'origine de ces trois prières est entièrement biblique. Elles se basent sur la prière de Salomon pour la dédicace du Temple de Jérusalem (1 Rois 8 :1-66).

La première fois que vraiment nous trouvons le peuple de Dieu en adoration dans une Temple c'est a la dédicace du Temple de Salomon.[1] C'est de là aussi que nous devons dégager le début des trois prières présentées dans les services de culte et d'adoration. Relevons les trois phases composites de cette prière du roi :

a.- 1Rois 8 :14-21 (Début) ....
b.- 1Rois 8 : 22-54 (A genoux) ....
c.- 1Rois 8 : 55-61 (Début) ....

Dans le libellé des trois parties de cette grande prière de dédicace, on a pu dégager l'essentiel des trois prières qu'on appelle "Invocation, intercession et bénédiction." Comme nous les présentons dans le plan, ces trois prières se détachent librement.

Dans notre programme de culte et adoration à l'église et comme pratique communément acceptée, nous trouvons régulièrement, tous les Sabbats et dans toutes les églises, ces trois prières.

Le Manuel d'Eglise et les autres autres de formation pour les pasteurs et les anciens les révèlent. Il faut aussi mentionner d'autres prières qui dans la pratique, s'ajoutent naturellement.[2]

1. **L'Invocation**
2. **La première prière**
3. **La prière sur la dîme et les offrandes**
4. **La dernière prière**

---

[1]Salomon célèbre pour ses deux prières -Début de la royauté, il demande à Dieu la sagesse et l'intelligence. Ici, pour consacrer le temple construit, deux psaumes (Ps. 72 et Ps. 127) : *Si l'Eternel ne bâtit la maison…*
[2]Le Manuel d'Eglise (Miami, Florida: Iadpa, 2010), 187.
- Voir aussi Mémento du Pasteur et Mémento de l'Ancien ……..

A ces prières publiques, il faut ajouter: (5). La prière à la sacristie avant de monter en chaire. (6). La prière silencieuse sur l'estrade devant l'assistance. (7). Une autre prière peut être éventuellement adressée: c'est celle du prédicateur à la fin de son sermon, suivant son inspiration, et surtout à la suite d'un appel où l'assemblée se lève.

iii.- Attitude dans la prière:

Dans la mesure du possible, il convient de se prosterner, de s'agenouiller.

1. Psa. 95: 6. Fléchissons le genou devant l'Eternel, notre Créateur.
2. Que ce soit en public ou en privé, c'est notre devoir de nous mettre à genou devant Dieu lorsque nous lui adressons nos prières. Ceci témoigne de notre dépendance de lui »[1]
3. En annonçant la prière, on fera bien de demander à la congrégation de s'agenouiller plutôt que de s'incliner, car c'est ainsi qu'il nous est dit de le faire ».[2]
4. La congrégation ou en tout cas l'orant c'est-à-dire celui qui prie devrait s'agenouiller pour n'importe quelle prière.

iv.- L'invocation, une prière debout :

L'invocation n'est pas une grande prière. C'est une courte prière formelle, et surtout une formule dans laquelle le prédicateur exprime le vœu que Dieu vienne en aide à la congrégation en faisant sentir sa présence et en agissant par sa parole.

Ainsi, après la doxologie,[1] le prédicateur peut dire ou prononcer en ton solennel une invocation s'inspirant d'un texte de la Bible, comme celui-ci: « Notre aide est dans le nom de l'Éternel celui qui a fait les cieux et la terre (Ps. 124 : 8).»

v.- La dernière prière. Elle n'est pas une prière en réalité, mais une bénédiction. Elle peut être aussi une formule, basée sur un texte biblique.

En effet, quand le Seigneur communiquait ses instructions à son serviteur Moise concernant l 'ordre exact et d'autres dispositions du culte sacré, il dit bien clairement dans Nombres 6 : 22-27. « Vous bénirez ainsi les enfants d'Israël, vous leur direz… » Il a prononcé une bénédiction légitime et non simplement une courte prière.

Notons que les paroles de bénédiction sont adressées au peuple et non à Dieu, a l'inverse de l'invocation. La bénédiction peut aussi, être prononcée debout.

La grande prière ou prière pastorale, par contre, s'adresse à Dieu, et requiert, de ce fait, l'agenouillcment. Presque toutes les épîtres de Paul se terminent par des paroles qui constituent un parfait exemple de ce que doit être une bénédiction. Voyons un exemple concret dans 2 Corinthiens 13 :13.

Plus d'un prédicateur récite bien incorrectement une formule de bénédiction, même la plus simple exprimée

---

[1]**Prélude et Doxologie. Prélude**- Ce qui précède, annonce, prépare, fait présager quelque chose : Cette phrase était le prélude habituel de ses sermons. - **Doxologie**. Du grec *doxa*, gloire, et *logos*, parole. voir en Appendice "Doxologie."

dans 2 Corinthiens 13 :13 où la cantique de bénédiction inscrit au numéro 199 du recueil Hymnes et Louanges. Chers lecteurs, en vous présentant cet ouvrage qui se veut être une adaptation du « Message que nous Aimons et Prêchons », nous ne voulons nullement pas nous limiter aux simples enseignements du débutant.

Notre désir le plus entier est de mettre dans vos main un outil de travail, apparemment complet. Si en l'utilisant, il vous arrive de tomber sur des accrocs, rendez-nous personnellement responsables en nous les signalant par écrit, afin de mieux faire dans la prochaine édition.

Enfin, tout en vous souhaitant une bonne lecture pour une utilisation optimale de ce document, nous ne manquerons pas de vous demander de prier aussi pour nous et le ministère de la prédication pour lequel, nous avons été faits ministre.

Que le Seigneur nous imprègne de la puissance de l'Esprit Saint en nous donnant de faire davantage dans la publication de matériels bibliques et évangéliques de toute utilité?

ix.- Appendice 9:

> **Le temps de la préparation d'un message et le temps de sa présentation en chaire**

Gabriel Monet témoigne: "Je me souviens avoir une fois posé à un artiste-peintre la question à l'occasion du vernissage d'une exposition de ses tableaux: combien de temps vous faut-il pour peindre une de ces toiles? Sa réponse a été très intéressante et m'a marqué: « 42 ans ».

C'était son âge! En effet, si peindre un tableau peut prendre quelques heures, toute la profondeur et la force de ce que les formes et les couleurs vont exprimer est le fruit de toute une vie. En préambule à la réponse à la question posée dans cette note:

« Combien de temps faut-il pour préparer une prédication? », j'ai envie de répondre qu'une prédication est le fruit de toute une vie.

Alors concrètement, en plus d'être le fruit d'une vie entière de foi, de recherche, de prière et de maturation, combien de temps dure la préparation d'une prédication. Il n'y a évidemment pas de réponse valable pour tous à cette question. Nous sommes en effet tous différents dans nos manières de fonctionner.

De plus, il en ira différemment selon que l'on prêche pour la première fois et que l'on a une vie de prédication derrière soi. Le sujet choisi peut aussi nécessiter un temps de préparation différent.

Sans parler de l'auditoire qui peut influencer l'énergie et le temps consacré à la préparation: même si cela est discutable, on risque de passer plus de temps à préparer la prédication lors d'un grand rassemblement d'Eglise qu'à l'occasion de la prédication hebdomadaire d'une petite communauté!

Quels sont les ingrédients qui sont à prendre en compte alors que l'on considère le temps de préparation d'une prédication? Il y a d'abord le choix du sujet ou du texte (sauf s'il est choisi d'avance ou imposé).

Il n'empêche que cela prend parfois pas mal de temp's que de choisir le bon sujet d'une prédication. Mais une fois le sujet choisi, la préparation d'une prédication implique: l'étude du ou des textes bibliques, des temps de lecture et de réflexion ; des temps de travail plus formel à prendre des notes, à mettre en ordre ses idées, à rédiger ; et puis d'une manière transversale, ce que j'appellerais des temps de maturation.

En effet, même si ce n'est bien sûr pas impossible, se mettre à préparer une prédication puis quelques heures plus tard, en avoir fini, n'est probablement pas l'idéal. En effet, je pense qu'il est bon de « laisser décanter » sa réflexion, ses lectures, ses idées, ce qu'on a envie de transmettre.

Certes le Saint-Esprit peut inspirer un travail court et intense, mais j'ose penser qu'il peut aussi intervenir très efficacement sur la durée.

Selon la belle expression de Fred Craddock,[1] les sermons qui sont « plantés, arrosés et moissonnés avec le temps qu'il faut sont meilleurs que les autres.

Pour ma part, je pense souvent à la prédication que je prépare en faisant autre chose, et parfois ma vision s'éclaire et ma prédication gagne en profondeur grâce à des idées qui me viennent en conduisant, en faisant du sport, en lisant autre chose, en discutant, la nuit, etc. C'est pourquoi, j'aurais du mal à répondre à la question de savoir combien de temps me prend la préparation d'une prédication.

Même si c'est variable selon les situations, si je pourrais quantifier le nombre d'heures passées spécifiquement à cette préparation, mais je serais incapable de compter le temps que je passe à méditer en mon cœur ce que le Seigneur me donne à partager en prêchant.

Au final, quelques lois de la gestion du temps peuvent être utiles pour évaluer ou gérer le temps de préparation d'une prédication. Il est vrai que la loi de Parkinson affirme que « le travail se dilate jusqu'à remplir la durée disponible pour son accomplissement », donc plus on donne de temps à sa préparation, plus on en prend.

---

[1]**Fred Craddock, Prêcher, Genève, Labor et Fides, 1991, p. 103.**

Néanmoins, la loi de Murphy nous rappelle que
« rien n'est aussi simple qu'il n'y paraît et qu'une chose
prend toujours plus de temps qu'on l'avait envisagé ».
Un équilibre pourrait être trouvé dans le fait de
commencer sa préparation suffisamment tôt, si possible
plusieurs semaines à l'avance[2], afin de pouvoir
consacrer des plages de temps définies à l'avance à une
préparation formelle, mais aussi de laisser cours à la
maturation informelle qui pourra compléter le travail
préparatoire.

Si une prédication n'est pas le fruit de toute une
vie, elle reste néanmoins l'aboutissement d'une
implication personnelle et profonde pendant les jours, et
peut-être les semaines, qui précèdent le temps du
partage!

J'ai conscience que pour ceux qui doivent
prêcher toutes les semaines, cela implique d'avoir
plusieurs prédications en préparation en même temps.
Au début de mon ministère, je ne pensais à une
prédication qu'après avoir prêché la précédente.
Aujourd'hui, j'ai évolué et j'ai tendance à m'y prendre
beaucoup plus à l'avance et à préparer de front plusieurs
prédications.

x.- Appendice 10:

> **Version – et, les versions de la Bible**

Version désigne une traduction des saintes
Ecritures. Ce mot ne se trouve pas dans la Bible.
Néanmoins, comme cet ouvrage fait fréquemment
référence à diverses versions anciennes et modernes, il
convient de donner un bref aperçu des plus importantes
d'entre elles. Ces versions sont des aides importantes
pour la bonne interprétation de la Parole (voir
pentateuch samaritain).

ii.- Les Targums

Après le retour de captivité, les Juifs, qui ne connaissaient plus le vieil hébreu, ont exigé que leurs Écritures soient traduits pour eux dans la langue chaldaïque ou araméenne et interprétés. Ces traductions et ces paraphrases étaient d'abord orales, mais elles ont ensuite été réduites à l'écriture, de sorte que les targums, c'est-à-dire les "versions" ou les "traductions", nous sont parvenus. Le chef de ceux-ci sont:

a. **Onkelos Targum,** c'est-à-dire le targum de Akelas = Aquila, un targum ainsi appelé pour lui donner une plus grande popularité en le comparant à la traduction grecque de Aquila mentionnée ci-dessous. Ce targum est originaire du deuxième siècle après Jésus-Christ.

b. **Le targum de Jonathan ben Uzziel** se rapproche de celui d'Onkelos en ce qui concerne l'âge et la valeur. Cependant, il s'agit plus d'une paraphrase des prophètes que d'une traduction. Ces deux targums sont issus de l'école juive qui a ensuite prospéré à Babylone.

c. **Les versions grecques.** • La plus ancienne d'entreelles est la Septante, généralement appelée LXX. L'origine de cette version la plus importante de toutes est impliquée dans beaucoup d'obscurité.

Il tire son nom de la notion populaire selon laquelle soixante-douze traducteurs ont été employés sous la direction de Ptolémée Philadelphie, roi d'Égypte, et qu'il a été accompli en soixante-douze jours, à l'usage des Juifs résidant dans ce pays.

Il n'y a pas de garantie historique pour cette notion. Cependant, il est établi que cette version a été réalisée à Alexandrie; qu'il a été commencé vers 280 av. J.-C. et achevé entre 200 et 150 av. que c'était le travail de nombreux traducteurs qui différaient grandement par leur connaissance de l'hébreu et du grec; et que, depuis les temps les plus reculés, il porte le nom de "The Septuagint", c'est-à-dire les soixante-dix.

Cette version, avec tous ses défauts, doit présenter le plus grand intérêt, a) en préservant une preuve du texte bien plus ancienne que les plus anciens manuscrits en hébreu; b) en tant que moyen par lequel la langue grecque a été liée à la pensée hébraïque ; (c) comme source de la grande majorité des citations de l'Ancien Testament rédigées par des écrivains du Nouveau Testament.

C.- Les manuscrits du Nouveau Testament:

Ils se divisent en deux divisions, les Uncials, écrits en majuscules grecques, sans distinction aucune entre les différents mots et très peu, même entre les différentes lignes; et Cursives, en petites lettres grecques et avec des divisions de mots et de lignes.

Le changement entre les deux types d'écriture grecque a eu lieu vers le Xe siècle. Seuls cinq manuscrits du Nouveau Testament qui approchent de la complétude sont plus anciens que cette date de séparation.

Le premier, numéroté A, est le manuscrit d'Alexandrie. Bien que apporté dans ce pays par Cyril Lucar, patriarche de Constantinople, en cadeau à Charles Ier, on pense qu'il a été écrit non pas dans cette capitale, mais à Alexandrie; d'où son titre. Il est maintenant daté du Ve siècle après J.-C.

Le deuxième, appelé B, est le manuscrit du Vatican (Voir Vaticanus).[1]

Le troisième manuscrit, C, ou Ephraem, a été ainsi appelé parce qu'il a été écrit au-dessus des écrits d'Ephraem, auteur théologique syrien, pratique très courante à l'époque où le matériel d'écriture était rare et précieux. On pense qu'il fait partie du Ve siècle et qu'il est peut-être un peu plus ancien que le manuscrit A.

Le quatrième, D, ou le manuscrit de Beza, était ainsi appelé parce qu'il appartenait au réformateur Beza, qui l'a trouvé dans le monastère de saint Irénée à Lyon en 1562 après JC Il est imparfait et daté du VIe siècle.

Le cinquième (appelé Aleph) est le manuscrit de Sinaitic. (Voir notes et développement sur Sinaiticus.), etc.

xi. Appendice 11:

> **Robert Bruce – Le fil d'araignée**

Robert Bruce, le héros écossais qui devait affranchir son pays de la domination anglaise et faire souche de rois nationaux, n'arriva pas à ce but sans de grands efforts. Ayant provoqué le soulèvement de ses

---

[1]**Saint-siège. Le Vatican est le centre de la religion catholique. Le Vatican, situé à proximité de la rive droite du Tibre, est enclavé dans la ville de Rome, en Italie, et couvre une surface de 0,44 km², ce qui fait le plus petit état du monde; On le dénomme également le Saint-Siège. De nos jours, le Vatican est la représentation temporelle du Saint-Siège et de l'ensemble des institutions de l'Église catholique romaine: l'État de la Cité du Vatican est, lui, créé le 11 février 1929 aux termes des accords du Latran, signés par l'Italie représentée par Mussolini et par le Saint-Siège représenté par De Gasperi ...**

compatriotes contre les troupes d'Edouard 1er d'Angleterre, il avait été vaincu à maintes reprises.

Même après avoir été reconnu et couronné roi, l'heure vint où, fugitif, il se demanda s'il ne devait pas renoncer à faire valoir ses droits. Retiré, pendant l'hiver de 1306, dans une île sur la côte d'Irlande, il y vivait tristement.

Or, un jour qu'étendu sur un misérable grabat il réfléchissait aux vicissitudes de sa destinée, ses regards s'arrêtèrent sur une araignée qui, suspendue à un long fil, s'agitait pour tâcher d'atteindre par ce mouvement une poutre où elle voulait fixer sa toile.

Six fois il la vit renouveler sans résultat cette tentative. Cette lutte opiniâtre contre la difficulté rappela au roi sans trône que six fois, lui aussi, avait livré bataille aux Anglais, et qu'autant de fois il avait été vaincu. L'idée lui vint alors de prendre pour oracle en quelque sorte l'exemple de l'arachnide, c'est-à-dire de tenter à nouveau le sort des armes si l'araignée réussissait à fixer son fil, ou de renoncer à ses prétentions et de partir pour la Palestine si sa tentative n'était pas couronnée de succès.

Les yeux fixés sur l'araignée, Robert Bruce suivait avec anxiété ses mouvements. Il la vit enfin, par suite d'un effort plus énergique, atteindre la poutre et y attacher son fil. Encouragé par le succès de cette persévérance, Bruce résolut de reprendre la campagne. Il le fit. Dès ce moment, la victoire lui fut fidèle, et peu après l'Écosse redevenait indépendante.

Walter Scott, qui a placé cette anecdote dans un de ses romans, la donne comme très authentique, en affirmant d'ailleurs qu'il existe encore une foule d'Écossais portant le nom de Bruce qui pour rien au monde ne voudraient tuer une araignée, en souvenir de

l'exemple de persévérance que cette petite bestiole
donna au héros qui sauva l'Écosse.

xiii.- Appendice 12:

Treize types
d'illustration

Certains prédicateurs et chercheurs ont classifié
treiz types d'illustrations[1] convenables aux sermons à
presenter en public. Dans nos pratiques, nous pourrons
en ajouter d'autres. Mais, partons avec ces Treize pour
former la base. Citons-en :

a. **L'histoire.**[2] Des illustrations se rapportant à
l'histoire, une histoire qui peut être passé, présente
et future.

C'est la première chose à laquelle on pense quand
on parle d'exemples illustratifs de prédications. Il peut
s'agir notamment d'expériences personnelles, de récits
issus de l'histoire du monde et d'événements actuels.

Des histoires longues d'un paragraphe sont idéales
pour faire la transition de l'exégèse d'un passage à son
application. Si vous faites plus long, votre auditoire

---

[1]Illustrations: "Histoire, citations, paraboles, comparaison de
termes ou declarations d'auteurs, pris à l'appui.''

[2] L'histoire est « connaissance et récit des événements du
passé, des faits relatifs à l'évolution de l'humanité (d'un groupe social,
d'une activité humaine), qui sont dignes ou jugés dignes de mémoire;
les événements, les faits ainsi relatés ». L'historien grec, Hérodote, est
considéré comme le père de la science historique. Une métaphore est
une figure de style qui, pour un effet rhétorique, fait
directement référence à une chose en en mentionnant une autre.
Cela peut apporter de la clarté ou identifier des similitudes
cachées entre deux idées. Les métaphores sont souvent
comparées à d'autres types de langage figuré, tels que
l'antithèse, l'hyperbole, la métonymie et la comparaison.

risque d'oublier le point que vous essayez de mettre en valeur. Cependant, les histoires plus longues ont leur pertinence en conclusion, lorsqu'il s'agit de résumer les idées principales de votre message.

Peu importe leur longueur, les histoires fonctionnent bien quand le problème ou le dilemme de l'histoire trouve une réponse dans le passage biblique étudié.

b. Le mot-image. Cette illustration est une élaboration d'un point figuré ou métaphorique dans le passage étudié, permettant de réfléchir en détail sur sa signification.

Par exemple, dans une une prédication sur Ephésiens 5:15, l'apôtre Paul déclare: « Faites donc bien attention à la façon dont vous vous conduisez. Ne vous comportez pas comme des fous mais comme des sages ».

On peut enchainer en racontant que son fils de deux ans, qui jouait au loup avec d'autres enfants, avait passé son temps à courir dans toutes les directions sans regarder où il se dirigeait. Beaucoup de croyants ont une approche similaire de la vie. Ils n'ont pas la sagesse de faire attention à la façon dont ils vivent.

La prochaine fois que vous aurez à préparezrune prédication, listez toutes les images figurées du passage et réfléchissez comment vous pourriez les développer pour les rendre plus explicites.

c. L'analogie. En règle générale, les analogies[1] mettent en valeur des points de comparaison. Mais, les meilleures analogies se terminent par un « mot de la fin » parlant. Forrest Gump est célèbre pour ce genre d'analogie. Il dit que : « La vie, c'est comme une boîte de chocolats. On ne sait jamais sur quoi on va tomber ». Le mot de la fin de l'analogie est ce que mémorise l'auditeur.

Les analogies sont particulièrement adaptées pour communiquer des aspects culturels des temps bibliques qui, autrement, ne trouveraient pas d'écho chez nos contemporains. On a entendu David Helm pasteur d'une église à Chicago dire, un jour : « Quand Dieu demande à Josué d'enlever ses sandales, c'est une façon de dire ''ne tache pas ma moquette avec tes chaussures sales.'' Là encore, ce qui marche bien, c'est le mot de la fin.

d. Les listes d'exemples. Les exemples servent à donner des idées de mise en contexte de la prédication pour votre église. Au lieu de donner des étapes de mise en œuvre (qui seront oubliées aussitôt), proposez plutôt une liste concise d'exemples pour donner des idées d'applications dans des contextes variés. Les membres de votre église trouveront des étapes de mise en œuvre tout seuls si vous leur montrez comment le passage peut être source de changement dans leur vie.

---

[1]L'analogie est un processus cognitif de transfert d'informations ou de signification d'un sujet particulier à un autre, ou une expression linguistique correspondant à un tel processus.

La clé du succès des listes d'exemples, c'est d'éviter les clichés, la superficialité et les évidences. Évitez de dire : « Cela s'applique à la convoitise, aux finances, à l'impatience ». Ce sont en effet des exemples, mais ils ne sont pas illustratifs. Dites plutôt : « Cela s'applique lorsqu'une collègue séduisante entre dans votre bureau, lorsque vos finances sont serrées, ou encore lorsque vos enfants essaient de battre le nouveau record du repas avalé le plus lentement ».

e. L'histoire coupée en deux. L'une des façons de ficeler une prédication percutante, c'est de raconter la première moitié d'une histoire dans l'introduction, et la deuxième moitié en conclusion. Dans l'introduction, interrompez l'histoire avant la résolution du problème. Faites ensuite le lien entre le problème non résolu et le besoin spirituel central du passage étudié.

Cette approche laisse à penser à l'auditoire que l'histoire n'a pas une fin heureuse, ce qui les pousse à écouter ce que le message a à leur dire pour éviter un sort similaire. En conclusion – à la surprise générale – racontez la fin heureuse de l'histoire que personne n'avait vu venir.

Cette technique[1] est efficace car elle permet de conclure le message de façon satisfaisante. Nous sommes programmés pour apprécier les fins heureuses. Mieux encore, vous donnez à voir aux

---

[1]Technique. Ensemble de procédés employés pour produire une œuvre ou obtenir un résultat determine...

auditeurs les plus suspicieux l'exemple d'un changement dans une situation où tout changement semblait insurmontable. Il se peut que cette illustration les aidera à croire, qu'avec l'aide de Dieu, eux aussi peuvent changer.

f. **S'équiper des bons outils**. Mettre les exemples illustratifs dans des catégories est utile car cela fournit des outils adaptés à des fins différentes.

Enfin, il serait frustrant d'utiliser un marteau plutôt qu'un tournevis pour visser une vis, même si on pourrait y arriver en y allant assez fort. De la même façon, il serait frustrant d'écrire une longue histoire pour illustrer un verset biblique, alors qu'il suffirait d'une image parlante ou d'une analogie. Lorsqu'on fait correspondre les « outils » illustratifs avec le « bricolage » qui leur convient, c'est nettement plus facile et agréable.

Alors, avant de vous résigner à être un prédicateur qui ne s'essaie pas trop aux exemples illustratifs, prenez la peine d'en expérimenter quelques-uns. Vous pourriez être surpris de leur efficacité.

xiv.- Appendice 13:
Théologie

Le terme théologie tire son origine du Latin "théologia.'' Ce mot, à son tour, provient du concept grec "theos, Dieu et logos – étude.''

La théologie est donc la science qui se charge de l'étude de Dieu et de ses attributs et perfections. Is'agit d'un ensemble de techniques philosophiques qui cherchent à parvenir à des connaissances particulières sur la divinité.

Le terme a été entériné par Platon dans "la République.'' La philosophie Grec l'employait pour se référer à la compréhension de la nature divine par le biais de la raison, contrairement à la comprehension littéraire.

Par la suite, Aristote a adopté le concept avec deux sens: "La théologie en tant que branche fondamentale de la philosophie et la théologie en tant que denomination de la pensée mythologique immédiatement antérieure à la philosophie.

xv.- Appendice 14:
Agrippa II.

Agrippa II (27/28 - 92-94 ou 100) est le fils d'**Agrippa Ier**, lui-même petit-fils d'**Hérode le Grand**. L'empereur **Claude** le nomme roi de **Chalcis** en 48. Vers 53-54, il reçoit les anciennes tetrarchies de Philippe et de Lysias, mais il est dépossédé du territoire de Chalcis. **Néron** lui donne par la suite une partie de la **Pérée** et de la **Galilée**. Il aide les Romains à réprimer la **Grande révolte juive** de 66-70 jusqu'à la prise de **Jérusalem** et la destruction de son **Temple (70)**.

Pour le remercier **Vespasien** lui octroie des territoires supplémentaires au nord de son royaume après la défaite des révoltés juifs. Toutefois, Agrippa ne joue qu'un rôle secondaire dans les événements de son règne. Il n'y assiste le plus souvent qu'en spectateur et ses tentatives d'influer sur le cours des événements demeurent infructueuses. Sa sœur Bérénice— un temps maîtresse de Titus — joue de fait le rôle de reine, en étant plus populaire que lui. Il est le dernier roi des dynasties hérodiennes et Hasmonéennes. Il est parfois aussi appelé **Hérode Agrippa II**. Le Talmud l'appelle le roi **Yannaï**.

xv.- Appendice 15:

Un nouveau plan de lecture de la Bible

Une capture d'écran de la page d'accueil de Croyez en Ses Prophètes, un site web qui hébergera un nouveau plan de lecture quotidienne de la Bible à partir de juillet 2015.[1]

Régénéré Par Sa parole, un blog en ligne que des dizaines de milliers d'Adventistes utilisent quotidiennement pour lire la Bible en entier, ne s'arrêtera pas lorsqu'il atteindra le livre de l'Apocalypse l'année prochaine.

Le blog se relancera plutôt sous un nouveau nom, Croyez en Ses Prophètes, et se développera pour inclure des passages tirés des écrits de la cofondatrice de l'église, Ellen G. White, ont annoncé les leaders de l'église vendredi soir.

Les gens qui suivent le plan d'étude en cinq ans qui couvre les 66 livres de la Bible, pourront aussi lire sept des livres les plus populaires d'Ellen White : Vers Jésus, Les Paraboles de Jésus et les cinq volumes de la série Conflit des Ages.

« Je crois que ce sera une merveilleuse bénédiction, » a déclaré Derek Morris, éditeur du magazine Ministry et l'un des organisateurs des plans de lecture quotidienne de la Bible.

Derek Morris, s'adressant aux leaders de l'église lors de la seconde journée du Concile Annuel, une rencontre administrative annuelle majeure de l'église, a déclaré que même s'il restait encore trois livres de l'Ancien Testament à Régénéré Par Sa Parole avant d'atteindre le Nouveau

---

[1] 10 Octobre 2014 – Silver Spring, Maryland, Etats Unis – Andrew McChesney, éditeur Adventist Review...

Testament, des requêtes par email s'entassait pour réclamer que le blog continue.

« Il y a des gens qui disent, 'N'arrêtez pas. Nous pourrions recommencer la lecture complète et lire aussi certains livres de l'Esprit de Prophétie,' » a dit Derek Morris. « Donc je crois que Dieu montre la voix, et nous suivons Sa direction. »

Régénéré Par Sa Parole, qui a été lancé en 2012, associe chacun des 1189 chapitres de la Bible à une réflexion écrite par un leader de l'église ou un laïc. Environ 150 bloggeurs devraient avoir contribué au moment où la lecture de la Bible se terminera lors de la Session de la Conférence Générale à San Antonio au Texas en Juillet 2015.

Croyez en Ses Prophètes sera lancé le deuxième vendredi soir de la Session de la Conférence Générale le 10 juillet 2015.

Le site web, **believehisprophets.org**, actuellement montre une minuterie faisant un compte à rebours des semaines, des jours et des heures restant jusqu'au début du nouveau plan de lecture de la Bible.

Certaines des ressources de Régénéré Par Sa Parole seront publiées à nouveau dans le nouveau plan de lecture comme un clin d'œil à ceux qui les auraient ratées la première fois. Mais Ellen White deviendra la principale « bloggeuse » les jours où ses écrits contiendront des commentaires sur le chapitre de la Bible lu.

En plus du chapitre quotidien de la Bible et de l'entrée blog, les internautes pourront lire un chapitre d'un des livres d'Ellen White par semaine.

« Notre objectif premier est d'inspirer autant d'Adventistes du Septième jour que possible à entamer une démarche de lecture quotidienne de la Bible, à lire la série du Conflit des Ages, Vers Jésus et Les Paraboles de Jésus, » a dit l'évangéliste et co-organisateur du projet, Mark Finley qui a rejoint Derek Morris sur l'estrade de l'auditorium principal du siège mondial de l'Eglise Adventiste à Silver Spring dans le Maryland.

La série du Conflit des Ages offre un commentaire sur la Bible de la Genèse à l'Apocalypse et est composé des livres Patriarches et prophètes, Prophètes et Rois, Jésus Christ, Conquérants Pacifiques et la Tragédie des Siècles. Mark Finley a déclaré que Croyez en Ses Prophètes tire son nom de 2 Chroniques 20 :20 qui dit : « Confiez vous en l'Eternel, votre Dieu, et vous serez affermis ; Confiez vous en Ses prophètes et vous réussirez. »

Le plan de lecture actuel, Régénéré Par Sa parole, cherche également à encourager les Adventistes à lire la Bible quotidiennement, et il a été lancé avec l'objectif de créer une communauté positive en ligne, a dit Mark Finley. Les lecteurs peuvent laisser des commentaires après chaque entrée de blog.

Mark Finley a indiqué que Ravivé par sa parole avait réussi à être positif. « Vous pouvez lire certains blogs et…certains d'entre eux sont plutôt négatifs, » a t-il dit. « Mais lorsque vous consultez un blog sur *Régénéré par sa Parole*, les Adventistes positifs, qui élèvent, et viennent du monde entier s'encouragent mutuellement…..

Un ressortissant continent Africain encourage un autre d'Amérique du Sud, qui à son tour, encourage quelqu'un d'Europe. Il y a donc cette fraternité familiale. Nous avons eu le sentiment qu'on ne pouvait pas laisser passer ce fait. »

xvi.- Appendice 16:

Le cantique de John Littleton
"Réconciliez-vous."

Laissez-vous réconcilier avec Dieu Votre Père
Laissez-vous réconcilier avec le Christ Votre Frère
Acceptez-vous de prendre la main qu'il vous tend
Et de vous déclarer comme témoin
En suivant Son chemin

Réconciliez-vous
Réconcilions-nous
Maintenant

xvii. – Appendice 17:

Preuves – Différents types

On distingue les preuves techniques, les preuves objectives (ou preuves logiques: induction, déduction, exemple) donnent l'illusion d'une certaine logique, parfois jusqu'au syllogisme (imitation du raisonnement logique).

Le raisonnement inductif peut constituer une preuve par l'exemple. La disposition peut aussi constituer une preuve. C'est la preuve par la mise en forme.

La preuve éthique:[1] "Pour convaincre son auditoire, l'orateur doit se montrer soi-même sous un certain jour, c'est-à-dire donner une bonne image de soi.

La preuve pathétique: l'orateur doit faire naître des émotions chez l'auditoire. Les types de discours

---

[1] Ethique- Du grec ethikos, moral, de ethos, moeurs. L'éthique est la science de la morale et des moeurs. C'est une discipline philosophique qui réfléchit sur les finalités, sur les valeurs de l'existence, sur les conditions d'une vie heureuse, sur la notion de "bien" ou sur des questions de moeurs ou de morale.

Discours délibératif: conseil, grand style tragédie.

Discours démonstratif: – louange: style élégant, plaisant, lettres, comédies humaines – blâme.[1]

Discours judiciaire: cause juste ou injuste, style familier, simple, comédie, poésie lyrique. Il doit y avoir naturellement adéquation entre le style et le genre. Par ailleurs, des interférences sont possibles entre les styles dans un texte littéraire.

La classification des adjectifs en Adjectifs objectifs et Adjectifs classifiants. Ils ne sont pas susceptibles de varier en degrés. Ils définissent les propriétés objectives d'une classe de choses.

Adjectifs relationnels. Ils définissent un lien essentiel et sont postposés au nom (un couscous royal - un couscous très royal).

Adjectifs subjectifs et les adjectifs affectifs: mouvements de l'âme, sensibilité, l'euphorique, l'agréable, le dysphorique, le pathétique. → pas de jugement de valeur.

Adjectifs évaluatifs: évoquent la mesure, relèvent de l'approche du physique (jeune / vieux, etc.)

Tout texte est porteur d'une coloration tonale par la présence d'adjectifs. La question de la modalisation: il s'agit de l'adjonction d'un commentaire sur l'énoncé.

La modalisation de vérité biblique, aléthique, scientifique et logique. Modalisation zéro. Épistémique: savoir marqué par des lexies particulières. Modalisation positive ou négative. Exemple: « Il prétend qu'il est malade. La multiplication des marqueurs entraîne le discrédit.

---

[1]**Pathetique. Qui suscite une profonde émotion, qui émeut, qui touche. Étymologie : dérivé du grec "pathêtikos" qui a le même sens. De façon péjorative, pathétique est aussi employé dans le sens : pitoyable, lamentable, déplorable...**

La modalisation affective ou axiologique: Adverbes: heureusement, par chance, bêtement, etc.

Les foyers normatifs Tout texte littéraire est porteur d'une vision du monde (c'est-à-dire des prises de position par rapport au monde). Un rapport est instauré par une instance évaluante (personnages et narrateur). Il existe quatre types de foyers normatifs:

1. Le savoir-faire, le savoir-dire, le savoir-vivre et le savoir-jouir (esthétique). Remarque: l'ironie relève d'une incohérence dans les foyers normatifs.
2. La théorie des actes du langage : l'art de l'échange.

Toute prise de parole est destinée à faire pression sur celui à qui on s'adresse. S'adresser à quelqu'un revient à changer son statut. C'est la force intrinsèque[1] portée par le langage. Il s'agit d'un moyen d'agir sur autrui. Il existe deux types d'actes de langage: Actes de langage direct: ils relèvent de la modalité interrogative, jussive, affirmative (notamment le jugement de valeur).

Cas particulier: les énoncés performatifs sont des énoncés qui impliquent une action sur autrui, une action qui s'accomplit au moment où on parle. Ce peut être le cas lors d'actes institutionnels (rites, sermons, déclarations officielles, etc.) ou lors d'actes ordinaires (félicitations, excuses, etc.).

---

[1] **Intrinsèque. Qui est inhérent à quelqu'un, à quelque chose, qui lui appartient en propre: Reconnaître le mérite intrinsèque de quelqu'un. 1. Se dit des muscles intérieurs à certains organes. ... Se dit aussi des formations nerveuses situées à l'intérieur même d'un tissu ou d'un organe.**

Actes de langage indirects: ceux qui engagent une interprétation.

L'acte dérivé: il se voit doubler d'une deuxième valeur qui n'annule pas la première.

Acte de constatation → interprétation. Exemple: « Cette choucroute est délicieuse. » → induit un deuxième acte: « Ressers-toi. » ou « Félicitations! »

L'absence de réponse peut signifier alors: « oui, je (me) la garde pour demain ! »

Le trope illocutoire.[1] Il a deux formes: Une valeur dérivée qui annule la première : « Pouvez-vous me passer le sel, s'il vous plait? Je n'attends pas « oui » ou « non ». Cette forme est fondée sur le déplacement du destinataire. Il s'agit d'évoquer un interlocuteur (A) alors qu'on s'adresse à un autre interlocuteur (B).

Dans tous les cas de figure, on agit sur autrui. Le jeu des échanges et ses lois. Les interactions verbales. Il existe deux fonctions essentielles dans tout échange: Fonction de construction: parler pour dire quelque chose ; – Fonction de reconnaissance : l'échange (la réponse) valide la parole.

Les principes qui codifient la bonne conduite de l'échange est la coopération. L'échange doit correspondre au but. Il faut accepter de faire aboutir l'échange. Les cas de rupture sont : se taire, parler d'autre chose, etc.

Principe d'égalité: les interlocuteurs sont pourvus de droits égaux. Il y a des tours de rôle. Il ne

---

[1]Trope. Un trope (substantif masculin), du grec τρόπος, tropos (« tour »), est une figure de style ou figure de rhétorique destinée à embellir un texte ou à le rendre plus vivant, et qui consiste à employer un mot ou une expression dans un sens détourné de son sens propre (exemple : voiles pour « vaisseaux »).

faut pas monopoliser la parole. Il est bon d'adapter sa parole au sujet dans le ton et les mots.[1]

Principe de sincérité: le locuteur ne doit pas mentir. Il se doit d'adhérer à son énoncé. L'ironie doit être perçue par l'interlocuteur. Les lois de l'échange qui conditionnent l'énoncé: elles concernent le contenu de l'énoncé, afin que l'échange se poursuive.

Tout énoncé doit contenir une information, c'est la loi d'informativité. On ne parle pas pour ne rien dire. Dans de nombreuses pièces de théâtre, l'architecture est fondée sur la rupture de cette loi.

Loi d'exhaustivité ou de pertinence. Elle interdit l'excès d'informations ainsi que sa rétention. Ainsi, la pédanterie est l'un des défauts les plus dénoncés (cf. Le Misanthrope). –

La clarté: fuir le jargon, les galimatias. Vaugelas a énoncé deux principes: la clarté et la pureté. Remarque: la clarté n'a pas toujours été le propre de la langue française. La clarté est l'objet d'une très longue conquête.[2]

Il faut éliminer tout ce qui relève des usages restreints. Ce qui est formulé clairement n'est pas forcément vide. Les grandes composantes qui modèlent notre langage: l'importance de la politesse. Il s'agit de

---

[1] Les dimensions locutoire, illocutoire et perlocutoire sont les trois dimensions-clefs autour desquelles s'articule un acte de langage. D'après Searle, qui reprend les travaux de Austin sur les actes de langage, la force illocutoire représente la capacité d'un énoncé à agir sur son environnement. La force illocutoire vient s'ajouter au contenu propositionnel, c'est-à-dire à l'énoncé, pour constituer un acte de parole.

[2] Pascal, Les Provinciales : « Le français des honnêtes gens doit prévaloir sur les usages restreints. » (les « usages restreints » sont les usages en pratique dans un monde de techniciens, de savants, de juristes).

concilier l'autre dans le cadre de l'échange, et de ne pas donner une mauvaise image de soi.

Il faut aussi donner à l'autre une bonne image de lui-même. Ainsi, Voltaire donne souvent l'impression au lecteur qu'il est   intelligent.

La politesse est l'art de ménager autrui. Les Anglo-Saxons qui ont travaillé sur le sujet ont relevé deux faces de la politesse: La face négative: tout ce qui touche le territoire du moi (le corps, l'espace, le temps). Exemples: « Quel âge avez-vous? » ou encore « Combien gagnez-vous? »

Il s'agit de préserver le personnel. La face positive: elle concerne l'ethos, le souci de présenter de nous-mêmes une bonne image (se mettre en valeur en faisant, par exemple, son autocritique). Quels sont les actes qui menacent la face positive? Les actes de promesse, les excuses, les aveux, les offres de service, etc.

Il s'agit aussi des actes où on se met en cause. Et relativement à la culture judéo-chrétienne: la faute, la culpabilité. Quels sont les actes qui menacent la face négative?

La susceptibilité,[1] les approches physiques (passer la main sur le dos, maintenir une petite pression sur la main, etc.) Le corps peut ressentir ce contact comme agressif.

Qu'est-ce qui agresse la face positive des autres? Le reproche, le blâme, l'injure, l'ironie. Le sarcasme peut être un acte d'agression. Comment atténuer des agressions, valoriser l'autre?

---

[1]**Susceptibilité. Capable d'être influencé, lésé, vexé ou blessé jusqu'à se facher par une chose ou une situation particulière.**

Stratégie de l'évitement: « C'est vous qui voyez. » Je ne sais pas.

Stratégie de la compensation: l'autre doit conserver une bonne image de lui-même. Ainsi, dans la correction des copies, le professeur doit atténuer une mauvaise note dans l'appréciation: « Vous avez bien vu cela, mais… ou vous gagneriez à… ».

Les procédés de la politesse negative. Les actes directs (ordre, variation de l'ordre, reproche) sont remplacés par des procédés langagiers[1] dérivés: l'ordre, la requête et le reproche se transforment en questions: « Levez-vous; pouvez-vous vous lever, s'il vous plaît ? Tu n'as pas' fait la vaisselle? Trope illocutoire.

Les mécanismes de désactualisation: insertion de propos dans le temps, dans l'espace, et par rapport à une personne. Désactualisation avec usage du mode temporel: « Tu peux me rendre un service ? « Tu pourrais…? » / « Je vous téléphonais pour… ». Il s'agit de faire sortir l'énoncé de son cadrage temporel.

Désactualisation avec le jeu des personnes: on la trouve souvent au 17e siècle. C'est par exemple l'usage de la troisième personne pour parler dc soi lorsque le « je » devient trop engagé dans l'énoncé.

L'anacoluthe[2] fait effet de style. Il n'y a pas de référence directe au locuteur et à l'interlocuteur.

L'usage du « on » et des formes impersonnelles est aussi propre à ce type de désactualisation. Ces

---

[1] **Langagier. Langagier est un terme utilisé pour exprimer les relations qui pourraient exister avec l'expression orale d'un adulte ou d'un enfant, l'utilisation du vocabulaire, sa capacité à parler, formuler des idées.**

[2] **L'anacoluthe (ou anacoluthon) est une rupture dans la construction syntaxique d'une phrase. Il peut s'agir soit d'une maladresse de style soit d'une figure de style qui prend alors délibérément des libertés avec la logique et la syntaxe pour sortir des constructions habituelles du discours écrit ou parlé.**

procédés ne sont pas forcément des procédés de l'évitement. Les figures de pensée qui permettent de ménager l'interlocuteur: ''Ce n'est pas malin pour …; C'est complètement idiot ou litote.''

Par exemple, on entend souvent l'expression ''contre-vérité, en lieu et place de mensonge,'' notamment dans le domaine de la politique. L'euphémisme[1] est, quant à lui, une atténuation non feinte. Il s'agit d'une présentation oblique de faits qui touchent à un univers personnel.

Les procédés accompagnateurs. Les actes accompagnateurs préliminaires: « Est-ce que je peux vous voir cinq minutes? » Cela permet de préparer le récepteur à la défense de son territoire.

L'emploi de termes caractérisants qui minimalisent l'événement: « J'ai un petit service à te demander… ou encore ''Je voulais juste / simplement te dire que … ou Tu pourrais ranger un petit peu ...''

Les modalisateurs épistémiques: « peut-être », « sans doute , semble-t-il, etc. Ils visent à présenter de manière atténuée une prise de position de l'interlocuteur.

Les procédés de l'acte valorisant. L'éloge: intrinsèquement, l'éloge est lié à l'hyperbole:[2] superlatifs, intensifs, sémantisme de haut degré « excellent », etc.

---

[1]L'euphémisme. Du grec : « ευφεμισμας / euphemismas », du grec « φημι / phêmi » (« je parle ») et « ευ / eu » (« bien, heureusement »), est une figure de style qui consiste à atténuer l'expression de faits ou d'idées considérés comme désagréables dans le but d'adoucir la réalité.

[2]L'hyperbole (substantif féminin) vient du grec huperbolê, de hyper (« au-delà ») et ballein (« jeter »). C'est une figure de style consistant à exagérer l'expression d'une idée ou d'une réalité, le plus souvent négative ou désagréable, afin de la mettre en relief.

Cependant, les actes de politesse positive peuvent être mieux compris, interprétés, que l'usage de l'hyperbole dans l'éloge: ''Ton travail est bon, c'est bien; car l'hyperbole peut entraîner le doute sur la sincérité du locuteur.''

C.- Conclusion: – Tous ces procédés trouvent leur expression contraire dans les textes littéraires, ou dans la vie quotidienne. Il y a effectivement une rupture du contrat langagier (dans les films, par exemple, où l'on peut entendre des insultes, etc.).

La rupture est liée au problème de la vérité dans les rapports humains. Faut-il être hypocrite[1] ou dire la vérité? Dans le système de la langue sont inscrits un grand nombre de faits qui sont interprétables si l'on se réfère en effet à cette éthique qui sert à ménager à l'autre.

xviii.- Appendice 18:

**La nouvelle Rhétorique
ses actions et réactions**

Quelques mots sur la nouvelle rhétorique Elle travaille sur l'inventio (les arguments) importance de la composante doxale (les arguments sont liés à une culture, une opinion générale). Quels sont les philosophes qui ont fait éclore cette nouvelle rhétorique?

Dans les années 1970, il s'agit de Chaïm Perelman et de Lucie Olbrechts -Tyteca dans le Traité de

---

[1]**Hypocrite. Du latin** *hypocrita* **(« mime, hypocrite »), issu du grec** ὑποκριτής, *hypokritès. masculin et féminin identiques. C'est une* **personne qui affecte un air de** vertu, de **bonté, de soumission ou de piété, pourtant se trouve dans la réalité tout à fait à l'oppos.**

l'argumentation. Le point de départ est que la logique du vraisemblable n'a pas de consistence.[1]

L'apparence n'est pas le réel. Ce qui ne peut être détruit est la pensée du doute. Il y a valorisation de la logique mathématique. Le moyen de la preuve est l'induction. Donc, la Nouvelle Rhétorique repart aux sources aristotéliciennes et montre que la logique du vraisemblable est à l'œuvre dans l'argumentation.

La faculté de raisonner ne fonctionne pas que dans les champs de la pensée géométrique et scientifique.

La doxa est l'« ensemble des opinions reçues sans discussion, comme une évidence naturelle, dans une civilisation donnée.[2]

La pragmatique[3] n'utilise pas la composante argumentative en tant qu'elle est explicite. Elle ne s'occupe pas nonplus de l'argument. Le discours lui-

---

[1] **Descartes, philosophe et mathématicien français du 16e. Siècle (ce qu'on perçoit est illusion). Une illusion (du latin** *illusio***)** est une perception **qui diffère de la** réalité **considérée comme objective. Dans le domaine de la pensée, l'illusion d'un individu est une conception erronée, une** croyance, **causée par un** jugement biaisé **ou un** raisonnement incorrect.
La désillusion est le sentiment **que ce que nous avons perçu ou compris dément la façon, généralement** optimiste, **dont nous percevions les choses auparavant.**

[2] **Grand Robert , Dictionaire de la langue Française (2000), s.v.; "doxa."**

[3] **Pragmatique. Du grec "pragmatikos" qui est dans l'action. Qui préfère voir les choses de façon concrète, qui favorise la pratique et l'expérience. Exemple:
Etre pragmatique au travail – C'est avoir une approche pratique des choses. On dit une compétence pragmatique, ou être une personne pratique...**

même porte une force. Il attire l'autre dans mon univers de croyance.

La rhétorique étudie les arguments. On fait appel à des choses extérieures au discours. Perelman: « L'argumentation ne peut se développer si toute preuve est conçue comme réduction à l'évidence (démarche de la science).

L'objet de cette théorie est l'étude des techniques discursives permettant de provoquer ou d'accroître l'adhésion des esprits aux thèses qu'on présente à leur assentiment.

L'adhésion est graduée selon la thèse présentée. L'étude de l'argumentation dépasse le champ oratoire proprement dit.

Extension de l'étude au texte écrit : techniques apportées par celui qui argumente dans le texte. Étude qui s'occupe des moyens discursifs pour obtenir l'adhésion, mais elle valorise les moyens de preuves qui ne relèvent pas uniquement du nécessaire. La nouvelle rhétorique s'occupe de l'argument qui est susceptible de provoquer l'adhésion. Elle est partout.

Argumentation: Extension de son champs

L'étude de l'argumentation n'est plus restreinte au seul discours public, elle concerne tout travail argumentatif.[1]

xix.- Appendice 19:

L'amour de Christ et l'amour pour Christ

---

[1]Lire la suite sur : **https://www.etudes-litteraires.com/cours-rhetorique.php**

L'amour de Christ, contrairement à l'« amour pour Christ », est une expression qui désigne son amour pour l'humanité, lequel peut être décrit brièvement comme sa volonté d'agir en fonction de nos meilleurs intérêts, particulièrement de répondre à notre plus grand besoin, même si cela lui coûte tout et que nous en sommes totalement indignes.

Bien que Jésus-Christ, étant de nature divine, a existé de tout temps avec Dieu le Père (**Jean 1.1**) et le Saint-Esprit, il a choisi volontairement de quitter son trône (**Jean 1.1-14**) pour devenir homme afin de payer le prix de nos péchés, pour que nous ne devions pas le payer éternellement dans l'étang de feu (**Ap. 20.11-15**).

Puisque les péchés de l'humanité ont été portés par notre Sauveur sans péchés, Jésus-Christ, Dieu, qui est juste et saint, peut désormais nous les pardonner si nous acceptons le sacrifice de Jésus-Christ pour nous (**Ro. 3.21-26**).

Ainsi, l'amour de Christ est manifesté en ce qu'il a quitté sa demeure céleste, dans laquelle il recevait l'adoration et l'honneur qu'il méritait, pour venir sur la terre en tant qu'homme et subir la moquerie, la trahison, les coups et la crucifixion pour nos péchés, avant de ressusciter le troisième jour.

Pour lui, notre besoin d'être sauvés de notre péché et du châtiment qu'il mérite était plus important que son propre confort et que sa propre vie (**Phi. 2.3-8**).

Certaines personnes pourraient accepter de donner leur vie pour quelqu'un dont elles considèrent qu'il en est digne: un ami, un parent ou « quelqu'un de bien » ; mais l'amour de Christ va au-delà de cela : il s'étend à ceux qui l'ont le moins mérité.

Il a accepté de prendre sur lui le châtiment de ceux qui l'ont torturé et haï, se sont rebellés contre lui et ne se souciaient pas du tout de lui, de ceux qui étaient le moins dignes son amour (**Rom. 5.6-8**). Il a tout donné à ceux qui le méritaient le moins! Le sacrifice est l'essence de l'amour divin, appelé agapé. Cet amour n'est pas humain mais d'ordre divin (**Mt. 5.43-48**).

L'amour que Jésus envers nous a manifesté sur la croix n'est que le commencement. Quand nous mettons notre confiance en lui comme Sauveur, il fait de nous des enfants de Dieu et ses cohéritiers!

Il vient aussi habiter en nous par son Saint-Esprit et nous promet qu'il ne nous délaissera pas et ne nous abandonnera pas (**Hé. 13.5-6**). Nous avons donc un compagnon aimant dans notre vie. Peu importe ce que nous endurons, il est là et son amour est toujours là pour nous (**Rom. 8.35**).

Mais, puisqu'il règne de plein droit au ciel, en tant que Roi plein de bonté, nous devons, nous aussi, lui donner la place qui lui revient dans nos vies : celle de Maître, non pas celle de simple compagnon. C'est alors seulement que nous vivrons la vie qu'il a prévue pour nous, dans la plénitude de son amour (**Jean 10.10**b).

xx.- Appendice 20:

> **L'humilité, la modestie et la fierté**

Le mot **humilité** (du Latin *humilitas* dérivé de *humus*, signifiant « terre ») est généralement considéré comme un trait de caractère d'un individu qui se voit de façon réaliste.

L'humilité s'oppose à toutes les visions déformées qui peuvent être perçues de soi-même "orgueil, égocentrisme, narcissisme[1] et dégoût de soi,

---

[1]**Narcissisme. Self-love, admiration, contemplation de soi-même. Fixation affective à soi-même. Narcisse était un jeune héros de la mythologie grecque d'une grande beauté. Selon le mythe, il**

sont des visions qui peuvent relever de la pathologie[1] à partir d'une certaine intensité.

L'humilité n'est pas une qualité innée chez les humains; il est communément considéré qu'elle s'acquiert avec le temps, le vécu et qu'elle va de pair avec une maturité affective ou spirituelle. Elle s'apparente à une prise de conscience de sa condition et de sa place au milieu des autres et de l'univers.

L'humilité n'est pas forcément liée à la manière dont un individu se montre aux autres, ainsi la modestie la n'est pas une forme d'humilité mais plutôt une « démonstration » d'humilité que peut tout à fait réaliser une personne dépourvue d'humilité.

De même, la fierté n'est pas incompatible avec l'humilité. Un individu peut être fier de lui pour ce qu'il a réalisé, justement parce qu'il possède assez d'humilité pour prendre conscience qu'il fait beaucoup pour ce qu'il est. Par opposition, c'est souvent par manque d'humilité qu'un individu se dévalorise, en sous-estimant ses propres capacités et donc en considérant ses réalisations comme médiocres.

xxi. Appendice 21:

---

aimait tellement son image, qu'à force de regarder son reflet dans l'eau, il se noya. C'est de ce mythe que vient l'expression « être narcissique »

[1]La pathologie (grec ancien $\pi\alpha\theta o\lambda o\gamma\acute{\iota}\alpha$ [pathologia], « examen des passions », soit « étude des maladies »), est la science qui a pour objet l'étude des maladies et notamment leurs causes (étiologie) et leurs mécanismes (physiopathologie). La nosologie quant à elle a pour objet la classification des maladies.

La crucifixion – Origine et histoire chez les peuples

Les Perses, auraient **inventé** ce chatiment au Ve siècle avant notre ère. Mais aussi, on le trouvait chez les Celtes, les Scythes, les Assyriens, les Phéniciens et les Romains. Dans la mythologie grecque,[1] le supplice de **Sétée** rappelle le crucifiement de la captive Troyenne par les Grecs à leur retour de la **guerre de Troie** dont la date est estimée au XIVe ou XIIIe siècle av. Jésus-Chris.

Les historiens font remonter cette pratique aux **Perses**, s'appuyant sur **Hérodote** qui rapporte dans ses *Historíai* que **Darius Ier** fait crucifier 3000 Babyloniens. Des récits bibliques suggèrent que le supplice est peut-être plus ancien, vers le VIIe siècle avant Jésus-Christ.

Le crucifiement est ensuite appliqué en Inde puis s'étend tout autour du bassin méditerranéen chez les peuples **barbares, Phéniciens, Scythes, Celtes, Bretons**. Il est plus tard appliqué par les **Grecs**, notamment par **Alexandre le Grand**, et les **Carthaginois**, notamment dans la répression de la guerre des Mercenaires.[2]

---

[1]**Mythologie. Récit légendaire mettant en scène des personnages imaginaires (dieux, demi-dieux, héros, éléments naturels) d'une façon allégorique. Exemple: D'où vient le mythe des sirènes? ... Étymologie: du grec "muthos" (légende).**

[2]**Mercenaires. Nom, masculin ou féminin - Soldat qui agit pour le compte d'un gouvernement étranger, moyennant salaire.**

Les sources textuelles grecques et latines
(Hérodote, **Thucydide**, **Tacite**) mentionnent que ces
peuples utilisent plusieurs techniques (supplicié pendu
ou cloué à un poteau, un arbre, une croix de forme
variée) mais ces sources doivent être maniées avec
précaution car la terminologie employée est insuffisante
pour déterminer la différence entre un crucifiement et
d'autres formes de suspension.

Le crucifiement est peut-être dérivé de
l'**empalement** des Assyriens, ces deux supplices étant
faciles à mettre en œuvre, ne nécessitant que peu de
préparation et ayant un aspect dissuasif sur les témoins
de la scène. Il est originellement associé à des sacrifices
humains religieux et à une méthode d'exécution.

Chez les **Romains**, cette peine est infamante et
réservée, en général, à ceux qui ne sont pas citoyens
romains. Pratiquée surtout entre les Ier siècle av. J.-
C. et le Ier siècle après Jésus-Christ, elle est attestée à
partir de 217 avant Jésus-Christ., pour des esclaves
(*servile supplicium*), et sera appliquée ensuite aux
brigands et aux pirates, parfois aux prisonniers de guerre
et aux condamnés pour motifs politiques, et
exceptionnellement, à titre d'humiliation supplémentaire,
à des nobles, parfois même des citoyens romains lorsque
la gravité de leur crime les faisaient considérer comme
déchus de leurs droits civiques.

Les Romains codifient ce supplice et rendent la
hauteur du support proportionnelle à la gravité de la
faute, augmentant ainsi la visibilité du crucifié. Apprien
mentionne qu'après la défaite de Spartacus[1] en **71 av. J.-**

---

[1] **Spartacus (en grec ancien : Σπάρτακος (Spártakos), en latin
: Spartacus) est un gladiateur d'origine thrace, qui, avec les
esclaves gaulois Crixus, Gannicus, Castus et Œnomaüs, est à
l'origine de la troisième guerre servile, le plus important
soulèvement d'esclaves contre la République romaine, entre 73
et 71 av.**

C., six mille de ses partisans furent crucifiés le long de la **Via Appia**, de Rome jusqu'à Capoue. Les Romains connaissaient aussi le crucifiement privé, supplice infligé par un maître à son esclave.

L'**Ancien Testament** précise que la peine capitale appliquée chez les **Juifs** est la **lapidation**, le crucifiement n'étant donc pas une peine prévue par la loi juive. Des ennemis des Juifs sont cependant crucifiés sous **Alexandre Jannée** et sur ordre du légat romain **Varus**.

Selon le **Nouveau Testament, Jésus de Nazareth** est condamné à mort par le préfet romain **Ponce Pilate** et exécuté par crucifiement. On parle dans ce cas de sa *crucifixion*. Le culte de la croix répandu par **Hélène** explique une désaffection de ce supplice, puis son interdiction par **Constantin** et son remplacement par l'exécution *sub furca* : le condamné est attaché à un poteau en forme de Y majuscule puis fouetté jusqu'à ce que mort s'ensuive.

Thème infamant dans la culture chrétienne aussi bien que dans le paganisme gréco-romain (pour qui la beauté corporelle constitue par excellence l'attribut du Divin), la **représentation du Christ en croix** est rare dans l'art paléochrétien.[1]

La croix de **Jésus** était vraisemblablement une *crux immissa* puisque, selon les **Évangiles**, un écriteau était fixé au sommet, et relativement haute puisqu'un soldat lui donne à boire avec une éponge imprégnée d'eau vinaigrée (la **posca**, boisson distribuée

---

[1]**Art paléochrétien. Paléochrétien ou paléo-chrétien qualifie ce qui est relatif à la culture, à l'art en particulier, des premiers chrétiens, entre l'an 200 et l'an 500 après Jésus-Christ. ... Exemple : L'art paléochrétien.**

aux légionnaires) au bout d'une branche d'**hysope**. Les pieds, encloués ou attachés, reposaient parfois sur une console en bois fixée sur le montant vertical. Le condamné pouvait aussi être cloué à un arbre.

La peine était parfois précédée de supplices préliminaires (**flagellation**), censés « préparer » le condamné au crucifiement, sans l'achever prématurément. Le supplicié devait ensuite porter sa croix (ou selon les sources, uniquement le *patibulum*) jusqu'au lieu de l'exécution, toujours hors de la ville, généralement sur un promontoire ou une croisée des chemins afin de mettre son supplice bien en évidence aux yeux des passants.

Des travaux récents montrent que les pieds étaient cloués soit au niveau du **calcanéus** (cas du squelette d'un crucifié, Johohanan (en), retrouvé dans la banlieue de Jérusalem en 1968), soit dans l'espace de Mérat (entre le 3e **cunéiforme**, le 2e cunéiforme et l'**os naviculaire**).

xxii.- Appendix 22:

Les cinq plus petits pays du monde

Un **pays est** une désignation géographique, une **nation désigne le peuple tandis qu'un État désigne les institutions fonctionnant sur un territoire.**
Vous le savez sans doute, il y a en gros un près de 324 pays dans le monde.
C'est **la liste officielle reconnue par l'Organisation des Nations Unies. Le nombre de pays n'a cessé d'augmenter depuis les années 30. Avant 45, il y avait 53 pays dans le monde.**

Ensuite, avec la décolonisation, le nombre de pays dans le monde a explosé pour atteindre 197 pays. Depuis quelques années, il est à peu près stable. Aujourd'hui, on estime qu'il y a à peu près 324 pays dans le monde.

On pretend même que **cette liste est quelque peu artificielle.** Elle est est limitée car y figurent seulement des pays reconnus par la communauté internationale. Ils ont tous un point commun, **ils sont indépendants et sont gouvernés par un Etat souverain.**

Pourtant, un pays se définit, avant tout, par son identité culturelle. Or, un certain nombre de territoires ont des particularités ethniques, géographiques, culturelles sans pour autant être indépendants.

Avec ses 17 098 242 km² étendus sur deux continents, l'Europe et l'Asie, la Russie est le plus grand pays du monde. Sa superficie correspond à environ 11% des terres émergées. Elle est grande comme environ 30 fois la France métropolitaine.

Du Brésil à la Russie, les cinq pays les plus grands du monde brillent par leur richesse culturelle et naturelle.

1. **La Russie. La Russie possède une superficie de 17 million de kilomètres carrés. ...**
2. **Le Canada. Le Canada est le deuxième plus grand pays du monde. ...**
3. **La Chine. ...**
4. **Les Etats-Unis. ...**
5. **Le Brésil.**

A coté des cinq plus grands pays du monde (territoire), il convient de mentioner aussi les cinq plus petits territoires ou pays du monde.Ce sont:

1. Sealand.- Non, Sealand[1] n'est pas un énième parc aquatique mais bien le plus petit pays du monde.

   Etendu sur une surface de seulement 550 mètres carrés, le pays compte entre 1 et 5 habitants selon les périodes. Cette plateforme, anciennement forteresse militaire durant la Second guerre mondiale, est une principauté.

   Elle possède une constitution datant de 1975, un drapeau, une monnaie, des timbres, un gouvernant, le Prince Paddy Roy Bates, ancien major de l'armée britannique, et même un passeport sealandais.

   2. Le Vatican. D'une superficie de 0,44 kilomètres carrés, le Vatican compte 824 habitants faisant de lui le deuxième plus petit pays du monde. Ce petit état placé au coeur de Rome est indépendant depuis 1929 par les accords de Latran.

---

[1] Cette micronation se trouve à 10km des côtes anglaises aux alentours de Suffolk.

Il est dirigé par le Pape. Actuellement, il s'agit du Pape François. La langue officielle de ce pays est le latin. Outre sa surface et son nombre d'habitants, le Vatican possède aussi la plus vieille et la plus petite armée du monde.[1] La Garde Suisse composée de 110 militaires s'occupe en effet de la garde du Pape.

3. Monaco

Monaco est une principauté dirigée par la famille princière Grimaldi. Cette cité-Etat de 2,02 kilomètres carrés est connue pour ses casinos, sa jet-set, ses fréquentations fortunées, son paradis fiscal et ses évènements sportifs. La Supercoupe de l'UEFA et le Grand Prix de Formule 1 en sont les exemples les plus criants.

4. Gibraltar

Ce territoire britannique se situe aux alentours du détroit de Gibraltar et abrite un peu plus de 30 000 habitants sur une superficie de seulement 6, 543 kilomètres carrés.

---

[1] Voir notes et commentaires en appendice 22

5. Nauru

Indépendante depuis le 31 janvier 1968, Nauru est la plus petit république du monde. Elle exploite principalement les gisements de phosphate. Située au milieu du Pacifique elle fait 21,3 kilomètres carrés et abrite 9267 habitants.

xxiii.- Appendices 23:

Erosions et Incendies les plus meurtrières des 20e et 21e Siècles

Erosions et Incendies font partie des cataclysmes naturels qui ravagent le monde en ces derniers jours de l'histoire du monde. L'érosion[1] est un phénomène naturel qui résulte de l'ablation des couches superficielles du sol et du déplacement des matériaux le constituant, sous l'action de l'eau, du vent, des rivières, des glaciers, ou de l'homme.

Un **incendie** est un **feu** violent et destructeur pour les activités humaines ou la nature. L'incendie est une réaction de **combustion** non maîtrisée dans le temps et l'espace. Notons parmi tant d'autres les Incendies et érosions suivantes:

---

[1] **L'érosion est causée surtout par des processus naturels et elle peut également être accentuée par des interventions humaines: (1).** L'action des vagues; (2). Le mouvement des glaces; (3). Le vent; (4). L'alternance des périodes de gel et de dégel; (5). Les tempêtes côtières; (6). La dénudation des surfaces; (7). La concentration de l'écoulement des eaux.

a. L'Australie en 2009. Au moins 173 personnes meurent dans des incendies de brousse dans le sud-est de l'Australie, notamment dans l'État de Victoria, victime le week-end du 7 février 2009 de la conjugaison de températures extrêmes et de la sécheresse de l'environnement.

Des villes entières et plus de 2000 maisons sont rasées. Le feu perdure pendant plusieurs semaines avant d'être contenu grâce à la mobilisation de milliers de pompiers et de volontaires.

b. La Grèce en 2007. Fin août 2007, des incendies de forêts sans précédent ravagent 250 000 hectares dans le Péloponnèse (sud) et l'île d'Eubée (nord-est d'Athènes) faisant 77 morts sur leur passage.

Beaucoup de victimes meurent en tentant de fuir dans la panique les villages encerclés par les flammes, tandis que le prestigieux site d'Olympie est menacé.

c. Le Portugal en 2017 et 2003. Soixante-quatre personnes périssent et plus de 250 sont blessées dans un gigantesque incendie de forêt qui se déclare le 17 juin 2017 à Pedrogao Grande dans le centre du pays, puis se propage aux régions voisines.

De nombreuses victimes meurent dans leurs voitures, piégées par les flammes. En cinq jours, les flammes consument quelque 46 000 hectares de forêt et broussaille.

Le Portugal avait déjà été frappé en 2003 par des incendies gigantesques qui avaient ravagé pendant des semaines le centre et le sud du pays en proie à la canicule, faisant 20 morts. Près de 425 000 hectares étaient partis en fumée.

d. Israël en 2010. Le pire incendie de l'histoire d'Israël a fait 44 morts, le 2 décembre 2010. Les victimes, pour la plupart des élèves gardiens de prison, ont été prises au piège des flammes à bord d'un autobus. En quatre jours, le sinistre ravagera près de 5000 hectares du parc national du mont Carmel (nord).

e. La Russie en 2015 et 2010. En avril 2015, 34 personnes périssent dans de gigantesques feux de prairies qui ravagent mi-avril 10 000 kilomètres carrés en Sibérie.

Partis de Khakassie (sud sibérien), les incendies qui ont détruit 2000 maisons se sont propagés jusqu'en Mongolie, environ 200 kilomètres au sud, puis ont pratiquement atteint la frontière chinoise, selon la section russe de Greenpeace.

Cinq ans auparavant, en 2010, la partie occidentale du pays, confrontée à une canicule et une sécheresse sans précédent, avait été ravagée par des incendies qui avaient tué une soixantaine de personnes entre fin juillet et fin août. Plus d'un million d'hectares de forêts, de tourbières et de broussailles avaient été détruits et des villages entiers brûlés.

f. Les États-Unis en 2003. Vingt-deux personnes, dont deux au Mexique, périssent dans des incendies de forêts qui dévastent la Californie, fin octobre-début novembre 2003.

En deux semaines, 300 000 hectares de végétation sont ravagés, 3576 maisons détruites et 100 000 personnes évacuées.

Plus récemment en Arizona, dans le sud-ouest des États-Unis, 19 pompiers ont trouvé la mort le 1er juillet 2013 alors qu'ils creusaient une ligne de pare-feu pour empêcher l'extension d'un gigantesque incendie.

Des incendies restés dans l'histoire
L'incendie de forêt le plus meurtrier dans le monde semble être celui d'octobre 1871 à Peshtigo (Wisconsin/États-Unis), qui avait fait entre 800 et 1200 morts.

Le feu, qui s'était déclaré dans la forêt plusieurs jours auparavant, avait détruit en quelques heures cette bourgade forestière de 1700 habitants, et ravagé seize autres villages, répartis sur 500 000 hectares.

En mai 1987, le plus grave feu de forêt de l'histoire récente de la Chine avait fait au moins 119 morts dans le nord-est du pays et 51 000 sans-abri. Avec son lourd bilan de 82 morts, l'incendie d'août 1949 qui avait frappé les Landes, dans le sud-ouest de la France, reste également dans les mémoires.

Les victimes — pompiers, bénévoles et militaires- avaient été prises dans un véritable nuage de feu provoqué par un changement brutal de la direction et de l'intensité des vents.

BIBLIOGRAPHIE
(Ouvrages lus et consultés)

Anderson, J. C. et S. D. Moore, dirs., Mark & Method. New Approaches in Biblical Studies, Minneapolis, Fortress, 2008.

Armerding, C.E., The Old Testament and Criticism, Grand Rapids, Eerdmans, 1983.

Baker, D.W. et B.T. Arnold (dirs.), The Face of Old Testament Studies. A Survey of Contemporary Approaches, Grand Rapids, Baker, 1999.

Barr, J., Fundamentalism, Philadelphie, Westminster, 1977.

Barton, J., Reading the Old Testament. Method in Biblical Study, Philadelphie, Westminster, 1984.

Bauckham, R., The Bible in Politics: How to Read the Bible Politically, Louisville, Westminster/Knox Press, 1989.

Bauks, M. et C. Nihan, dirs., Manuel d'exégèse de l'Ancien Testament, Le Monde de la Bible 61, Genève, Labor et Fides, 2008/2013.

Best, E., From Text to Sermon: Responsible Use of the New Testament in Preaching, Atlanta, John Knox Press, 1978.

Blocher, H., « L'analogie de la foi dans l'étude de l'Écriture sainte », Hokhma 36 (1987) : 1-20.

Brettler, M. Z., P. Enns et D. J. Harrington, The Bible and the Believer. How to Read the Bible Critically and Religiously, New York : Oxford University Press, 2012.

Brisebois, M., Des méthodes pour mieux lire la Bible. L'exégèse historicocritique, Montréal, Paulines/Médiaspaul, 1983.

Brown, R. E. et S. M. Schneiders, « Hermeneutics » dans R. E. Brown, J. A. Fitzmyer et R. E. Murphy, New Jerome Biblical Commentary, Londres, Geoffrey Chapman, 1989, p. 1146-1165.

Brueggemann, W., Interpretation and Obedience: From Faithful Reading to Faithful Living, Minneapolis, Fortress Press, 1991. -----, Texts Under Negotiation. The Bible and Postmodern Imagination, Minneapolis, Fortress, 1993.

Carlson, G.R., Comment étudier et enseigner la Parole de Dieu, Miami, Vida, 1982.

Carson, D.A., Erreurs d'exégèse (trad. de l'anglais par M. Fuzier), Trois-Rivières, Impact, 1989/2012.

Cazelles, H., Écriture, parole et esprit ou trois aspects de l'herméneutique biblique, Paris, Desclée, 1971.

Chevalier, M.A., L'exégèse du Nouveau Testament, Genève, Labor et Fides, 1984

Charles, Gerber. **Le Sentier de la Foi.** Dammarie-les-Lys (S et M), France : Editions Signes des Temps, An x.

Commentaires Bibliques Adventistes du septième jour. Edite par Francis D. Nichol, 8 vols. Washington D.C., USA: Review and Harald Publishing Association, 1966.

Commission biblique pontificale, L'interprétation de la Bible dans l'Église, Présentation de Marcel Dumais, Montréal, Paulines, 1994.

Compagnon, A., Le Démon de la théorie. Littérature et sens commun, Paris, Seuil, 1998.

Cothenet, E., « Un chantier toujours ouvert : l'étude du Nouveau Testament », Hokhma 77 (2001) : 35-52.

Décrevel, A.M., C. Décrevel et C. Gardiol, Parole partagée, Lausanne, Presses bibliques universitaires, 1978.

Etoughé, P. A., Introduction à la critique textuelle du Nouveau Testament, Paris, Lulu, 2015.

Exum, J.C. et D.J.A. Clines (dirs.), The New Literary Criticism and the Hebrew Bible, (JSOTS 143), Sheffield, Sheffield Academic Press, 1993.

Fee, G. D., New Testament Exegesis : A Handbook for Students and Pastors, Philadelphie, Westminster, 1983.

Christian, Piette. **Lumières sur les Témoins de Jéhovah. Bruxelles,** Belgique : Editions de la Littérature Biblique, 1982

Fee, G. D. et D. Stuart, Un nouveau regard sur la Bible (trad. de l'anglais par S. Flammanc), Deerfield, Vida, 1982/1990.

Fewell, D.N. (dir.), Reading between Texts. Intertextuality and the Hebrew Bible, Louisville, Westminster/John Knox, 1992.

Gadamer, H. G., Vérité et méthode. Les grandes lignes d'une herméneutique philosophique, Paris, Seuil, 1960/1996.

Gibert, P., C. Theobald, P.-M. Beaude, « Sens de l'Écriture », Dictionnaire de la Bible, Supplément,

Letouzey et Ané, 1992-1993, XII, 67 et 68, col. 453-536.

Gourgues, M. et L. Laberge (dirs.), De bien des manières. La recherche biblique aux abords du XXIe siècle (Lectio Divina 163), Montréal/Paris, Fides/Cerf, 1995.

Grant, R. M., A Short History of the Interpretation of the Bible, Philadelphie, Fortress, 1963/1965/1967/1984 (3e édit. trad. sous le titre L'interprétation de la Bible. Des origines chrétiennes à nos jours).

Grelot, P., La Bible, parole de Dieu. Introduction théologique à l'étude de l'Écriture sainte, Tournai, Desclée, 1965.

Green, J.B. Hearing the New Testament. Strategies for Interpretation, Grand Rapids, Eerdmans, 1995.

Guillemette, N., Introduction à la lecture du Nouveau Testament, Paris, Cerf, 1980.

Guillemette, P. et M. Brisebois, Introduction aux méthodes historico-critiques, Montréal, Fides, 1987.

Hauerwas, S. Unleashing the Scripture. Freeing the Bible from Captivity, 1988.

Hauerwas, S. Unleashing the Scripture. Freeing the Bible from Captivity to America, Nashville, Abingdon Press, 1993.

Haynes, S.R. et S.L. McKenzie (dirs.), To Each Its Own Meaning. An Introduction to Biblical Criticisms and Their Application, Louisville, Westminster/Knox Press, 13 1993.

Hirsch, E. D. Jr., Validity in Interpretation, New Haven/Londres, Yale University, 1967.

Jas, M., « Nouveau Testament et archéologie », Hokhma 16 (1981) : 59-61.

Kaiser, W.C., Toward an Exegetical Theology. Biblical Exegesis for Preaching and Teaching, Grand Rapids, Baker, 1981.

Kaiser, W.C. et M. Silva An Introduction to Biblical Hermeneutics. The Search for Meaning, Grand Rapids, Zondervan, 1994.

Keegan, T.J., « Biblical Criticism and the Challenge of Postmodernism », BibInt 3 (1995) : 1-14.

Klein, W. W., C. L. Blomberg et et R.L. Hubbard, Introduction to Biblical Interpretation, 3e éd., 1993/2017.

Kuen, A., Comment interpréter la Bible, Saint-Légier, Éditions Émmaüs, 1991.

Lagrange, M.-J., La méthode historique. La critique biblique et l'Église, Paris, Cerf, 1966.

Lapointe, R., Les trois dimensions de l'herméneutique, (Cahiers de la Revue biblique 8), Paris, Gabalda, 1967.

Law, D. R., The Historical-Critical Method. A Guide for the Perplexed, Londres/New York, T&T Clark, 2012.

Linnemann, E., Historical Criticism of the Bible. Methodology or Ideology? Grand Rapids, Baker Book House, 1990.

Longman III, T., « Reading the Bible Postmodernly », Mars Hill Review 12 (1998) : 23- 30.

Lund, É. et P. C. Nelson, Herméneutique, Miami, Vida, 1985.

Mainville, O., La Bible au creuset de l'histoire. Guide d'exégèse historicocritique, Montréal/Paris, Médiaspaul, 1995.

Malina, B. J., « The Social Sciences and Biblical Interpretation », Interpretation 36/3 (1982) : 229-255

Marshall, I. H. (dir.), New Testament Interpretation. Essays on Principles and Methods, Grand Rapids, Eerdmans, 1977.

McKim, D. K. (dir.), A Guide to Contemporary Hermeneutics. Major Trends in Biblical Interpretation, Grand Rapids, Eerdmans, 1986.

McKim, D. K. (dir.), L'interprétation de la Bible au fil des siècles, vol. 1-4, trad. par C. Paya et S.

Triqueneaux, Charols, Excelsis, 1998/2005-2011.

Moyise, S., Introduction to Biblical Studies, New York, T&T Clark, 2004.

Osborne, G.R., The Hermeneutical Spiral. A Comprehensive Introduction to Biblical Interpretation, Downers Grove, InterVarsity Press, 1991.

Packer, J.I., « L'herméneutique et l'autorité de la Bible », Hokhma 8 (1978) : 2-24.

Patte, D., What is Structural Exegesis? Philadelphie, Fortress Press, 1976.

Porter, S. E. et A. W. Pitts, Fundamentals of New Testament Textual Criticism. Grand Rapids, Eerdmans, 2015.

Porter, S. E. et S. A. Adams (dirs.), Pillars in the History of Biblical Interpretation, vol. 2 Prevailing Methods after 1980,

Eugene, Pickwick, 2016. Powell, M. A. (dirs.), Methods for Matthew, Cambridge, Cambridge University Press, 2009.

Ramm, B., Protestant Biblical Interpretation, Grand Rapids, Baker Book House, 1982.

Ramm, B. et al., Hermeneutics, Grand Rapids, Baker, 1976

Richelle, M., Guide pour l'exégèse de l'Ancien Testament. Méthodes, exemples et instruments de travail, Collection Interprétation, Charols/Vaux-sur-Seine, Excelsis/Édifac, 2012.

Rowland, C., Liberating Exegesis. The Challenge of Liberation Theology to Biblical Studies, Louisville, Westminster/Knox Press, 1989.

Ryken, L. et T. Longman III (dirs.), A Complete Literary Guide to the Bible, Grand Rapids, Zondervan, 1993.

Sanders, M., Introduction à l'herméneutique biblique, Didaskalia, Vaux-sur-Seine, Édifac, 2015.

Silva, M. (dir.), Foundations of Contemporary Interpretation, Grand Rapids, 15 Zondervan, 1996.

Sire, J.W., Scripture Twisting, Downers Grove, Inter-Varsity Press, 1980.

Stuart, D., Old Testament Exegesis. A Primer for Students and Pastors, Philadelphie.

Sire, J.W., Scripture Twisting, Downers Grove, Inter-Varsity Press, 1980.

Stuart, D., Old Testament Exegesis. A Primer for Students and Pastors, Philadelphie, Westminster, 1984.

Thiselton, A.C., The Two Horizons: New Testament Hermeneutics and Philosophical Description with Special Reference to Heidegger, Bultmann, Gadamer, and Wittgenstein, Grand Rapids, Eerdmans, 1980.

----, New Horizons in Hermeneutics. The Theory and Practice of Transforming Biblical Reading, Grand Rapids/Londres, Zondervan/Marshall Pickering, 1992.

-----, Interpreting God and the Postmodern Self. On Meaning, Manipulation and Promise, Grand Rapids, Eerdmans, 1995.

-----, Hermeneutics. An Introduction, Grand Rapids, Eerdmans, 2009.

Tidiman, B., « La structure en chiasme et le livre » Hokhma 8 (1985) : 25-38.

Vanhoozer, K.J., Is There a Meaning in This Text? The Bible, the Reader, and the Morality of Literary Knowledge, Grand Rapids, Zondervan, 1998.

----, First Theology. God, Scripture & Hermeneutics, InterVarsity, 2002.

-----. Theological Interpretation of the Old Testament, Spck, 2008.

Vanhoozer, K. J, J. K. A. Smith et B. E. Benson (dir.), Hermeneutics at the Crossroads, Bloomington, Indiana University Press, 2006.

Venard, O.-T. (dir.), Le sens littéral des Écritures, Lectio Divina, Paris, Cerf, 2009.

Vanhoozer, K. J, J. K. A. Smith et B. E. Benson (dir.), Hermeneutics at the Crossroads, Bloomington, Indiana University Press, 2006.

Venard, O.-T. (dir.), Le sens littéral des Écritures, Lectio Divina, Paris, Cerf, 2009.

Warnke, G., Gadamer. Hermeneutics, Tradition, and Reason, Stanford, Stanford University, 1987.

Watson, F., Text, Church and World. Biblical Hermeneutics in Biblical Perspective, Grand Rapids, Eerdmans, 1994.

-----, Text and Truth. Redefining Biblical Theology, Grand Rapids, Eerdmans, 1997.

Wenham, G.J. et al., Vérité historique et critique biblique (Collection théologique Hokhma 8), Lausanne, Presses bibliques universitaires, 1982.

16 Westermann, C. (dir.), Essays on Old Testament Hermeneutics, John Knox, Richmond, 1963.

Yarchin, W. (dir.), History of B Westermann, C. (dir.), Essays on Old Testament Hermeneutics, John Knox, Richmond, 1963.

Yarchin, W. (dir.), History of Biblical Interpretation. A Reader, Peabody, Hendrickson, 2004.

Yoder, P., From Word to Life, Scottdale/Kitchener, Herald Press, 1982.

Zimmermann, J., Recovering Theological Hermeneutics. An IncarnationalTrinitarian Theory of Interpretation, Grand Rapids, Baker Academic, 2004.

CGA. **A l'Écoute de Bible.** Dammarie-les-Lys (S et
M), France : Editions Signes des Temps, 1982.

_____ **Plan Divin pour l'évangélisation laïque.**
Dammarie-les-Lys (S et M), France : Editions
Signes des Temps, 1978.

**Du même auteur
Pamphlets, Messages et ouvrages**

- Sept verbes : Chercher, gagner, garder, entrainer, mobiliser, équiper et engager:

1. Bib la'p pale, Bib la'p reponn (7.00 -7.30 AM et 6.30 AM – de Novembre 1987 – aujourd'hui
2. Comment préparer et donner une étude Biblique (1998, 1999, 2000, 2016: Revu-Augmenté et Corrigé).
3. La Parole Prophétique (Quarante sermons sur l'Apocalypse)
4. Le Dernier Message (Une adaptation du Message que nous aimons et prêchons)
5. Parlons-En! (Pamphlets évangéliques de tous ordres).
6. La Vivangélisation (Thése de Doctorat – NCU/Jamaica : 2003-2008).
7. Embrouillamini (176 Messages sur les textes difficiles de la Bible)
8. Une étute détaillée et expliquée texte par texte sur le livre de Daniel (113 messages).
9. L'Apocalypse (210 messages) texte par texte et mot à mot
10. - De la captivité d'Israël
11. - L'hérésie çolossiennes et les controverses loi/grâce/loi dans l'épitre aux Galates
12. -Réponses aux allégations des critiques de Ellen G. White

13. -Principes généraux pour la préparation d'un sermon biblique
14. - Parlons-en, pamphlets divers

NB. Du tout – De rien – ou de rien- Pas du tout..

LE SEIGNEUR EN TIENDRA COMPTE!

Made in United States
Orlando, FL
03 February 2024

43226797R00190